Rüdiger Weingarten / Reinhard Fiehler (Hrsg.)

Technisierte Kommunikation

Psycholinguistische Studien
Herausgegeben von
Gert Rickheit und *Dieter Metzing*

In der Reihe „Psycholinguistische Studien: Normale und pathologische Sprache und Sprachentwicklung" werden Arbeiten veröffentlicht, welche die Forschung in diesen Bereichen theoretisch oder empirisch vorantreiben. Dabei gibt es grundsätzlich keine Beschränkung in der Wahl des theoretischen Ansatzes oder der empirischen Methoden. Sowohl Beobachtungs- als auch experimentelle Studien sollen in dieser Reihe erscheinen, ebenso Arbeiten, die Sprachverarbeitungsprozesse mit Hilfe von Computern simulieren, sofern sie nicht nur lauffähige Systeme darstellen, sondern auch deren empirische Validität aufzeigen.
Im Bereich der pathologischen Sprache sollen neue Diagnose- und Therapieverfahren sowie Erklärungsansätze für bestimmte Formen sprachlicher Abweichungen oder abweichender Entwicklungen in die Reihe aufgenommen werden. Arbeiten, die die normale Sprachverwendung thematisieren, sollen neue Einsichten in die Mechanismen und das Funktionieren der sprachlichen Kommunikation vermitteln.
Die Studien, die die Sprachentwicklung zum Gegenstand haben, sollten sich thematisch auf die normale oder auf die gestörte Entwicklung der Sprache konzentrieren und die empirischen Befunde auf entsprechende theoretische Konzepte beziehen.

Rüdiger Weingarten / Reinhard Fiehler (Hrsg.)

Technisierte Kommunikation

Westdeutscher Verlag

CIP-Titelaufnahme der Deutschen Bibliothek

Technisierte Kommunikation / Rüdiger Weingarten;
Reinhard Fiehler (Hrsg.). – Opladen: Westdt. Verl.,
1988
(Psycholinguistische Studien)
ISBN-13: 978-3-531-11857-4 e-ISBN-13: 978-3-322-86319-5
DOI: 10.1007/978-3-322-86319-5

NE: Weingarten, Rüdiger [Hrsg.]

Der Westdeutsche Verlag ist ein Unternehmen der Verlagsgruppe Bertelsmann.

Umschlaggestaltung: Horst Dieter Bürkle, Darmstadt

ISBN-13: 978-3-531-11857-4

INHALT

EINLEITUNG

Reinhard Fiehler und Rüdiger Weingarten

Daß Menschen sich von Angesicht zu Angesicht verständigen, ist nicht nur die evolutionär primäre Form der Kommunikation, sie ist wohl auch heute noch für uns die subjektiv bedeutsamste Form, die die prototypischen Vorstellungen darüber, was Kommunikation ist (und wie sie sein sollte), in erheblichem Maße prägt. Vor diesem Hintergrund kann man eine Verständigung von Angesicht zu Angesicht (face – to – face) als *elementare Kommunikation* bezeichnen. Im Zuge der gesellschaftlichen Entwicklung aber wurden und werden die Möglichkeiten der elementaren Kommunikation in verschiedener Richtung und Hinsicht erweitert. Diese Formen der Erweiterung möchten wir mit dem Stichwort *Technisierung der Kommunikation* ansprechen. Wesentliche Konstituenten dieser Technisierung sind *sekundäre Symbolsysteme* (z.B. Schriftsysteme), *technische Apparate* (z.B. Druckmaschine, Telephon, Radio und Fernseher) und *konservierende Speicher* (z.B. Bücher, Tonbänder, Disketten). Sie spielen bei den verschiedenen Formen technisierter Kommunikation in ganz unterschiedlichen Kombinationen und mit unterschiedlichem Gewicht eine Rolle.

War *gesellschaftliche Kommunikation* zunächst nichts anderes als das System der elementaren Kommunikationen, so hat sie sich zu einem zunehmend komplexer werdenden kommunikativen Gefüge der verschiedensten Formen entwickelt, wobei das Auftreten neuer Formen jeweils zu weitreichenden Verschiebungen und Umstrukturierungen in diesem Gefüge führte. Mehr noch: Jede neue Form veränderte auch die bereits existierenden, nicht nur hinsichtlich der Domäne, sondern auch in der internen Struktur. Und allemal veränderte sie die Möglichkeiten der Reflexion der bestehenden Kommunikationsformen.

Gesellschaftliche Kommunikation heute ist also eine spezifische *Formation* elementarer und technisierter Kommunikationsformen. Dabei haben die verschiedenen Kommunikationsformen spezifische Domänen, sie eröffnen spezifische Möglichkeiten, und sie setzen kommunikative Bedingungen, die spezifische Adaptionen der sprachlichen Mittel und des Kommunikationsverhaltens erfordern.

Die technisierten Kommunikationsformen haben eine lange Geschichte, die mit der Entwicklung von Schriftsystemen und den frühen Formen der Telekommunikation beginnt, und spätestens seit der Entwicklung des Buchdruckes ist klar, daß gesellschaftliche Kommunikation nicht mehr anders denkbar ist denn als Symbiose aus elementaren und technisierten Kommunikationsformen. Dies besagt aber nicht, daß die entwickelten technisierten Kommunikationsformen und ihre 'Anteile' an der Deckung des gesellschaftlichen Kommunikationsbedarfs naturhafte und zwangsläufige Größen sind. In einem bestimmten Umfang bestanden und bestehen Möglichkeiten alternativer Lösungen.

In der Geschichte der technisierten Kommunikationsformen lassen sich einige dramatische Entwicklungsschübe und qualitative Umbrüche im gesellschaftlichen

Kommunikationsgefüge feststellen. Die Ausarbeitung von Schriftsystemen, die Erfindung des Buchdruckes und die Einführung von Massenmedien sind – auch wenn sie unterschiedliche Aspekte des gesellschaftlichen Kommunikationsprozesses betreffen – solche qualitativen Entwicklungsschübe. Gegenwärtig ereignet sich durch die massenhafte Einführung von vernetzten bzw. vernetzbaren Computern als Kern der neuen Informations- und Kommunikationstechnologien eine weitere Umstrukturierung des gesellschaftlichen Kommunikationsgefüges, die mindestens das Ausmaß der vorgenannten Entwicklungsschübe erreichen wird.

In diesen qualitativen Umbrüchen verändert sich auch jeweils die *Konstitution einer Gesellschaft als Sprachgemeinschaft* tiefgreifend. Wenn die zentralen gesellschaftlichen Kommunikationsaufgaben immer weniger in face-to-face-Situationen abgewickelt werden, sondern in irgendeiner Weise technisch vermittelt (face-to-machine) sind, ändern sich die Bedingungen sprachlichen Handelns. Versucht man diese Veränderungen zu charakterisieren, so stellt man fest, daß sie nicht partiell und eng umgrenzt sind, sondern Phänomene auf allen linguistischen Beschreibungsebenen umfassen.

Jede Technisierung sprachlichen Handelns setzt voraus und beinhaltet eine (mehr oder weniger implizite) Sprachtheorie. Der Kommunikationsprozeß wird in Einheiten segmentiert, es wird eine je spezifische Relevanzstruktur über ihn gelegt, die als wichtig Angesehenes hervorhebt und anderes in den Hintergrund rückt. Es erfolgt eine Regularisierung und Homogenisierung des Handelns und damit entsteht ein neues, evtl. verbindlicheres Normengefüge. Reflexives sprachliches Handeln hat die Technologie einerseits als zu bewältigendes Problem, andererseits liefert die der Technologie innewohnende Theorie für die Sprachreflexion bzw. die Metakommunikation eine neue Begrifflichkeit.

Als historischer Vorläufer und als Modell für eine solche Technisierung der Kommunikation sei die Schrift genannt: Alphabetschriften segmentieren den kontinuierlichen Lautstrom in diskrete Einheiten (Grapheme, Lexeme); Intonation, Korrekturen, verschiedene Partikel etc. werden nicht repräsentiert; sprachliche Normvorstellungen sind wesentlich geprägt von schriftsprachlicher Grammatik; im Unterschied zu zahlreichen Variationen etwa des gesprochenen Deutsch entwickelt sich schnell eine einheitliche Schriftsprache, die mit zum Verschwinden der Dialekte beiträgt; Alltagstheorien über Sprache, aber auch linguistische Theorien nehmen die für die und an der Schriftsprache entwickelten Konzepte und Begrifflichkeiten als Ausgangspunkt (so z.B. den Satzbegriff); relevante gesellschaftliche Positionen und damit Anerkennung sind ohne eine Beherrschung der Schriftsprache nicht zu erreichen. Eine Untersuchung der Auswirkungen der neuen Informations- und Kommunikationstechnologien auf Sprache könnte sich in dieser Weise an der Einführung von Schriften als einem historischen Modell orientieren.

Die gegenwärtig zu beobachtende technische Entwicklung ist durch eine Vielzahl verschiedener Informations- und Kommunikationstechnologien gekennzeichnet, deren Konstruktion zwar mehr oder weniger abgeschlossen ist, die aber zu einem großen Teil noch keinen relevanten gesellschaftlichen Einsatz gefunden haben. Noch ist unklar, welche der Technologien sich auf dem Markt durchsetzen werden.

Es sind im wesentlichen drei technologische Entwicklungen, die die entscheidenden Veränderungen bringen:

1. Fortschritte in der Computertechnik. Sowohl Hardware (größerer Speicherplatz, kürzere Verarbeitungszeiten) als auch Software (Konstruktion von leicht erlernbaren Benutzeroberflächen) zeigen ein exponentielles Wachstum. Mit steigenden Verkaufszahlen werden die Geräte immer billiger.
2. Mit der angestrebten Breitbandverkabelung (ISDN) wird eine nachrichtentechnische Infrastruktur geschaffen, die die Bundesrepublik für die verschiedensten Dienste flächendeckend erfassen soll. Für internationale Kommunikation liefert die Satellitentechnik die entsprechende Basis.
3. Eine dritte Komponente ist die Verknüpfung der so skizzierten Informations- und Kommunikationstechniken. Von jedem Betrieb, jedem Arbeitsplatz oder jedem Haushalt aus soll über Kabelnetze mit großer Übertragungsleistung der Zugang zu den verschiedensten Informations- und Kommunikationsdiensten ermöglicht werden. Als Beispiele seien hier genannt: Btx, electronic mail, Zugang zu zentralen Großrechnern und Datenbanken, Video conferencing, Bildschirmtelefon etc.

Die Hersteller und Betreiber beanspruchen eine universelle Verwendbarkeit der komplexen neuen Technologien: In der *Industrie* wird die Konstruktion (CAD), die Produktion (CAM), der Vertrieb, die Lagerverwaltung und die Bürokommunikation zunehmend auf die neuen Technologien umgestellt. Der *Dienstleistungssektor* wird insbesondere in den Bereichen Informationsverwaltung und Bürokommunikation umgestellt. Umstritten ist der gesamte gesellschaftliche Bereich des *Lernens*. Durch computergesteuerte, interaktive Lernsysteme sollen manche alten Formen des Lernens verabschiedet werden. Von besonderem Interesse ist auch der *private Bereich*. Unterhaltung (Kabelfernsehen, interaktive Videoprogramme, Musikcomputer), persönlicher Geschäftsverkehr (Kontoführung, Buchungen, Bestellungen) und Weiterbildung stehen im Zentrum des Interesses. Die Aufzählung ließe sich noch lange fortführen. Es gibt praktisch keinen gesellschaftlichen Bereich, der nach dem Willen der Protagonisten der Technik nicht erfaßt werden kann und soll.

Damit verändern sich die Formen der Konstitution von Gesellschaft grundlegend. Die Kommunikations- und Informationstechnologie wird als der entscheidende *ökonomische* Faktor für den Rest des Jahrhunderts angesehen, sie soll damit die Energiewirtschaft als Basistechnologie ablösen.

Auch die *politische* Konstitution einer Gesellschaft wird sich grundlegend wandeln. Die Protagonisten der Technik sehen eine wirkliche Demokratie überhaupt erst ermöglicht, wenn jeder Bürger über potentiell unerschöpfliche Informationsresourcen verfügt; politische Willensbildung könnte neue Formen annehmen, wenn ein direkter Kommunikationsweg zu Entscheidungsträgern gegeben ist. Während hier eine sich abzeichnende Dezentralisierung von gesellschaftlicher Macht behauptet wird, argwöhnen Kritiker das Gegenteil und befürchten eine zunehmende Zentralisierung, die Festigung von Informationsmonopolen, Effektivierung von Überwachungsmethoden und den Abbau der Möglichkeit diskursiver Entscheidungsfindung. Technische Sachzwänge träten an die Stelle praktisch-vernünftiger Entscheidungen.

Der Begriff *technisierte Kommunikation* ist weder ein etablierter Terminus noch wohldefiniert. Wenn wir ihn zunächst für eine Arbeitsgruppe (im Februar 1986 in Heidelberg) und dann als Titel für diesen Band gewählt haben, so geschah dies in der Hoffnung, Reflexionen darüber anzuregen, wie die verschiedenen Formen der Technisierung zur Entwicklung und Veränderung der gesellschaftlichen Kommunikation beitragen. Intendiert war die Erörterung und Klärung von Fragen wie:

- Was kann Technisierung im Zusammenhang mit Kommunikation heißen?
- Welche Aspekte der Kommunikation können von einer Technisierung betroffen sein/werden?
- Welche Formen technisierter Kommunikation lassen sich unterscheiden?
- Wie beeinflussen sich verschiedene Formen der technisierten Kommunikation wechselseitig?
- Welche Besonderheiten haben die verschiedenen Formen technisierter Kommunikation?
- Wie ist das Verhältnis zwischen elementarer Kommunikation und den verschiedenen Formen der technisierten Kommunikation zu bestimmen?

Bezogen auf die Linguistik, soweit sie sich als Kommunikationswissenschaft versteht, stellt die Verwendung des Begriffes *technisierte Kommunikation* den Versuch dar,

- nicht nur einzelne Kommunikationsformen in ihrer *Spezifik* zu untersuchen, sondern gerade auch ihre *Interdependenzen* im gesellschaftlichen Kommunikationsgefüge in den Blick zu nehmen;
- sich verstärkt mit den verschiedenen *Formen* technisierter Kommunikation zu befassen und
- sich mit Problemen der *Wertung* von technisierter Kommunikation zu beschäftigen.

So ist z.B. regelmäßig zu beobachten, daß neue Formen technisierter Kommunikation auf dem Hintergrund der elementaren Kommunikation zunächst als defizitär begriffen und kritisiert werden. Die Neueinführung technisierter Kommunikationsformen ist immer eine Hochzeit der Sprach- und Sozialkritik.

Die Beschäftigung mit den verschiedenen Kommunikationsformen erfolgt in der Linguistik der Tendenz nach *isolierend.* So untersucht z.B. die Diskursanalyse elementare Kommunikation in aller Breite und Vielfalt, aber nur selten in ihren Beziehungen zu anderen Kommunikationsformen. Daneben stellt die Untersuchung geschriebener Sprache einen anderen monolithischen Block dar, wobei geschriebene Sprache (an der z.B. alle grammatischen Beschreibungen entwickelt worden sind) lange Zeit als Modell für Sprache schlechthin stand. U.a. erst im Rahmen der Diskussion um Schrift und Schriftlichkeit wird geschriebene Sprache zunehmend als eine spezifische Form technisierter Kommunikation bewußt.

Beschreibungs- und Erklärungsversuche für die *Integration* der verschiedenen Kommunikationsformen, Untersuchungen zur wechselseitigen Beeinflussung und zu den Domänen der einzelnen Kommunikationsformen sowie zur Veränderung von Domänen fehlen hingegen weitgehend. Betrachtet man ferner die *Vielfalt* der verschiedenen Kommunikationsformen, so fällt auf, daß die Linguistik sich überwiegend auf elementare und schriftliche Kommunikation beschränkt. Eine differenzierte Analyse technisierter Kommunikationsformen wird weitgehend anderen Wissenschaften – z.B. der Massenkommunikationsforschung oder der Semiotik – überlassen. Fast könnte man von einer Technikfeindlichkeit der Linguistik sprechen, zumindest aber ist sicher, daß Technisierung für die Linguistik kein prominentes Thema ist. Nach unserer Auffassung kann aber ein angemessener Begriff von Kommunikation nur entwickelt werden, wenn alle – insbesondere auch die technisierten – Kommunikationsformen in ihrer Interdependenz in Betracht gezogen werden.

Der vorliegende Band stellt einen Versuch dar, unter dem Stichwort *technisierte Kommunikation* die Wechselwirkungen zwischen der Konstitution einer Sprachgemeinschaft einerseits und Informations- und Kommunikationstechnologien andererseits als einen Gegenstand der Linguistik zu etablieren. Wir gehen also davon aus, daß Entwicklungen, Strukturen und Funktionen einer Sprache nicht ohne eine Kenntnis der Technologien verstanden werden können, über die ein bedeutender Teil sprachlichen Handelns abgewickelt wird und von denen er geprägt wird.

Eine einheitliche Definition des Konzeptes *technisierte Kommunikation* wird in den Beiträgen dieses Bandes in Ansätzen erkennbar, bedarf zweifellos aber noch weiterer Diskussionen. In den meisten der vorgestellten Definitionen wird eine Kommunikation dann als technisiert betrachtet, wenn (irgend-) eine Komponente des Kommunikationsprozesses technisch affiziert ist. Es wird aber auch gefragt, ob ein so weiter Begriff von Technisierung ein sinnvolles Untersuchungsfeld abstecken kann. Auch wenn sich diese Auffassung forschungspraktisch als zu weit erweisen sollte, scheint sie doch geeignet, die verschiedenen Formen der Technisierung zu systematisieren und in ihrer Interdependenz zu erfassen.

Der zweite Ansatz zur Definition des Begriffes *technisierte Kommunikation* setzt an der Konstitution von Interaktion und Verständigung an. Erst wenn sich hier bestimmte Veränderungen zeigen, wie z.B. eine Reduktion der Aushandlungsmöglichkeiten, sei von technisierter Kommunikation zu sprechen.

Die Beiträge untersuchen die Auswirkungen der Technisierung anhand *verschiedener Technologien*. Computer stehen dabei als "universelle Basistechnologie" im Mittelpunkt. Von den neuen Technologien haben sie bisher den größten Verbreitungsgrad und werden auch in Zukunft zweifellos das Zentrum der meisten technischen Prozesse darstellen. In ihrem Kontext sind auch die ersten Auswirkungen auf Sprache beobachtbar. Mehrere Arbeiten dieses Bandes befassen sich mit speziellen Formen des Einsatzes von Computern: den Datenbanken und hier wiederum zum Teil mit "natürlichsprachlichen" Abfragesystemen. In einer Arbeit wird ein interaktives Computerlernsystem behandelt.

Die Technisierung der Kommunikation durch den Computer ist auch insofern von besonderem Interesse, weil es hier – zumindest bei einigen Formen des Computereinsatzes – den Anschein hat, als ob zum ersten Mal der Kommunikationspartner technisiert bzw. in Maschinenform gebracht worden ist (sei es auch nur in der Gestalt eines partikulären Auskunftgebers). Diese Mensch-Maschine-Mensch-Kommunikation mit ihren an der Oberfläche verwirrenden Analogien zur Mensch-Mensch-Kommunikation birgt erhebliche theoretische Brisanz.

Als weitere Formen technisierter Kommunikation werden Telefon, Bildschirmschreiber, Bildtelefon und Briefe untersucht.

Die Arbeiten dieses Bandes decken damit noch keineswegs das gesamte Spektrum der neuen Technologien ab, was zum Teil eben an deren noch geringem Verbreitungsgrad liegt.

Die Vielfältigkeit der Beiträge zeigt sich nicht nur darin, daß verschiedene Formen technisierter Kommunikation den Untersuchungsgegenstand bilden, sie zeigt sich auch auf *methodischer Ebene* und in den zugrundegelegten *theoretischen Rahmen.* Angesichts eines sich noch sehr dynamisch entwickelnden Gegenstandes kann es auch noch keinen einheitlichen theoretischen Rahmen zu seiner Behandlung geben. Ein erster Schritt unter diesen Voraussetzungen ist die von einem bestimmten Theorierahmen noch freie, eher induktive Beschreibung von Phänomenen, die – abhängig von dem jeweiligen Vorverständnis von Sprache – nach Einflüssen der Technik sucht. Ein weiterer Zugang ist der Rückgriff auf vorhandene linguistische und soziologische Theorien und Methoden, die auf den neuen Gegenstand angewendet werden und so zu seiner Strukturierung beitragen.

In diesem Band finden sich sprechakttheoretische, diskurs- bzw. konversationsanalytische Ansätze sowie – als nicht spezifisch linguistische Hintergrundstheorien – die kulturhistorische Schule der sowjetischen Psychologie und die Theorie des kommunikativen Handelns von Jürgen Habermas. Zwei Arbeiten stammen aus einem Bereich, der bereits bestrebt ist, sich als eigenständiges interdisziplinäres Forschungsgebiet zum menschlichen Verhalten am Computer zu etablieren: die Benutzerforschung.

Die unterschiedlichen theoretischen Orientierungen führen dazu, daß bestimmte Fragestellungen und Aspekte technisierter Kommunikation favorisiert werden. Im Mittelpunkt der im weiteren Sinne interaktionsanalytischen Arbeiten steht der *Aushandlungsbegriff*: Während Alltagskommunikation dadurch gekennzeichnet ist, daß die relevanten Bereiche des gemeinsamen Handelns unter den Beteiligten ausgehandelt werden, wird die Hypothese aufgestellt, daß Technisierung der Kommunikation gerade durch eine Beschränkung der Aushandlungsmöglichkeiten charakterisiert ist.

Im Rahmen der kulturhistorischen Schule läßt sich die Frage untersuchen, wie menschliche Handlungen von maschinellen Operationen unterscheidbar sind. Dies ist gerade vor dem Hintergrund bedeutsam, daß die Begrifflichkeit der Computerwissenschaft und die Deutungsversuche der Betroffenen von der *Dialogmetapher* beherrscht werden. Dies wird auch in der Theorie des kommunikativen Handelns zum Thema gemacht, wo sich die Frage stellt, ob die Beteiligten in der Lage sind, die neuen Kommunikationsformen reflexiv in ihre lebensweltliche Perspektive zu integrieren. Die Verwendung von Metaphern ist ein solcher Integrationsversuch.

Informations- und Kommunikationstechnologien sind natürlich nicht nur potentielle Untersuchungsgegenstände der Linguistik, sondern auch *Forschungsinstrumentarien*, so z.B. wenn der Versuch unternommen wird, Transkriptionen von Gesprächen als Datenbank aufzubauen. In beiden Bereichen stellen sich ähnliche sprachtheoretische Fragen.

In dem sprechakttheoretischen Ansatz werden Realisierungsformen eines komplexen Sprechaktes in verschiedenen Formen technisierter Kommunikation experimentell untersucht. Dabei wird als entscheidender Einflußfaktor für die Gestaltung eines Redebeitrages die Art der Zugänglichkeit zu der gemeinsamen Situation festgestellt, die das Medium ermöglicht. Der Vergleich verschiedener Formen technisierter Kommunikation ist zweifellos eine produktive Methode, die auch in künftigen Untersuchungen verstärkt eingesetzt werden sollte. Der Ansatz der Benutzerforschung ist dem Ziel der Entwicklung von Softwaresystemen verpflichtet, die leicht erlernbar sind und den Benutzer zu weniger Fehlern veranlassen. Dabei geht man von der Annahme aus, daß die Mensch-Maschine-Interaktion ein Bereich mit eigenen Gesetzmäßigkeiten ist, daß also ein eigenes sprachliches Register entsteht: Computer talk als ein technisiertes Register. Interessant sind hier insbesondere die Interferenzen zwischen diesem und anderen Registern der Benutzer.

Um eine Diskussion über methodische Probleme und Besonderheiten technisierter Kommunikation anzuregen, wird im zweiten Teil des Bandes eine konkrete Datenbankanfrage ausführlich dokumentiert. Dabei handelt es sich um die Transkription eines Gespräches zwischen dem Informationsvermittler und dem Nutzer und die entsprechende Dialogdatei. Einerseits soll so empirisches Material zur Verfügung gestellt werden, zum anderen werden anhand dieses Materials in Kurzbeiträgen verschiedene Möglichkeiten zur Analyse der Spezifika dieser speziellen Form technisierter Kommunikation angedeutet.

TELEFONISCHE KOMMUNIKATION – TECHNISCH ÜBERTRAGENE ODER TECHNISIERTE KOMMUNIKATION?

Günter Schmale

> "Es trägt die fratzenhaften Züge des Faschismus und basiert auf der nekrophilen Logik, daß erst dann das Leben verbürgt sei, wenn es zerstört ist." (J. Dünhaupt: "Dieses Telephon kann Leben retten. Aus dem Tagebuch der technologischen Traumtante". Frankfurter Rundschau 11.6.1983)

> "Dans le temps, on se voyait. On pouvait perdre la tête, oublier ses promesses, risquer l'impossible, convaincre ceux qu'on adorait en les embrassant, en s'accrochant à eux. Un regard pouvait changer tout. Mais avec cet appareil, ce qui est fini est fini." (J. Cocteau: La voix humaine. 1930)

1. Gegenstand und Begriffsabgrenzung

Im vorliegenden Beitrag soll der Frage nachgegangen werden, inwieweit telefonische Kommunikation aufgrund der technischen Übertragung ausschließlich akustischer Signale als *technisierte Kommunikation* zu gelten hat.

Ausgehend von einem ethnomethodologisch-konversationsanalytischen Ansatz wird Kommunikation – oder besser: kommunikative Interaktion – als komplexer Aushandlungsprozeß verstanden.

Nach ethnomethodologischer Vorstellung ist gesellschaftliche Wirklichkeit, also auch kommunikative Interaktion als Teil derselben, eine Vollzugswirklichkeit, "d.h. ... eine Wirklichkeit, die lokal (also: vor Ort, im Ablauf des Handelns), endogen (also: in und aus der Handlungssituation), audiovisuell (also: durch Hören und Sprechen, durch Wahrnehmen und Agieren) in der Interaktion der Beteiligten erzeugt wird". (Bergmann 1981: 12)

Dieser Ansatz, gegen den bei strenger Anwendung berechtigterweise ein Positivismusvorwurf zu erheben ist, wird von Kallmeyer (1985: 84–85) durch folgende fünf Grundannahmen der Interaktionskonstitution charakterisiert, die im vorliegenden Beitrag unter den Begriff der *Aushandlung*[1] subsumiert werden sollen:

"a) Der Vollzugscharakter der Interaktion. Ordnung im Gespräch ebenso wie die Bedeutung des ablaufenden Interaktionsereignisses sind nicht vorab etabliert, sondern werden lokal, d.h. im Gespräch selbst, mit jedem Redebeitrag und mit den Mitteln des Gesprächs hergestellt. ...
b) Die Wechselseitigkeit der Interaktionskonstitution. Die Beteiligten haben aufeinander bezogene Rollen, in deren Rahmen sie aktiv werden müssen. Sie definieren die Bedeutung des Vorgangs gemeinsam, sie bestätigen sich die Bewältigung der Konstitutionsaufgaben wechselseitig usw. Zentrales Mittel für die Herstellung der Wechselseitigkeit ist der partnerspezifische Zuschnitt der Äußerungen, d.h. die Orientierung der Äußerungsproduktion an den Verstehens- und Beteiligungsvoraussetzungen des Partners.
c) Die prospektiv-retrospektive Definitionsweise. Einzelaktivitäten bekommen ihren Sinn in Aktivitätszusammenhängen. Bei der Produktion und Rezeption der Einzelaktivitäten wird mit vorläufigen Interpretationen gearbeitet, die Projektionen von übergreifenden Zusammenhängen beinhalten und die sich erst nachträglich als angemessen oder nicht herausstellen.
d) Ordnungsstrukturen. Die Beteiligten ordnen ihre Aktivitäten zu komplexeren Zusammenhängen. ...
e) Die "Realitätssensitivität" von Interaktion. Interaktionen sind "realitätssensitiv" in dem Sinne, daß die relevanten Aspekte der sozialen Realität in verbaler Interaktion manifest bearbeitet werden bzw. zumindest als Interpretationsfolie gegenwärtig sind. In der Interaktionskonstitution werden dementsprechend eine Reihe ganz unterschiedlicher Aspekte bearbeitet:
Gesprächsorganisation ..., gemeinsames Handeln ..., Sachverhaltsdarstellung ..., soziale Identitäten und Beziehungen ..., Interaktionsmodalitäten ..., Reziprozitätsherstellung ... ."

Die Interaktionsbeteiligten bearbeiten also alle relevanten Konstitutionsaspekte der kommunikativen Interaktion durch wechselseitig aufeinander bezogene Initial- oder Vorschlagsaktivitäten einerseits und Reaktions- oder Ratifizierungsaktivitäten andererseits und stellen so gemeinsam kommunikativ-interaktive Ordnung im Gespräch her. Kommunikative Interaktion wird deshalb als "interactional achievement" (vgl. Schegloff 1982) der Beteiligten angesehen, wobei diese sich allerdings an bestimmten – in der Kommunikationsgemeinschaft gültigen – soziostrukturellen Vorgaben ("structural provisions") orientieren, die – je nach Grad der Institutionalisierung des Interaktionstyps[2] – in unterschiedlichem Maße Wahlmöglichkeiten zwischen Alternativen lassen ("participants' work").

Im Anschluß an diese Festlegung von Kommunikation als einem komplexen Aushandlungsprozeß, in dem die Interaktionspartner alle relevanten Konstitutionsaspekte durch wechselseitig aufeinander bezogene Aktivitäten *interaktiv* bearbeiten, kann *technisierte Kommunikation* als ein Kommunikationstyp bestimmt werden, der von technisch bedingten, unterschiedlich starken Einschränkungen von Aushandlungsmöglichkeiten gekennzeichnet ist.[3]

Nur menschliche Kommunikationsbeteiligte sind (bisher) in der Lage, kommunikative Ordnung lokal auszuhandeln. Sobald eine Maschine an die Stelle eines Kommunikationsbeteiligten tritt, wird die Möglichkeit der Aushandlung kommunikativ-sozialer Realität suspendiert.

Telefonische Kommunikation scheint somit a priori als *nichttechnisierte Kommunikation* bestimmbar. Die Kommunikation wird zwar technisch auf dem akustischen Kanal übertragen, es kommunizieren jedoch stets zwei Individuen "direkt"[4] miteinander, so daß lokale Aushandlung prinzipiell möglich ist. Es ist allerdings fraglich, ob die mit dem Medium Telefon verbundenen Kommunikationsbedingungen, die eine Aufhebung oder eher "Einschränkung" der Einheit von Ort, Zeit und Handlung mit sich bringen und die lokale, endogene und audiovisuelle Erzeugung sozialer Wirklichkeit wie in face-to-face Kontakten nicht zulassen – i.e. die unterschiedlichen Situationsrahmen der Beteiligten und der dadurch bedingte Wegfall nonverbaler Kommunikationsmittel (auf dem visuellen, taktilen, olfaktorischen, thermalen und gustatorischen Kanal), die entstehenden Kosten und die potentielle Störanfälligkeit des allein offenen akustischen Kanals –, nicht doch eine Einschränkung der Aushandlungsmöglichkeiten implizieren.

Dieser Frage soll in den folgenden Schritten nachgegangen werden:

(1) Es werden Ergebnisse der konversationsanalytischen Studie "Verständnissicherung und Beziehungskonstitution in telefonischer Kommunikation" dargestellt (vgl. Schmale (in Vorbereitung)) (Abschnitt 2).
(2) Ein Vergleich zweier französischer Telefongespräche – eines mit der Sprechstundenhilfe, das andere vom Anrufbeantworter eines Arztes – soll zeigen, in welchem Maße das Zwischenschalten einer Maschine Auswirkungen auf die Kommunikationsstruktur eines spezifischen Anliegentyps hat, der in der Regel telefonisch bearbeitet wird (Abschnitt 3).
(3) Es wird in einem dritten Schritt nach möglichen Motiven für häufig anzutreffende negative Einstellungen zum Medium Telefon gefragt, um linguistisch vielleicht nicht faßbaren, individuell erfahrenen Einschränkungen von Aushandlungsmöglichkeiten "näherzukommen" (Abschnitt 4).
(4) Abschließend ist die Ausgangsfragestellung zu beantworten, ob telefonische Kommunikation aufgrund einer Einschränkung von Aushandlungsmöglichkeiten eine Form technisierter Kommunikation ist (Abschnitt 5).

Es wird nicht der Versuch gemacht, systematisch Unterschiede in der Kommunikationsstruktur von face-to-face und telefonischer Kommunikation darzustellen. Ein derartiger Vergleich würde eine umfangreiche kontrastive Untersuchung telefonischer und face-to-face Kommunikation unter Einbezug nonverbaler Kommunikation erfordern, der bis heute noch nicht erfolgt ist und im vorliegenden Beitrag nicht geleistet werden kann. Die wenigen vorhandenen Untersuchungen zu telefonischer Kommunikation, die vor allem zu telefonischen Gesprächseröffnungen vorliegen, werden in Abschnitt 2 referiert.

2. Kommunikationsstrukturen der Verständnissicherung und der Beziehungskonstitution in telefonischer Kommunikation

Als Ausgangspunkt der linguistisch-konversationsanalytischen Studie "Verständnissicherung und Beziehungskonstitution in telefonischer Kommunikation", der Korpora deutscher und französischer Telefongespräche unterschiedlichen Typs zugrundeliegen (ca. 550 Seiten Transkriptionen), diente die Hypothese, daß aufgrund der unterschiedlichen Situationsrahmen der Beteiligten und der resultierenden spezifischen Kommunikationsbedingungen telefonspezifische Ausprägungen der Kommunikationsstrukturen erwartbar sind. Die Aspekte *Verständnissicherung und Beziehungskonstitution* wurden bei den Analysen in den Vordergrund gestellt, weil Telefongespräche einer potentiell erhöhten Störanfälligkeit unterliegen und deshalb in besonderem Maße Aktivitäten der Verständnissicherung auf unterschiedlichen Ebenen erwartbar werden; andererseits, weil nonverbale Kommunikation vor allem im Bereich der Beziehungskonstitution eine wichtige Rolle spielt und die Nichtübertragbarkeit nicht-sprachlicher Signale besondere Auswirkungen bei der Kommunikation des 'Beziehungsaspektes' haben könnte.

2.1. Aspekte der Verständnissicherung in telefonischer Kommunikation

Verständnissicherung, in der referierten Untersuchung als übergeordnete Organisationsaufgabe der Gesprächsorganisation verstanden, wurde auf folgende Phänomene der Gesprächsorganisation hin analysiert, die im folgenden zusammenfassend dargestellt werden: Sprecherwechselorganisation, Ablaufkonstitution, Verständnis- und Identifizierungsprobleme.

2.1.1. Sprecherwechselorganisation

Die Sprecherwechselorganisation – als grundlegende Organisationsform der Gesprächsorganisation zur Regelung kommunikativer Interaktion als eines dialogischen Austauschprozesses (vgl. Kallmeyer/Schütze 1976: 13ff.) – könnte insofern von einer Technisierung im definierten Sinne betroffen sein, als der Wegfall nonverbaler Kommunikation (vor allem des Blickkontakts), die bei der Regelung des Sprecherwechsels bestimmte Funktionen einnimmt (vgl. z.B. Duncan 1972 oder Kendon 1967), in telefonischer Kommunikation zu Problemen, z.B. Turbulenzen bei der Turnübernahme, oder um solchen vorzubeugen, zu Einschränkungen der Turnkonstruktionsmöglichkeiten und der Verfahren der Turnzuweisung/-übernahme führen könnte. (Bethge 1974 behauptet beispielsweise, daß in Telefongesprächen vorwiegend das *adjacency pair* Frage-Antwort vorkommt).

Beattie/Barnard (1979), Butterworth/Hine/Brady (1977) und Cook/Lalljee (1972) untersuchen diese Hypothese in experimentalpsychologischen Laborstudien von "telephone, no vision and vision conditions". Alle Arbeiten kommen jedoch zu dem Ergebnis, daß in der telefonischen Versuchsbedingung weder eine Zunahme von Pausen oder Turbulenzen bei der Turnübernahme, noch eine Veränderung der Turnkonstruktion, z.B. eine Verkürzung oder Verlängerung von Turns, zu verzeichnen ist.

Die qualitativen Analysen der referierten konversationsanalytischen Studie bestätigen die Ergebnisse der o.a. Arbeiten. Es kommen eine Vielzahl verschiedener Formen der Sprecherwechselorganisation und eine Reihe unterschiedlicher Turnkonstruktionseinheiten vor (vgl. z.B. das Gespräch *c'est pour Erneste* in Abschnitt 3). Eine Beschränkung der Aushandlungsmöglichkeiten der Turnkonstruktion und –zuweisung, die Sacks/Schegloff/Jefferson (1974) in ihrer "simplest systematics for turn–taking" beschreiben, ist also nicht zu konstatieren.

Wie hochsensitiv das telefonische Sprecherwechselsystem ist, beweist die Tatsache, daß auch nach *rechts–elliptischen* Konstruktionen problemlose Sprecherwechsel vollzogen werden. Die entsprechenden Turnendsignale ("turn–yielding cues"; vgl. Duncan 1972) werden in diesen Fällen durch suprasegmentale und vor allem ko– und kontextuelle Faktoren gegeben.

Das reibungslose Funktionieren eines hochsensitiven interaktiven Systems wird auch dadurch belegt, daß es an keiner Stelle der im Korpus vorhandenen Aufnahmen nachweisbar zu Verständnisproblemen aufgrund von Simultansprechen kommt. Gleichzeitiges Sprechen ist, ebenso wie in face–to–face Kontakten, ein normales Element der Sprecherwechselorganisation.

Längere Pausen (i.e. solche, die über drei Sekunden hinausgehen), in Telefongesprächen in hohem Maße kommunikationsbedrohend, werden meist durch einen expliziten Hinweis auf die Ursache der folgenden Pause "entschärft". Häufig geschieht dies durch Routineformeln, in denen z.B. durch bestimmte Verben (*ich verbinde weiter*) der telefonische Kontakt deutlich wird. Aktivitäten dieses Typs sind nötig, um das Weiterbestehen des Kontaktes bei fehlenden akustischen Indikatoren für den Partner zu demonstrieren. Auffällige, telefonspezifische prosodische Strukturen, wie sie teilweise als Ersatz für den Ausfall nonverbaler Kommunikationsmittel erwartet werden (vgl. z.B. Butterworth/Hine/Brady 1977), sind nicht feststellbar. Suprasegmentalia sind zwar ein nicht zu vernachlässigendes Ordnungsinstrument (mit metalokutiver Funktion), das aber nicht von face–to–face Kommunikation abweichend eingesetzt zu werden scheint.

2.1.2. Ablaufkonstitution

Das Kernthema der empirischen Konversationsanalyse, die Ablaufkonstitution – "alle auf der Ebene der Gesprächsorganisation konstitutiven Faktoren (finden) ihren Niederschlag in Sequenzbildungsphänomenen" (Kallmeyer/Schütze 1976: 12) –, wurde unter den beiden folgenden Fragestellungen behandelt:

(1) Dominieren Anrufer oder Kontaktinitiator den Ablauf von Telefongesprächen in allen Sequenzen derart deutlich, daß der Partner lediglich "reaktiv" ohne jede Entscheidungsmöglichkeit handeln, geschweige denn den Versuch einer Initiativübernahme unternehmen kann, so daß von der Suspendierung der Aushandlung gesprochen werden muß? (vgl. z.B. Bethge 1974)

(2) Gibt es in telefonischer Kommunikation einen stark eingegrenzten Bereich stereotypisierter Kommunikationsstrukturen im Sinne von "automatic speech" (vgl. Butterworth/Hine/Brady 1977 und deren "rubbish hypothesis"), der den Interaktanten aufgrund der medialen Übertragung zwingend vorgegeben ist?

In beiden Fällen – d.h. bezüglich Anruferdominanz und stereotypisierter Kommunikationsstrukturen – konnte keine Suspendierung der Möglichkeiten des Aushandelns festgestellt werden.

Die Gesprächsanalysen zeigen, daß zwar gelegentlich ein Interaktant mehr Gesprächsinitiativen ergreift als sein Partner (vgl. das *c'est pour Erneste*–Beispiel in Abschnitt 3), um bestimmte Anliegen möglichst effizient zu lösen. Es handelt sich in diesen Fällen jedoch um akzeptierte – also um *official absence* des Wunsches nach Aushandlung der Gesprächsinitiativen der gemeinsam zu konstituierenden Interaktion –, keinesfalls um erzwungene Dominanz des Anrufers. Im übrigen ist die Organisation im erwähnten *Erneste*–Beispiel (s.u.) nicht telefon–, sondern anliegen– oder partnerkonstellationsspezifisch; sie kann ebenso bei persönlichem Besuch in einer Arztpraxis erfolgen.[5] Im Regelfall kann zudem in keiner Weise von *völliger* Dominanz eines Interaktanten gesprochen werden.

Insgesamt ergeben die Analysen, daß weder der Anrufer noch der Kontaktinitiator, der das erste Thema liefert[6], stets völlig dominant sind. Die sequentielle Organisation wird vielmehr, wenn nötig kontrovers, ausgehandelt. So, wie eine medienbedingte Dominanz eines Interaktionspartners nicht feststellbar ist, gibt es auch keine telefonspezifischen Diskursstrukturen, die eine Technisierung im Sinne einer medienbedingten Determination kommunikativer Aktivitäten bedeuten würden.

Stereotype Strukturen fallen besonders – wie in face–to–face Kontakten – an *Schaltstellen* der Kommunikation (z.B. der Eröffnung oder Beendigung) auf.

Wegen ihrer offensichtlichen Unterschiedlichkeit zu vis–à–vis–Situationen sind telefonische Gesprächseröffnungen besonders häufig untersucht worden (vgl. Berens 1981, Schegloff 1968 und 1979 sowie Werlen 1979 und 1984). Im Gegensatz zu face–to–face Kontakten *muß* in telefonischer Kommunikation stets eine (technische) *summons – answer* – Sequenz und eine *verbale* Identifikation auch zwischen bekannten Beteiligten erfolgen. Bei Sichtkontakt kann die erste Aktivität dagegen entfallen[7], die zweite rein kognitiv gelöst werden.

Wenn man die vis–à–vis–Situation als Datum setzt, könnte man die medienbedingte Ausprägung der telefonischen Eröffnungssequenz als technisiert bezeichnen. Da die anstehenden Aufgaben der Kontaktinitiierung und der Partneridentifikation jedoch durch wechselseitige Aktivitäten gelöst werden, hat zweifellos weiterhin das Aushandlungsprinzip Gültigkeit.

Das gleiche gilt für eine häufig auftretende Struktur zur Sicherung wichtiger Informationen. Obwohl derartige Sicherungsphasen – in telefonischer Kommunikation durch ein besonders hohes Maß wechselseitiger Sicherungsaktivitäten gekennzeichnet – bei Sichtkontakt häufig durch andere Maßnahmen (z.B. Auf–/Abschreiben, Zeigen, Mitlesen etc.) einfacher gelöst werden können, ist bei dem praktizierten Grad der Aushandlung sicherlich nicht von Technisierung zu sprechen.

Im Situationsrahmen der Telefoninteraktanten anwesende Personen werfen für die Ablaufkonstitution nur in den seltensten Fällen Probleme auf. Sofern dies kommunikationsrelevant ist, werden deren Aktivitäten problemlos in die vorgängige Interaktion – vermittelt über die Telefoninteraktanten – "eingebaut".

2.1.3. Verständnis- und Identifizierungsprobleme in telefonischer Kommunikation

Eine Technisierung telefonischer Kommunikation könnte auch bedeuten, daß in starkem Maße Verständnis- und Identifizierungsprobleme aufgrund der technischen Übertragung und der unterschiedlichen Situationsrahmen auftreten. Eine derartige Tendenz ist jedoch nicht festzustellen: Zwar treten, besonders in den französischen Gesprächen, in relativ großer Anzahl akustische Verständnisprobleme auf, diese werden aber fast ohne Ausnahme in minimalen Sequenzen aufgelöst.

Wenn es um komplexe Sachverhalte geht, die für die Interaktanten unterschiedliche In- und Extensionen haben, läßt sich in einigen Fällen Bedeutung nicht aushandeln.

Auch *augenblickliche Befindlichkeiten* (Müdigkeit, Gesundheitszustand, Eile, Ärger, etc.) sind per Telefon - selbst bei hohem Bekanntheitsgrad - nicht immer verläßlich feststellbar.

Derartige Fälle treten aber nur äußerst selten auf, da komplexe Sachverhalte nur bei absolut unmöglichen face-to-face Kontakten telefonisch besprochen werden und 'augenblickliche Befindlichkeiten' in der Mehrzahl der Fälle doch verläßlich an der Stimmqualität erkannt werden können. Im übrigen führt auch der Einsatz nonverbaler Kommunikationsmittel bei weitem nicht in allen Fällen zur Referenzherstellung auf komplexe Sachverhalte und 'augenblickliche Befindlichkeiten'.[8]

2.2. Beziehungskonstitution in telefonischer Kommunikation

Ausgehend von der zu Beginn genannten Hypothese, daß nonverbale Kommunikation besonders im Bereich der Beziehungskonstitution eine zentrale Funktion einnimmt[9], wurde an einem längeren Gespräch zwischen guten Bekannten untersucht, ob auch ohne den Einsatz nonverbaler Kommunikationsmittel Beziehungskonstitution geleistet werden kann.

Einige der herausgearbeiteten verbalen Ordnungsaspekte der Beziehungskonstitution sind die folgenden:

(1) Die *Themenbehandlung* läßt Rückschlüsse auf die soziale Beziehung insofern zu, als in nicht-handlungsfunktionalem Kontext (also nicht z.B. einer Sozialamtsangestellten gegenüber) in starkem Maße Informationen über die eigene Person gegeben werden, die man einem Fremden gegenüber konventionellerweise eben nicht gibt.

(2) Der Partner hat das Recht, diese persönlichen Informationen *expressiv zu bewerten*, ohne daß Konflikte entstehen. Gelegentlich kommt es sogar zu gemeinsamen Exaltationen.

(3) Diese expressiven Bewertungen und Exaltationen werden in fast allen Fällen in der *Interaktionsmodalität "unernst"* durchgeführt.

(4) Wichtiges Element ist dabei *gemeinsames Lachen*, das aber bei weitem nicht in allen Fällen Belustigung anzeigt, sondern grundlegendes Instrument

der Reziprozitätskonstitution ist. Lachen zeigt immer – in der Regel einer denotativen Bedeutung ermangelnd – bestimmte (emotionale) Einstellungen des Erstlachers an. Durch Ratifizieren dieses Lachens durch den Partner, der so die ausgedrückte Emotion akzeptiert, über die die Konversationsanalyse im übrigen außer bei expliziten Hinweisen keine Aussagen machen kann, übernimmt dieser lokal die Perspektive des Partners und drückt auf diese Weise bestimmte Reziprozitätsverhältnisse aus.

(5) Starke *wechselseitige Versicherungen* eines *Wiedersehenswunsches* in einem face–to–face Kontakt sind der deutlichste Ausdruck der (beabsichtigten) Beziehungsintensivierung.

(6) Vor allem an Schaltstellen der Interaktion werden *Dritte*, anwesende Freunde/Bekannte der Telefoninteraktanten direkt (Weitergeben von Äußerungen über den Telefonierenden "in beiden Richtungen") in die telefonische Interaktionskonstitution *einbezogen*. Die Beziehungskonstitution scheint hier in vielfältiger Weise betroffen; eine der wichtigsten Funktionen dieses "Einbezugs dritter[10] Personen" mag neben der Verhaltenssicherheit bedeutenden Behandlung eines konfliktfreien Themas, die zudem in der Modalität "unernst" geschieht, die Einordnung in einen (früher existierenden) "Interaktionskreis" sein.

(7) *Sprachliche Formen*, die Aufschluß über die soziale Beziehung geben können, sind: Umgangssprachliche Ausdrücke, die *tu*–Form, sympathetische Kommentare, markierte oder expandierte konversationelle Bestätigungen, ironische und expressive Äußerungen etc.

Im Anschluß an die genannten sieben Aspekte der Beziehungskonstitution ist der Schluß zu ziehen, daß die soziale Beziehung zwischen Interaktanten in telefonischer Kommunikation auch trotz nicht ersetzbarer nonverbaler Kommunikationsmittel bearbeitet wird. Bestimmte, besonders intensive Formen der Beziehungskonstitution, die physischen Kontakt erfordern, sind allerdings ausgeschlossen.

3. Vergleich eines Anrufbeantworter– und eines dialogischen Telefongespräches

Die Ergebnisse linguistischer Analysen authentischer telefonischer Kommunikation belegen, daß Ordnung trotz Abwesenheit nonverbaler Signale auf allen Ebenen durch wechselseitig aufeinander bezogene Aktivitäten hergestellt, also *ausgehandelt* wird und deshalb kaum von einer Technisierung gesprochen werden kann.

Im folgenden soll durch den Vergleich zweier Telefongespräche unterschiedlichen Typs mit dem gleichen Anliegen, eines mit rein menschlicher Beteiligung und eines Anrufbeantwortergespräches, herausgearbeitet werden, in welchem Maße und in welcher Weise sich die Zwischenschaltung einer Maschine auf die Aushandlungsmöglichkeiten der Beteiligten auswirkt. Es handelt sich um Anrufe in einer Arztpraxis, in denen jeweils um den Hausbesuch des Arztes gebeten wird. Das erste Gespräch – *c'est pour Erneste* (CPE) – wurde mit der Sprechstundenhilfe des Arztes geführt, das zweite außerhalb der Praxiszeiten vom *répondeur*

Abb.1

"c'est pour Erneste (CPE)"[11]

Nr.	Sprecher	Transkription	Nr.	Beschreibung	Phase
1	C:	allô'	1	Eröffnungs-	GESPRÄCHSERÖFFNUNG
2	A:	allô	2	"adjacency-pair"	
3		le trente soixante-dix . onze'	3	Verifikation der gewählten Telefonnummer	IDENTIFIKATION DER ANGERUFENEN PERSON
4	C:	(h) oui le trente soixante-dix onze,	4	+ Bestätigung durch Wiederholung der Nr.	
5	A:	c'est le . c'est	5	Aktivität zur Sicherung des gewünschten	
6		docteur Chéreau,	6	Anschlußinhabers +	
7	C:	oui'	7	einfache Bestätigung	
8	A:	est-ce que vous pourriez lui dire	8	Formel der Bitte um Weiterleitung (Kondit.)	FORMULIERUNG DES ANLIEGENS + RATIFIZIERUNG
9		de passez chez madame	9	Äußerung des Anliegens	
10		enfin au garage Allégro à Mareuil,	10	Korrektur + Name des Klienten + Ortsangabe	
11	C:	oui je lui dirai	11	Versprechen der Weiterleitung durch Auf-	
12		Madame,	12	nahme des Verbs (Futur) + Anredeformel	
13	A:	& c'est pour Erneste hein'	13	Spezifizierung des Anliegens	
14	C:	oui d'accord,	14	Ratifizierung durch zwei Zustimmungsformeln	
15	A:	merci,	15	Danksagungsformel	GESPRÄCHSABSCHLUSS
16		au revoir,	16	Abschiedsformel	
17	C:	au revoir Madame,	17	"Echo" der Abschiedsformel + Anredeformel	

Abb. 2

"répondeur automatique (ARB)"[11]

I.	Annonce du docteur:	I.	Ansage des Arztes:	
1	ici le cabinet du docteur Chéreau, .	1	Selbstidentifikation des Arztes	ANSAGEERÖFFNUNG
2 3	vous avez à faire à un répondeur téléphonique' . donnez votre message il sera enregistré, .	2 3	Hinweis auf ARB und Aufnahme- möglichkeit	
4 5 6	si c'est pour une visite n'oubliez pas d'indi quer vos nom prénom adresse et le degré de l'urgence, .	4 5 6	Anweisungen, wie bei einem bestimmten Anliegentyp zu verfahren ist (erforder- liche Informationen)	VERFAHRENSHINWEISE/ INFORMATIONEN ZUR VERWENDUNG DES ARB
7 8	le docteur prendra connaissance de votre message vers vingt-et-une heure trente' .	7 8	Angabe der Zeit, wann der Arzt die ARB- Aufnahmen abhört	
9 10	attendez le signal sonore avant de parler et prenez votre temps,	9 10	(technischer) Hinweis, daß akustisches Signal abgewartet werden muß und daß man sich Zeit lassen kann	ANSAGEABSCHLUSS
II.	Appel d'une dame de Vendée:	II.	Anruf einer Klientin	
1	(en articulant)(très lent)	1	(auffällig deutliche und langsame Sprechweise bis zum Ende)	
2 3	madame Masson' . Gustave, route de Saint Aubin Narbonne, .	2 3	Selbstidentifikation der Klientin: madame + Name u. Vorname des Ehemannes + Straße + Ort	ANRUFERÖFFNUNG
4 5	c'est pour mon bébé' qui a de la diarrhée, ..	4 5	Angabe des Kranken und der Krankheit	ANLIEGEN
6 7	Masson Gustave route de Saint Aubin' . pour un bébé qui a de la diarrhée, ++	6 7	Informationssicherung: Wiederholung von Name u. Vorname des Ehemannes + Straße Angabe des Kranken u. der Krankheit	ANRUFABSCHLUSS

téléphonique (Anrufbeantworter – ARB) aufgezeichnet.
Sowohl CPE als auch ARB werden durch das Medium Telefon übertragen, doch nur das zweite ist als *technisiert* zu bezeichnen. Die Begründung liegt auf der Hand: Durch die Verwendung des ARB, der einen (indirekten) Kontakt bei Abwesenheit eines Teilnehmers überhaupt erst möglich macht, ist eine völlige zeitliche Trennung des Ansage-/Angerufenenteils und des später aufgenommenen Anruferbeitrages vorgegeben und unveränderliches Faktum. Lokale Interaktionskonstitution durch Aushandlung wird so a priori ausgeschlossen. Durch die Zwischenschaltung einer Maschine ist tatsächlich eine *Technisierung* gegeben.

Das dialogische CPE-Gespräch läuft dagegen *turn-by-turn* ab, jede Aktivität hat eine sie unmittelbar interpretierende Folgeaktivität, so daß die Interaktanten ihr Anliegen *lokal* aushandeln können.

An verschiedenen Ordnungsphänomenen der Interaktionskonstitution, die in der folgenden Tabelle (Abb. 3) dargestellt werden, läßt sich nachweisen, daß die Beteiligten ihre Aktivitäten im Hinblick auf die technisierte oder dialogische Form völlig unterschiedlich ausrichten.

(1) Die *globale sequentielle Organisation* beider Gespräche ist grundlegend verschieden. In CPE organisieren die Beteiligten ihre Aktivitäten in vier Gesprächsphasen – Eröffnung, Identifikation, Anliegenbearbeitung und Beendigung –, in denen jeweils ein oder mehrere Turnpaare (Initiierung einer Aktivität plus Ratifizierung) vorkommen.

ARB weist dagegen zwei zeitlich völlig getrennte, monologisch organisierte Gesprächsphasen auf: Eine Ansage des angerufenen Arztes, die eine mögliche Klientenaufnahme (als häufigsten Anrufertyp) vorbereitet, und einen aufgenommenen Anruf einer Klientin mit einem bestimmten Anliegen. Beide *multi-unit turns* konzentrieren sich ausschließlich auf den Schemakern *Anliegen bearbeiten*, der zur Erreichung der Handlungsziele unbedingt erforderlich ist.

(2) *Gesprächseröffnung und -beendigung*, in CPE in konventionell üblicher Weise vollzogen (vgl. die Gesprächsphasen 1., 2. und 7.), fehlen in ARB bzw. sind a priori nicht realisierbar. Nur die Anruferin könnte eventuell zu Beginn *bonjour docteur*, zum Abschluß *merci au revoir docteur* äußern. Die Ansage des Arztes darf jedoch nicht mit **allô* beginnen, weil dies auf die Eröffnung eines dialogischen Gespräches schließen lassen würde und nur verwirrend wäre, noch kann sie mit **au revoir* enden, weil dies den endgültigen Abschluß bedeuten würde, der aber noch nicht gegeben ist.

Auch die Identifikationsphase, in CPE nach französischer Präferenz durch zwei Turnpaare vollzogen, kann in ARB nur durch Selbstidentifikation des Angerufenen erfolgen.

(3) Die *Bearbeitung des Schemakerns* "Anliegen bearbeiten" nimmt allerdings in ARB wesentlich mehr Raum und Zeit in Anspruch als in CPE (vgl. 91 Lexeme in ARB gegenüber 54 in CPE; das gesamte CPE-Gespräch dauert nur 13 Sekunden gegenüber 15 Sekunden für den Anruferinnenteil in ARB).

Abb. 3

Vergleich der Organisationsstruktur von "c'est pour Erneste" und "répondeur automatique"

Aufnahme / Phänomen	"c'est pour Erneste"	"répondeur automatique"
Turnkonstruktion	"turn-by-turn"-talk (Anruferin 35, Sprechstundenhilfe 19 Wörter)	2 "multi-unit turns" (Annonce=angeredete Person 60 ; Appel=Anruferin 31 Wörter
<u>Gesprächsphasen</u>		
1. Eröffnung	Routine-"adjacency pair" Telefon	keine
2. Identifikation	durch Anruferin, benötigt zwei Turnpaare (Verifizierung der Tel.Nr. u. des Anschlußinhabers + Ratifizierung)	Selbstidentifikation der angewählten Nr., benötigt 1 Konstruktion
3. Anweisungen/Informationen des Angerufenen an den Anrufer zur Bewältigung des Anliegens	keine	erfolgt in vier aufgenommenen Konstruktionseinheiten (42 Lexeme, 4 kurze Pausen)
4. Formulierung des Anliegens		
a) Bitte um Weiterleitung	Höflichkeitsformel im Konditional	fehlt
b) Anliegenformulierung	de passer chez	fehlt
c) Klientenangabe	Firmenbezeichnung + Ortsangabe	Name + Vorname des Ehemannes + Straße + Ort + Klient + Krankheit
d) Ratifizierung	Versprechen (Wiederholung des Verbs)	fehlt
5. Spezifizierung des Anliegens		
a) Angabe des Klienten	c'est pour Erneste	schon vorher geschehen (vgl. 4.c))
b) Ratifizierung	durch zwei Formeln	keine
6. Informationssicherung	fehlt	Wiederholung von Name, Vorname Ehemann, Klient + Krankheit

7. Gesprächsabschluß	von Anruferin initiiert	erfolgt eigentlich vor 4., also vor der Klientenansage, durch weitere Anweisung, die auf baldige Turnübernahmemöglichkeit schließen läßt
a) Danksagung	merci	fehlt
b) Abschiedsformel	au revoir	keine
c) Ratifiziert von Partner	au revoir Madame	nein
Sprachliche Realisierung		
1. Simultansprechen	ein Mal simultan, 2X endüberlappt	keines
2. Pausen	nicht immer an den Enden von Turnkonstruktionseinheiten	nach vollständigen Turnkonstruktionseinheiten, außer "appel" (Z. 2)
3. Zögern	vgl. Z. 4 + 5	keines
4. Selbstkorrekturen	vgl. Z. 5 + 10	fehlen
5. Dehnungen	vgl. Z. 1, 5 und 7	keine
6. schnelle Anschlüsse	vgl. Z. 13	keine
7. Fragepartikel	vgl. Z. 11	keine
8. Höflichkeitsformen		
a) Anredeformeln	vgl. Z. 12 + 17	keine
b) in der Anliegenformulierung	est-ce que + Konditional	fehlen
c) Danksagungsformel	merci	keine
d) Abschiedsformeln	"adjacency pair" (Routine)	fehlen
9. Sprechweise	"normal"	Annonce: regelmäßig, deutlich, ohne Absetzen oder Zögern Appel : deutlich und sehr langsam
10. Intonation	"normal"	Annonce: Leseintonation Appel : auffällige Konturen, vielleicht Leseintonation

Dies kann nur dadurch zu erklären sein, daß durch die Aufhebung des Prinzips der lokalen Aushandlung auch die Möglichkeit der Verständnissicherung ausgesetzt wird. Sowohl der Arzt in seiner Ansage, als auch die Klientin in ihrem Anruf müssen in starkem Maße ihre Aktivitäten im Hinblick auf eine Prophylaxe von Schwierigkeiten der Handhabung des ARB einerseits bzw. von Verständnisproblemen bezüglich des Klientenanliegens andererseits organisieren.

Die Mehrzahl dieser Aktivitäten sind im dialogischen Gespräch aufgrund des direkten Kontakts nicht notwendig (beispielsweise die Zeilen 2–3 oder 9–10, die Informationen zur Handhabung des ARB enthalten).

(4) Die *gesamte Anliegenbearbeitung* wird in CPE in zwei Turnpaaren geleistet – i.e. Vortragen des Anliegens plus Ratifizierung (vgl. Z. 8–12) und Spezifizierung des Anliegens plus Ratifizierung (vgl. Z. 13–14).

In ARB bedarf die Anliegenbearbeitung dagegen der Vorbereitung durch den Arzt (vgl. I / Z. 4–5) und einer wesentlich ausführlicheren Darstellung durch die Klientin (vgl. II / Z. 1–7).

Es fällt auf, daß die ARB-Klientin sich zwar streng an die Arztanweisung *si c'est pour une visite* etc. (vgl. II / Z. 4–6) hält, allerdings ihr Anliegen nicht explizit äußert. Für sie scheint ARB nur für einen Texttyp da zu sein, nämlich für Anforderungen von ärztlichen Hausbesuchen.

Nach der Ansage des Arztes sind aber theoretisch auch andere Anrufe möglich (vgl. Z. 3)[12]; *si c'est* etc. (vgl. Z. 4) leitet lediglich einen Konditionalsatz ein, der die Bedingungen für einen, wenn auch den empirisch häufigsten Anrufertyp beschreibt.

Dieses Vorgehen der Anruferin scheint einen zusätzlichen Aspekt der Technisierung darzustellen: Für sie ist der ARB nur für einen bestimmten Kontakttyp vorhanden, der nicht mehr genannt zu werden braucht. Natürlich bereitet diese Vorgehensweise im Kontext einer Arztpraxis, für die der ARB laut Selbstidentifikation da ist (vgl. I / Z. 1), keine Kohärenzschwierigkeiten. Dennoch stellt sie einen wichtigen Unterschied zum dialogischen Gespräch dar, in dem die Anliegenformulierung die längste Turnkonstruktionseinheit überhaupt erfordert (vgl. CPE, Z. 8–9). Die eigentliche Anliegenformulierung (vgl. CPE, Z. 10 + 13) ist dann in CPE unter Verwendung sehr viel unspezifischerer Informationen über den Klienten möglich; vor allem ist auch keine Wiederholung der Informationen erforderlich, weil die Sprechstundenhilfe ständig Rückfragemöglichkeiten hätte, die sie allerdings nicht in Anspruch zu nehmen braucht.

(5) Die *sprachliche Realisierung* beider Gespräche unterstützt die Vermutung, daß die Beteiligten in ARB, vor allem die Anruferin, "wissen", daß sie nicht ein dialogisches, sondern ein maschinell aufgezeichnetes Gespräch führen.

Keines der aufgelisteten zehn sprachlichen Charakteristika dialogischer Kommunikation (vgl. die Tabelle "Vergleich der Organisationsstruktur von CPE u. ARB"; Abb. 3) läßt sich in ARB nachweisen. Die verwendete Sprechweise, vor allem in der Ansage, läßt eher auf einen vorgelesenen Text schließen. Zudem sind alle Turnkonstruktionseinheiten mit Ausnahme der Selbstidentifikation, die eine übliche Ellipse des Verbs aufweist, vollständige syntaktische Konstruktionen; die folgenden Pausen könnten sogar Satzzeichen entsprechen.

Die Anruferin redet, wohl in Befolgung der Anweisung *prenez votre temps* (vgl. ARB, I / Z. 9), extrem langsam und deutlich und versucht ebenfalls Leseintonation zu realisieren. Mit Ausnahme eines Turns (vgl. II / Z. 2) macht auch die Anruferin Pausen nur im Anschluß an beendete Turnkonstruktionseinheiten.

Auffällig erscheint insbesondere das völlige Fehlen jeglicher direkt auf den Partner bezogener Aktivitäten im Anruferinnenteil von ARB (vgl. die Punkte 7. und 8. in der Auflistung von Ordnungsphänomenen; Abb. 3). Selbst in der Ansage des Arztes kommen noch eine Reihe von Personal- oder Possessivpronomina vor (vgl. I / Z. 2, 4, 6, 9), zudem konjugierte Verbformen in der *vous*-Anredeform (vgl. I / Z. 2, 3, 4, 8, 9); ebenso wie Fragepartikel und Höflichkeitsformen fehlen auch diese sprachlichen Mittel im Anruferinnenteil.

In ihrer sichernden Wiederholung (vgl. II / Z. 6-7) verkürzt die Anruferin ihre Mitteilung dann noch weiter: *madame* und der Ortsname entfallen; *c'est* wird elidiert. Interessant ist die Transformation von *mon* zu *un bébé* (vgl. Z. 7). Die Anruferin nähert sich hier sogar in bezug auf ihr eigenes Baby einem unpersönlichen, technisierten Stil an.

Durch den Vergleich der Ordnungsstruktur von CPE und ARB wurde gezeigt, daß das Aushandlungsprinzip für das dialogische CPE-Gespräch mit Sicherheit Gültigkeit hat, während die Zwischenschaltung einer Maschine in ARB eine Suspendierung der Möglichkeit der lokalen Aushandlung von Bedeutung mit sich bringt. Im dialogischen Gespräch werden ausnahmslos alle Gesprächsphasen durch die wechselseitigen Aktivitäten der Interaktanten konstituiert, wenn auch bestimmte *structural provisions* vorhanden sind, die aber nicht mit Technisierung verwechselt werden dürfen, denn sie sind in gleicher Weise in face-to-face Kommunikation vorhanden. In den ARB-Monologen sind die Aktivitäten der Beteiligten zwar stark *recipient designed*, vom Rezipienten jedoch in keiner Weise direkt beeinflußbar.

4. Mögliche Motive negativer Einstellungen zum Medium Telefon

Wenn die dargestellten Ergebnisse linguistisch-konversationsanalytischer Untersuchungen telefonischer Kommunikation auch deutlich machen, daß an der prinzipiellen Möglichkeit der Aushandlung aller Ordnungsstrukturen, auch der Beziehungskonstitution, kein Zweifel besteht, so werden doch relativ häufig negative Einstellungen zum Telefon geäußert (vgl. z.B. die dem Beitrag vorangestellten Zitate Dünhaupts und Cocteaus).

Telefonbenutzer machen also offensichtlich Kommunikationserfahrungen, die im Vergleich zu face-to-face Kontakten als negativ empfunden werden und durch eine linguistisch nicht erfaßbare Technisierung begründet sein könnten.

Einige häufig genannte Kritikpunkte an Telefongesprächen sollen im folgenden dargestellt und diskutiert werden, um in den Abschnitten 2 und 3 konversationsanalytisch möglicherweise nicht berücksichtigte Aspekte einer Technisierung telefonischer Kommunikation zu erfassen:

(1) Es wird zum einen beklagt, daß Beziehungskonstitution telefonisch nicht in gleicher Weise wie face-to-face leistbar ist; zum anderen, daß die Manipulierbarkeit des 'Beziehungsaspektes' ohne nonverbale Indikatoren, die über die "wahren" Intentionen Aufschluß geben, wesentlich größer ist und deshalb keine "wirkliche" Beziehungskonstitution mehr geleistet werden kann.[13]

Während letztere These sicherlich in dieser Ausschließlichkeit keinesfalls haltbar ist (vgl. zu einer Kritik z.B. Nabrings 1981), wenn sie auch in Einzelfällen zutreffend sein mag, muß die erste Behauptung akzeptiert werden, sofern es sich um intensivere Sozialbeziehungen handelt, die mehr oder weniger stark nonverbal geprägt sind (vgl. Abschnitt 2.2).

Blickkontakt, Gesichtsausdruck, Körperzuwendung, Distanzverhalten etc., die als Ausdruck "physischer Nähe" zusammengefaßt werden könnten, sind verbal nicht ersetzbar, so daß bestimmte Formen der Beziehungskonstitution telefonisch ausgeschlossen sind.

(2) Es wird kritisiert, daß Telefongespräche persönliche Begegnungen *ersetzen*, die wegen des unmittelbareren Kontaktes und der normalerweise längeren Dauer vorgezogen würden.

Im vorliegenden Beitrag soll demgegenüber die These vertreten werden, daß telefonische Kommunikation in vielen Fällen nicht face-to-face Kontakte *ersetzt*, sondern vielmehr *zusätzliche* Kontakte ermöglicht, die ohne das Medium Telefon nicht zustande gekommen wären.[14] Diese Behauptung bezieht sich vor allem auf private, nicht auf institutionelle Gespräche; letztere, z.B. Terminvereinbarungen mit dem Arzt, werden häufig telefonisch anstelle eines persönlichen Besuches schneller erledigt. Privat wird in Vorbereitung von face-to-face Kontakten telefoniert oder dann, wenn solche z.B. aufgrund zu großer Eile oder Distanz nicht realisierbar sind. Bei wenig gewünschten, aber sozial erforderlichen Kontakten mag das Telefon tatsächlich den persönlichen Besuch ersetzen. Diese Verwendung des Telefons wird aber zumindest von einem/r Beteiligten als positiv empfunden. Man hätte allerdings in diesem Falle zu konstatieren, daß das Telefon strategisch wegen eingeschränkter Aushandlungsmöglichkeiten eingesetzt würde, die im persönlichen Kontakt nicht in gleicher Weise vorhanden sind.

(3) Die *unmittelbare Zugänglichkeit* durch das Telefon wird oft äußerst negativ erfahren.

Marshall McLuhan (1964: 240) zitiert für die Stärke des telefonischen *summons* ein außergewöhnliches Beispiel:

> "On September 6, 1949, a psychotic veteran, ..., in a mad rampage on the streets of Camden, New Jersey, killed thirteen people, and then returned home. Emergency crews, bringing up machine guns, ..., opened fire. At this point an editor on the *Camden Evening Courier* looked up Unruh's name in the telephone directory and called him. Unruh stopped firing and answered,

'Hello.' 'This Howard?' 'Yes....' 'Why are you killing people?' 'I don't know. I can't answer that yet. I'll have to talk to you later. I'm too busy now.'"

Sobald man Telefonabonnent geworden ist, kann man sich gegen verbalkommunikative Kontakte zu den ungelegensten Zeiten, in den privatesten Situationen und mit Menschen, die man absolut nicht sprechen möchte, kaum wehren. Das Klingeln ist nicht abschaltbar; es ist verboten, den Hörer neben den Apparat zu legen; außerdem könnte es ja auch ein wichtiger Anruf sein. Bei visueller Information sind unerwünschte Kontakte vor Eintritt einer Interaktion zu unterbinden. Telefonisch tritt man nach Appellakzeptierung sofort in die kommunikative Interaktion ein, so daß ein Abbruch wesentlich schwieriger wird.

(4) Telefonieren ist mit mehr oder weniger hohen Kosten verbunden, so daß die Kontaktlänge nicht von den Beteiligten nach Belieben ausgehandelt werden kann, sondern vom Medium vorgegeben ist.

Die in (1) bis (4) genannten Kritikpunkte betreffen spezifische Aspekte telefonischer Kommunikation, die von Beteiligten als Technisierung empfunden werden. Diese scheint vor allem in privaten Situationen erfahren zu werden, in denen intensiverer, d.h. nonverbaler und zeitlich ausgiebiger Kontakt, oder gar face-to-face Kontakt gewünscht wird.

Häufig wird die Ausschaltung der nonverbalen Kanäle aber positiv genutzt, weil sie für die oder einen Beteiligten eine höhere Situationskontrolle bedeutet. Gerade im psychotherapeutischen Kontext werden deshalb mit telefonischer Therapie bzw. Beratung gute Erfolge erzielt (vgl. z.B. Lester 1977 oder Teegen 1975)[15]; die Telefonseelsorge bietet so erst vielen Menschen letzte Hilfemöglichkeiten.

5. Telefonische Kommunikation – technisierte oder technisch übertragene Kommunikation?

Die Ausgangsfragestellung des vorliegenden Beitrages, ob telefonische Kommunikation aufgrund der spezifischen medialen Kommunikationsbedingungen bestimmten Einschränkungen der Aushandlungsmöglichkeiten unterliegt und deshalb im definierten Sinne als technisierte Kommunikation bezeichnet werden kann, muß nach den Ausführungen der vorausgehenden Abschnitte prinzipiell bejaht werden.

In Abschnitt 2 wurde zwar gezeigt, daß das Aushandlungsprinzip auf allen Ordnungsebenen, auch der Beziehungskonstitution grundsätzlich Anwendung findet, jedoch auch, daß der Ausfall nonverbaler Kommunikation in bestimmten Fällen verbal nicht kompensierbar ist:

- "augenblickliche Befindlichkeiten" sind nicht immer verläßlich interpretierbar (vgl. Abschnitt 2.1.3);
- komplexe Sachverhalte können verbal gelegentlich nicht erfaßt werden (vgl. ibid.);

– intensive Formen der Beziehungskonstitution, die physischen Kontakt erfordern, sind ausgeschlossen (vgl. Abschnitt 2.2 und Abschnitt 4, Punkt (1)).

Als Technisierung scheint vor allem die unmittelbare Zugänglichkeit durch das Telefon empfunden zu werden (vgl. Abschnitt 4, Punkt (3)). Wenn also prinzipiell aufgrund des "direkten" Kontaktes die Möglichkeit der Aushandlung in telefonischer Kommunikation besteht, so muß doch ausgehend von den o.a. Einschränkungen eine bestimmte Technisierung telefonischer Kommunikation konstatiert werden. Diese ist wesentlich geringer als bei der Zwischenschaltung einer Maschine, wie z.B. im ARB–Fall (vgl. Abschnitt 3), wo keinerlei lokale Aushandlungsmöglichkeit für die Beteiligten mehr besteht.

Die technische Übertragung durch das Medium Telefon bringt zwangsläufig eine bestimmte Technisierung im Sinne einer Einschränkung von Aushandlungsmöglichkeiten mit sich, die in face–to–face Kommunikation, als "Prototyp aller gesellschaftlichen Interaktion", von der jede andere Interaktionsform abgeleitet ist (vgl. Berger/Luckmann 1969: 31), grundsätzlich nicht vorhanden ist.

Die Fragestellung des vorliegenden Beitrages – Ist telefonische Kommunikation technisierte oder technisch übertragene Kommunikation? – scheint deshalb falsch gestellt: Wenn man die vorausgehende Aussage von Berger und Luckmann als Grundlage nimmt, bringt technische Übertragung immer eine Technisierung in bestimmtem, wenn auch sehr geringem Ausmaße mit sich.

Es stellt sich allerdings die Frage, ob es sinnvoll ist, von einer durch technische Übertragung bedingten Technisierung im Sinne der Einschränkung von Aushandlungsmöglichkeiten zu sprechen, wenn die Negoziierbarkeit z.B. durch institutionelle Vorgaben in wesentlich stärkerem Maße beschnitten wird.

Möglicherweise wäre es sinnvoll, nur dann von *technisierter Kommunikation* zu sprechen, wenn tatsächlich eine Maschine die Stelle eines Kommunikationsbeteiligten einnimmt.

Besonders wichtig erscheint mir die Untersuchung des Einsatzes von Maschinen in ohnehin schon ossifizierten institutionellen Prozessen; wenn man es nur noch mit mechanischen Maschinen zu tun hat, ist auch die letzte Chance einer Veränderung vergeben.

Anmerkungen

1 Zu einer ausführlichen Diskussion des Konzeptes *Aushandeln* vgl. Dieckmann/Paul (1983).

2 Die US–amerikanische ethnomethodologische Konversationsanalyse beschränkt sich allerdings ausdrücklich auf nicht–institutionelle "conversations", die durch nicht–präfigurierte Verteilung der Redebeiträge gekennzeichnet sind, weil nur hier "wirkliche" Aushandlungsmöglichkeiten gegeben sind.

3 Es wäre zu untersuchen, ob "Institutionalisierung" und "Technisierung" gleiche Auswirkungen auf die Einschränkung von Möglichkeiten der Aushandlung relevanter Interaktionsstrukturen haben.

Ein fundamentaler Unterschied besteht jedoch a priori: "Technisierung" bedeutet, daß eine Maschine die Rolle eines Kommunikationsbeteiligten einnimmt. Die Aushandlung der der Maschine von Menschen eingespeicherten Dialogstrukturen ist aber von vornherein absolut unmöglich, wogegen selbst stark institutionalisierten Kommunikationsereignissen (wie z.B. Gottesdiensten oder Vereidigungszeremonien) bei "rein" menschlicher Beteiligung theoretisch die Möglichkeit der Aushandlung offenbleibt.

4 "Direkt" trotz unterschiedlicher lokaler Situationsrahmen deshalb, weil die Interaktanten die technische Übertragung – außer bei Interkontinentalgesprächen mit Zeitverschiebungen – in der Regel gar nicht wahrnehmen. – Man spricht gelegentlich bzgl. telefonischer Kommunikation aber auch von indirekter "on-line" Kommunikation.

5 Allenfalls die Tatsache, daß derartige Anliegen (i.e. Terminersuchen) telefonisch erledigt werden, ist typisch für das Medium, jedoch nicht für die Kommunikationstruktur.

6 Das "first topic" muß nicht unbedingt das zuerst angesprochene Thema sein.

7 Es gibt aber auch in nicht-telefonischer Kommunikation – von face-to-face Kommunikation ist wohl noch nicht zu sprechen – nicht-sprachliche "summons"-Aktivitäten, die telefonischen vergleichbar sind. Wenn man an der Tür schellt oder anklopft, wissen weder der "summons"-Auslöser noch der Rezipient, um wen es sich beim anderen handelt. Die Identifikation kann dann allerdings wieder aufgrund visuell erfaßter Indikatoren kognitiv erfolgen.

8 Diesen Aspekt nimmt Dünhaupt (vgl. das dem Beitrag vorangestellte Zitat) zum Anlaß für seine Kritik des Telefons als "kommunikationstötendes" Medium.

9 Watzlawick/Beavin/Jackson (1969) behaupten in ihrem 4. Axiom (und a.a.O.) sogar, daß nonverbale Kommunikation bei der Übermittlung des Beziehungsaspektes *die* zentrale Funktion einnimmt.

10 Es müßte untersucht werden, ob die *Anwesenheit* "dritter" Personen einen wesentlichen Unterschied darstellt.

11 Beide Gespräche entstammen dem Korpusband "Conversations Téléphoniques" (Schmale-Buton/Schmale 1984: 192 + 195).

Die Transkriptionskonventionen entsprechen den in Kallmeyer/Schütze (1976: 6-7) angegebenen; zusätzlich wird ein von Hand markierter Akzent verwendet.

Rechts neben der Transkription wird zur Analysevereinfachung eine Sequenzierung der Gespräche angegeben, die in der Analyse wieder aufgenommen wird.

Zur Erleichterung der Lektüre die folgende approximative deutsche Übersetzung der französischen Texte:

c'est pour Erneste / das ist wegen Erneste (CPE)

```
C:  hallo'
A:  hallo ist dort dreißig siebzig  . elf'
C: ┌(h) ja hier ist 30 70 11,
A: └                      dort ist . das ist die Praxis von Doktor
    Chéreau,
C:  ja'
A:  könnten Sie ihm bitte sagen daß er vorbeikommen möchte bei Madame
   ┌oder vielmehr bei der Allegrowerkstatt in Mareuil,
C: └                                          ja richte ich ihm aus,
A:  & das ist wegen Erneste ja'
C: ┌ja gut,
A: └  danke auf Wiederhörn,
C:  auf Wiederhörn Madame,
```

répondeur automatique / Anrufbeantworter (ARB)

I. Ansage des Arztes:

hier ist die Praxis von Dr. Chéreau, . dies ist die Ansage eines automatischen Anrufbeantworters, . falls Sie es wünschen können Sie eine Nachricht aufnehmen, . sofern es sich um einen Hausbesuch handelt vergessen Sie bitte nicht Namen Vornamen Adresse und die Dringlichkeit des Besuches anzugeben, . Dr. Chéreau wird Ihre Nachricht gegen 21.30 Uhr abhören' . warten Sie bitte das Tonzeichen ab bevor Sie sprechen und lassen Sie sich Zeit,

II. Anruf einer Klientin:

(sehr langsam und deutlich) Madame Masson' . Gustave, Route de Saint Aubin Narbonne, . es handelt sich um mein Baby' das Durchfall hat, ..
Masson Gustave' Route de Saint Aubin' . wegen eines Babys' mit Durchfall, ++

12 Ein solcher Anruf kommt dann tatsächlich an die Frau des Arztes gerichtet vor.

13 Diese Behauptung stellt z.B. Dünhaupt in dem o.a. Artikel im Anschluß an – m.E. falsch verstandene – Teilergebnisse der Doppelbindungstheorie auf.

14 Neuere Untersuchungen aus Frankreich und der BR Deutschland zur Unterstützung dieser Behauptung liegen nicht vor.

15 Wie Teegen weisen Dilley/Lee/Verrill (1971) darauf hin, daß Empathie telefonisch zumindest in gleichem Maße, wenn nicht besser als face-to-face vom Therapeuten zum Ausdruck gebracht werden kann.

Literatur

Beattie, G.W. / Barnard, P.J. (1979): "The temporal structure of natural conversations (directory enquiry calls)". Linguistics 17: 213-229.

Berens, F.J. (1981): "Dialogeröffnungen in Telefongesprächen: Handlungen und Handlungsschemata der Herstellung sozialer und kommunikativer Beziehungen". Schröder, P. / Steger, H. (Hg.) (1981): 402-417.

Berger, P.L. / Luckmann, Th. (1969): Die gesellschaftliche Konstruktion der Wirklichkeit. Eine Theorie der Wissenssoziologie. Frankfurt/M.

Bergmann, J. (1981): "Ethnomethodologische Konversationsanalyse". Schröder, P. / Steger, H. (Hg.) (1981): 9-51.

Bethge, E. (1974): "Möglichkeiten der sprachlichen Gestaltung von Anstoß und Reaktion bei Telefongesprächen". Wirkendes Wort 24: 126-139.

Butterworth, B. / Hine, R.R. / Brady, K.D. (1977): "Speech and interaction in sound-only communication channels". Semiotica 20: 81-99.

Cook, M. / Lalljee, M.G. (1972): "Verbal substitutes for visual signals in interaction". Semiotica 6 : 212-221.

Dieckmann, W. / Paul, J. (1983): "'Aushandeln' als Konzept der Konversationsanalyse. Eine wort- und begriffsgeschichtliche Analyse": Zeitschrift für Sprachwissenschaft 2 : 169-196.

Dilley, J. / Lee, J.L. / Verrill, E.L. (1971): "Is empathy ear to ear or face to face?". Personnel and Guidance Journal 50: 188-191.

Duncan, St. Jr. (1972): "Some signals and rules for taking speaking turns in conversation". Journal of Personality and Social Psychology 23: 283-292.

Kallmeyer, W. (1985): "Handlungskonstitution im Gespräch. Dupont und sein Experte führen ein Beratungsgespräch". Gülich, E. / Kotschi, Th. (Hg.) (1985): Grammatik, Konversation, Interaktion. Beiträge zum Romanistentag 1983. Tübingen: 81-122.

Kallmeyer, W. / Schütze, F. (1976): "Konversationsanalyse". Studium Linguistik 1: 1-28.

Kendon, A. (1967): "Some functions of gaze direction in social interaction". Acta Psychologica 26: 22-63.

Lester, D. (1977): "The use of the telephone in counseling and crisis intervention". Pool, I. d. S. (ed.) (1977): The social impact of the telephone. Cambridge: 454 – 472.

McLuhan, M. (1964): Understanding media: The extensions of man. New York.

Nabrings, K. (1981): "Zur Bedeutung der nonverbalen Kommunikation bei der Gestaltung interpersoneller Beziehungen". Münstersches Logbuch zur Linguistik 6: 1 – 24.

Sacks, H. / Schegloff, E.A. / Jefferson, G. (1974): "A simplest systematics for the organization of turn-taking for conversation". Language 50: 696 – 735.

Schegloff, E.A. (1968): "Sequencing in conversational openings". American Anthropologist 70: 1075 – 1095.

Schegloff, E.A. (1979): "Identification and recognition in telephone conversation openings". Psathas, G. (ed.) (1979): Everyday language. Studies in ethnomethodology. New York: 23 – 78.

Schegloff, E.A. (1982): "Discourse as an interactional achievement: Some uses of 'uh huh' and other things that come between sentences". Tannen, D. (ed.) (1982): Analyzing discourse. Text and talk. Washington: 71 – 93.

Schmale, G. (in Vorbereitung): Verständnissicherung und Beziehungskonstitution in telefonischer Kommunikation. Eine konversationsanalytische Studie. Dissertation, Universität Bielefeld.

Schmale-Buton, E. / Schmale, G. (1984): Conversations telephoniques. Bielefelder Text-Corpora Romanischer Sprachen. Band 1. Französisch 1 (hrsg. v. R. Meyer-Hermann). Bielefeld: Sonderdruck.

Schröder, P. / Steger, H. (Hg.) (1981): Dialogforschung. Jahrbuch 1980 des Instituts für deutsche Sprache. Düsseldorf: Schwann.

Teegen, F. (1975): Überprüfung der Effekte von Gesprächspsychotherapie mit telefonischer Durchführung. Dissertation, Universität Hamburg.

Watzlawick, P. / Beavin, J.H. / Jackson, D.D. (1969): Menschliche Kommunikation. Formen, Störungen, Paradoxien. Bern etc.

Werlen, I. (1979): "Konversationsrituale". Dittmann, J. (Hg.) (1979): Arbeiten zur Konversationsanalyse. Tübingen: 144 – 175.

Werlen, I. (1984): Rituale und Sprache. Zum Verhältnis von Sprechen und Handeln in Ritualen. Tübingen.

ÜBER REGELN KOOPERATIVEN HANDELNS

Zur Einwirkung von alten und neuen Kommunikationskanälen auf komplexe Aufforderungen

Joachim Grabowski-Gellert und Gisela Harras

1. Fragestellung

Nachdem über weite Strecken dieses Jahrhunderts Veränderungen im Bereich der *Massen*kommunikation die wissenschaftlichen Gemüter erregten (vgl. zum Kino: Brunner 1913; zum Radio: Lazarsfeld et al. 1948; zum Fernsehen: Mander 1979), zielen die aktuellen, qualitativen wie quantitativen Kommunikationsneuerungen auf den Bereich der *Individual*kommunikation: Der entscheidende technologische Kniff der Transportierbarkeit von Informationen verschiedenster Art und Herkunft über dasselbe Leitungssystem durch Digitalisierung soll und wird für den Einzelnen die Auswahl an relativ leicht verfügbaren Kanälen erweitern. Über preisende oder verfluchende, stets emotionsgeladene Ad-hoc-Bewertungen hinaus (z.B. von Hentig 1984; Grabowski-Gellert 1985) stehen u.E. Linguisten, Psychologen, Soziologen und Vertreter weiterer Disziplinen vor der Herausforderung, sich näher mit dem Zusammenhang zwischen dem Einsatz medialer Kommunikationsformen und den sozialen (Sprach-)Verhaltensweisen ihrer Benutzer zu beschäftigen (vgl. auch Berens 1981: 402).

In unserem Aufsatz wird die Frage der Stabilität kommunikativer Organisationsmuster diskutiert. Solche Muster werden im Rahmen der Sprechakttheorie üblicherweise in Form von Regeln repräsentiert. Berücksichtigt man dabei die anstehenden Veränderungen im Kommunikationsbereich und ihre Bewältigung durch (sprachlich) Handelnde, bedarf es einer Klärung des Status der Regel(formulierung) und deren Relation zur Bestimmung der Äußerungsbedeutung(en).

Den Ausgangspunkt der Diskussion bilden die Ergebnisse einer empirischen Untersuchung, in der versucht wurde, mögliche Effekte unterschiedlicher – zum Teil mediatisierter – Kommunikationsbedingungen auf das Zustandekommen eines befriedigenden Kommunikationsergebnisses zu isolieren.

2. Technisierte Kommunikation: Der Kommunikationskanal als Variable

Der uns interessierende Phänomenbereich ist die organisierte Interaktion sprachlich Handelnder. Die etwas schludrig 'Massenkommunikation' genannte unilaterale Äußerungsemission (vgl. Merten 1977: 145) kann deshalb außerhalb der Deckungsfläche eines Kommunikationsbegriffes belassen werden, so daß wir uns beispielsweise auf eine Definition Scherers beziehen können, nach der innerhalb des Kommunikationsprozesses "zwei oder mehrere (1) koorientierte und (2) wechselseitig kontingent interagierende Akteure (3) im Rahmen zielgerichteter Verhaltenssequenzen (4) Informationen (5) durch Zeichenkomplexe in verschiedenen Übertragungskanälen" übermitteln (1979: 14).

Technisiert wäre dann jede Form von Kommunikation zu nennen, in der eines oder mehrere der konstituierenden Elemente durch etwas "Technisches" gebildet oder verändert werden (ohne das Vorliegen der anderen sine qua non-Bedingungen zu beeinträchtigen). Eine solche Definition ist nicht trivial in dem Sinne, daß sie jeden möglichen Fall beherbergt; will man in der dargestellten Art und Weise zum Beispiel 'Kommunikation mit Automaten' als einen Fall technisierter Kommunikation darstellen, bedarf es einer Klärung der Intentionalitätsfrage (vgl. Dennett 1978; Searle 1980).

Ohne philosophisches Herzblut der Cognitive Science vergießen zu müssen, beschäftigen wir uns mit (möglichen) Veränderungen, die aus neuen Technisierungen des Kommunikations*kanals* resultieren und betrachten die Ergebnisse im Vergleich zur in der Sprachwissenschaft primär untersuchten Face-to-face-Kommunikation[1] (Wunderlich 1976: 15f).

Unter dem Aspekt der Betrachtung von Konversations*regeln* stellt sich die Frage wie folgt: Wieweit muß die durch den zur Verfügung stehenden (oder bewußt ausgewählten) Kommunikationskanal determinierte situative Bedingung spezifiziert werden, um noch zu einer generalisierbaren Wenn-Dann-Aussage zu gelangen (vgl. Fiehler 1981)?

An konkreten Untersuchungen zur Kanalvariation liegen vorwiegend Arbeiten zur Turnregulierung sowie zu Eingangs- und Abschlußsequenzen am Telefon vor (Winskowski 1977; Schegloff 1979; Berens 1981; Clark/French 1981); darüber hinaus vergleicht Beattie (1981; Beattie/Bernard 1979) das Auftreten kommunikativer Störungen bei Face-to-face-Sitzungen und Telefonaten.

Für die hier referierte Untersuchung wurden auf der Variable 'Kommunikationskanal' die folgenden fünf Ausprägungen untersucht: Face-to-face, Telefon, Bildtelefon, Brief und Bildschirmschreiber (= 'interaktives BTX').

3. Textgewinnung und Textanalyse

Um die Ergebnisse einer Textanalyse im Hinblick auf Auswirkungen dieser fünffachen Kanalvariation interpretierbar zu halten, ist eine weitgehende Kontrolle anderer relevanter Faktoren erforderlich, zum Beispiel 'Kommunikationsthema', 'soziales Verhältnis der Partner', 'Kognitionen der Partizipanten über Ziele der kommunikativen Handlung'. Dies geschieht durch Konstanthaltung dieser Faktoren über alle Bedingungen hinweg. Entsprechend wurde ein experimentelles Vorgehen ("willkürlich, variierbar, wiederholbar" im Sinne Wundts) gewählt; dies auch deshalb, weil für die zum Teil neuen Medien keine vergleichbaren natürlichen (versus Labor-)Korpora zur Verfügung stehen.

In bezug auf das Thema der kommunikationsstiftenden Situation sollte das Vorliegen vor allem folgender Eigenschaften gewährleistet sein:

- Es muß sich um ein Thema handeln, bei dem die Wahl eines jeden der untersuchten Kanäle annähernd gleich wahrscheinlich ist und auch Gleiches bedeutet; die eigentliche Interaktion sollte im Verbalen liegen (also keine Liebeserklärung).
- Die mögliche Bandbreite der kommunizierten Inhalte sollte möglichst eng gehalten werden, damit auftretende Effekte der Kanalbedingung nicht durch die inhaltliche Variation verdeckt würden (also keine Kindheitserinnerungen).
- Das Thema sollte für alle Versuchsteilnehmer eine zumindest potentielle Situation ihres täglichen Lebens darstellen; kein überkonstruierter Sachverhalt (also kein In-Auftrag-Geben eines Meerwasseraquariums).
- Die emotionale Besetzung des Themas sollte für alle Versuchspersonen möglichst gleich (bzw. gleich gering) sein (also keine Diskussion über Antiamerikanismus).

Als kommunikativer Anlaß erschien für eine solche experimentelle Textevozierung eine *Handlungsaufforderung* als geeignet. Bei diesem Thema stand auch zu erwarten, daß der Kommunikationsinitiant eine überschaubare Textmenge produziert. Darüber hinaus haben wir die Interaktion dadurch vereinfacht und zusätzlich standardisiert, daß jeder Versuchsteilnehmer mit immer derselben instruierten Konfidentin kommuniziert, die sich mit eigenen Eingriffen in den Kommunikationsablauf zurückhält und an den entsprechenden Stellen zustimmt. Zugleich wird so das Problem der interpersonalen Varianz geklärt. Dem Einwand einer eingeschränkten externen Validität derart gewonnener Texte kann entgegengehalten werden, daß die untersuchten neuen Kanäle (Bildtelefon und Bildschirmschreiber) mangels ihrer Verfügbarkeit in der realen Umwelt nicht ökologisch valide sein können.

Die konkrete Aufgabenstellung der Teilnehmer lautete wie folgt (Funktion der Angaben kursiv; nicht Bestandteil des Textes):

> Die Frau auf dem beiliegenden Bild ist Jutta. Stell Dir bitte folgendes vor (*Rollenspiel*): Jutta ist eine gute Bekannte von Dir. Du kennst sie als freundlich und hilfsbereit, und auch Du hast ihr schon manchmal einen Gefallen getan (*damit werden die Legitimationsbasis des Sprechers und die Bereitschaft des Hörers als relevante bei Aufforderungen beteiligte Parameter gesetzt*). Dein eigenes Auto ist in der Werkstatt (*state of the world*). Morgen hast Du bis 12.00 Uhr eine wichtige Vorlesung und möchtest anschließend möglichst schnell Dein Auto wieder abholen, weil Du eine längere Fahrt vorhast (*Dringlichkeit*). Die Werkstatt ist etwa 5 km von der Uni entfernt und schlecht mit öffentlichen Verkehrsmitteln zu erreichen (*Hilfsbedürftigkeit*). Deshalb hättest Du es gern, daß Jutta Dich nach der Vorlesung an der Uni abholt und mit ihrem Auto zur Werkstatt fährt. Deine Aufgabe besteht nun darin, Jutta dazu aufzufordern, Dich morgen an der Uni abzuholen und zur Werkstatt zu fahren.

Zur Auswahl der untersuchten Kommunikationskanäle fanden wir bei einer Reduktion der Bedingungen auf eine zumindest potentiell *symmetrische* Kommunikationssituation *zweier* Partner (vgl. Dimter 1981) drei relevante Dimensionen mit jeweils dichotomen Ausprägungen: *On-line* vs. *Off-line; mit Bild* vs. *ohne Bild; mündliche* vs. *schriftliche* Verbalkodierung. Als sinnvolle Kombinationen dieser Ausprägungen ergaben sich die oben aufgeführten Bedingungen 'face-to-face' (on-line, mit Bild, mündlich), 'Telefon' (on-line, ohne Bild, mündlich) und 'Brief' (off-line, ohne Bild, schriftlich) als bereits verfügbare Medien. 'Bildtelefon' (on-line, mit Bild, mündlich) konnte mithilfe einer Anordnung im Fernsehstudio simuliert werden; 'Bildschirmschreiber' (on-line, ohne Bild, schriftlich) am Rechenzentrum über Terminals. Die Bedienung dieser beiden Anordnungen wurde vor Versuchsbeginn geübt. Teilnehmer waren je Bedingung fünf, insgesamt 25 Studentinnen. Ihnen wurde vor Beginn der Erhebung mitgeteilt, daß ihre schriftlichen bzw. mündlichen Äußerungen aufgezeichnet werden.

Ausgangspunkt der Analyse waren die auf die beschriebene Art evozierten 25 Aufforderungstexte. Für eine Kategorisierung von Analyseeinheiten wurden Segmente identifiziert, die

(a) hinsichtlich ihrer kommunikativen Funktion (ihres pragmatischen Gehalts) beschrieben werden können,
(b) eine konstante propositionale Struktur aufweisen und
(c) syntaktisch explizit sind.

Wir fanden neun solcher Klassen, mit denen alle 25 Texte vollständig segmentiert werden konnten. Tabelle 1 führt diese Klassen, ihre Zuordnungsbeschreibung und je ein Beispiel auf.

Tab. 1: Sprechakttheoretische/textfunktionale Analysekategorien (Zustandekommen s. Text)

BEGRÜSS	Kontaktaufnahme, Identifikation und Austausch von Grußformeln. *HALLO JUTTA/tag/WIE GEHT'S/gut, danke*
SCHLUSS	Verabschiedungsformeln; Stereotype, die Zufriedenheit über den Kommunikationsablauf ausdrücken. *O.K./o.k./ALLES KLAR/gut/ALSO BIS MORGEN UM 12/alles klar/ TSCHÜß/tschüß*
EINLEIT	Dem Hörer wird mitgeteilt, daß er das Folgende als Bitte resp. Aufforderung zu verstehen hat, ohne daß Inhalte spezifiziert werden. *DU HÖR MAL, ICH WOLLTE DICH UM 'NEN GEFALLEN BITTEN, UND ZWAR:*
META	Redebeiträge, die die Teilnahme an einem Experiment oder die technischen Kommunikationsbedingungen betreffen. *JA, ICH RUF AN WEGEN DEM TEST*
AUFF	Die eigentliche Aufforderung, wie sie in den Arbeiten von Wunderlich (1976), Herrmann (1982, 1985) oder Gordon/Lakoff (1979) verstanden wird. *KÖNNTEST DU MICH MORGEN NACH DER UNI ABHOLEN UND ZUR WERKSTATT FAHREN*

INFO — Beschreibungen der situativen Exposition, die zur Aufforderung geführt hat; Darstellung der weiteren Untergruppierung in propositionaler Schreibweise.

INFO 1: (SICH BEFINDEN (AUTO, IN WERKSTATT))
INFO 2: (STATTFINDEN (VORLESUNG, MORGEN))
oder (SEIN (VORLESUNG, WICHTIG))
INFO 3: (ABHOLEN KÖNNEN (S, AUTO, MORGEN))
oder (ABHOLEN WOLLEN (S, AUTO, MORGEN, SCHNELL))
INFO 4: (FAHREN WOLLEN (S, WEIT, MORGEN))
INFO 5: (SICH BEFINDEN (WERKSTATT, 5KM/WEIT WEG))
INFO 6: (SEIN (ÖFFENTLICHE VERKEHRSBEDINGUNGEN, SCHLECHT))
INFO 7: (TUN (P, GEFALLEN, S, ÖFTER SCHON))
INFO P/C: Prämissen oder Schlußfolgerungen aus obigen Propositionen

VEREINBAR bzw. AUFF-VEREINBAR — Redesequenzen, deren Inhalt die zeitliche und räumliche Organisation ist, die zur Vorbereitung der Ausführung der gewünschten Handlung durch den Aufgeforderten führt. In den schriftlichen Kanälen fordert der Sprecher zu dieser Vereinbarung expressis verbis auf (AUFF-V.), während in den mündlichen Kanälen die spezifische Turnzuweisung durch eine Sprechpause des Sprechers erfolgt.

AUFF-BESCHREIB — Bestimmung des Umfangs der geforderten Leistung, um dem Partner eine Zustimmung zu erleichtern.

FEEDBACK — Positive Bewertung der partnerseitigen Bereitschaft zum Ausführen der Handlung.
DAS FINDE ICH NETT VON DIR

4. Ergebnisse und Interpretation

Über alle fünf variierten Bedingungen hinweg findet sich ein Ablaufmuster, mithilfe dessen alle Texte beschrieben werden können. Es scheint sich hier um ein kanalunabhängiges, generelles Schema komplexer Aufforderungen zu handeln:

Tab. 2: Allgemeines Ablaufschema komplexer Aufforderungen
(Die mit * gekennzeichneten Kategorien sind obligatorisch; Rekursionen zwischen benachbarten Kategorien sind möglich.)

* BEGRÜSS
(EINLEIT)
(META)
(INFO)
* AUFF
(INFO)
* VEREINBAR bzw. AUFF-VEREINBAR
(FEEDBACK)
* SCHLUSS

Der minimale Ablauf einer solchen Aufforderungssequenz hat demnach die Form BEGRÜSS – AUFF – VEREINBAR – SCHLUSS. Dies entspricht gewissermaßen auch der Logik der Situation: Da es sich um keinen monadischen, sondern um einen interaktiven Vorgang handelt, müssen Beginn und Ende der Kommunikationsphase markiert werden; dabei wird zugleich die gegenseitige Identifikation gewährleistet. Der Sprecher muß sagen, was er will, und der Aufgeforderte muß antworten. Dies tut er implizit zustimmend, indem er die Vorbereitung zum Befolgen der Aufforderung in Form einer Vereinbarung trifft. Neben der Ende-Marke ist in SCHLUSS auch ein Element der gegenseitigen Versicherung des Verständnisses enthalten.

Die klassen*internen* Strukturen unterscheiden sich zwischen den Untersuchungsbedingungen der fünf Kanäle *nicht*; sie zeigen weitestgehende Übereinstimmungen mit vorliegenden Befunden von Berens (1981) und Schegloff (1979) zur Eröffnung von Telefongesprächen, von Clark/Clark (1977) zum Abschluß eines Gesprächs in zwei Turns, zu Mikulas (1977) Arbeiten zur Effizienz von Hilfeleistungsappellen oder zur situationsabhängigen Aufforderungswahl bei Herrmann (1982).

Welche Unterschiede konnten nun, um zum Kern unserer Fragestellung zu kommen, *zwischen* den Kanalbedingungen gefunden werden?

1. Die Sprecher produzierten in den Bedingungen, die mündliche Verständigung zuließen, signifikant mehr Output als unter schriftlichen Bedingungen (durchschnittliche Anzahl geäußerter Wörter pro Versuchsperson: 105 vs. 67).

2. Zwischen den Bedingungen 'Face-to-face', 'Telefon' und 'Bildtelefon' besteht hinsichtlich der produzierten Äußerungsmenge kein signifikanter Unterschied. Auch in den Sequenzprotokollen sind *keine Unterschiede* erkennbar. Im Hinblick auf die als abhängige Variablen gewählten Kriterien (Zustandekommen eines befriedigenden Kommunikationsergebnisses; textfunktionaler Äußerungsaufbau; Sequenzierung und inhaltliche Belegung der klasseninternen Turns) sind diese drei Kanäle – zumindest bei Kommunikationssituationen, die keine deiktischen Beschreibungsprobleme beinhalten und die keine spezifisch persönliche Note haben wie etwa therapeutische Gespräche – *gleichermaßen tauglich*, eine umgrenzte kommunikative Aufgabenstellung zu bewältigen.

   Der Aufwand der Bereitstellung einer optischen Verbindung beim Bildtelefon erntet keinen erleichternden Effekt (vgl. Beattie 1981).

3. 'Brief' stellt den einzigen Off-line-Kanal in unserem Vergleich, d.h. die Kommunikationspartner sind nicht gleichzeitig in den Kommunikationsprozeß involviert. Deshalb muß der Kommunikationsinitiant seine Entscheidung darüber, was er mitteilt und wie er es tut, unabhängig von den Reaktionen des Partners treffen. Er organisiert demzufolge seinen Turn inhaltlich vor; in den Transkripten zeigt sich das darin, daß deutlich mehr zusammenfassende Sachverhaltsbeschreibungen abgegeben werden (INFO P/C), die nicht eindeutig einer der INFO-Propositionen zugeordnet werden können. Zugleich wurde deutlich, daß unter den heute gegebenen Kommunikationsbedingungen ein

Off-line-Medium für Inhalte, die eine produktive Partizipation beider Teilnehmer erfordern, kein adäquates Verständigungsmittel mehr darstellt. Die Möglichkeit des Herstellens einer On-line-Verbindung wird für so selbstverständlich gehalten, daß die Schreiber dies den Aufgeforderten, von denen sie ja selbst etwas wollen, ohne weiteres zumuten, um eine Vereinbarung zu treffen (*Ruf mich doch an*).

4. Die Kommunikation via Bildschirmschreiber erwies sich im Vergleich zu den anderen Bedingungen als bedeutend schwerfälliger. In den kategoriellen Sequenzen zeigen sich hier starke Unterschiede zu allen anderen Kanälen: Die Initianten steuern nach einer Kontaktaufnahmefloskel direkt auf die Enkodierung der entscheidenden Propositionen AUFF zu und verzichten auf die sonst obligate Vorbereitung durch rechtfertigende Informationen und Situationsbeschreibungen. Anhand von Kommentaren der Probanden im Dialog mit der Konfidentin (META) und Nachbefragungen des Versuchsleiters läßt sich jedoch nachweisen, daß dieses Vorgehen auf mangelnde Vertrautheit und Unsicherheit über das Aufrechterhalten des kommunikativen Ablaufes zurückzuführen ist. Die Teilnehmer zweifelten an der Existenz eines On-line-Kommunikationspartners und vermißten eine konventionalisierte Turn-Regelung. Dieses Problem scheint für schriftliche On-line-Kommunikation spezifisch zu sein. Nash/Nash (1982) beschreiben, daß dieselbe Anordnung eines Bildschirmschreibers in den USA zur Fernverständigung tauber Menschen existiert. Dort wurden dialogregelnde Sonderzeichen vereinbart, vor allem für 'Turn beendet' und 'Message beendet'. Mithilfe dieser Konventionen und ein wenig Geduld, da der Partner zum Schreiben seines Beitrages natürlich mehr Zeit benötigt als zum Sprechen, ist ein funktionsfähiger, sicherer Kommunikationsablauf voll zu gewährleisten.

Insgesamt kommen wir zu folgendem Ergebnis: Für alltägliche Kommunikationsinhalte ist jedes On-line-Medium als Kommunikationskanal prinzipiell gleich gut geeignet, sofern das Turn-Taking geregelt ist und die Kanalstrecke für die Teilnehmer vertraut und/oder nachvollziehbar ist. Im Vergleich zur Face-to-face-Kommunikation konnten keine Unterschiede beobachtet werden, die, direkt durch die Mediatisierung bedingt, eine Veränderung oder Verarmung der Beiträge signalisieren. Bei einer Optimierung des mit Technik und Handhabung verbundenen Aufwandes im Vergleich zum kommunikativen Ertrag nimmt das Telefon mit Abstand den ersten Rang ein.

5. Fazit: Kooperativität und Kommunikationskanäle

Das Fazit, das man mit Bezug auf die eingangs gestellte Frage nach der Regularität kooperativen (Sprach)Handelns aus den Ergebnissen der Untersuchung ziehen kann, wird nun in vier Thesen zusammengefaßt.

These 1:
Sprechakte, die der Koordination von Handlungen dienen und im engeren Sinn als zweckrational angesehen werden können, sind, was ihre Realisierungsformen anbelangt, hinsichtlich der Kommunikationskanäle face – to – face, Telefon und Bildtelefon relativ stabil.

These 2:
Die Stabilität der Realisierungsformen von solchen Sprechakten bezieht sich auf die jeweiligen Manifestierungen der Erfülltheit der Vorbedingungen der Sprechakte, oder in anderer Redeweise: der Einhaltung konversationaler Implikaturen.

These 3:
Die Stabilität bezieht sich, unabhängig von der Sequenzierung der Äußerungsbeiträge, auf die Ausgewogenheit von strategischen Kommunikationsbeiträgen, d.h. Aufforderungsformulierungen wie BITTEN und Manifestierungen der entsprechenden konversationalen Implikaturen in Form von INFOs. Besonders ausgeprägt ist diese Ausgewogenheit bei der Face – to – face – Kommunikation, beim Telefon und beim Bildtelefon.

Von den fünf Beispielen für Face – to – face – Kommunikation steht in drei Fällen die Signalisierung einer folgenden Bitte vor den INFOs:

könntest mir aber einen Gefallen tun
ich wollt dich um 'nen Gefallen bitten
könntest du mir nicht helfen

Diesen Signalisierungen schließen sich jeweils explizite Aufforderungsformulierungen als Bitten an. In zwei Fällen werden INFOs vorgeschoben, von denen dann zu vollständigen Aufforderungsformulierungen übergegangen wird.

Bei der telefonischen Kommunikation ist die Verteilung der Beiträge exakt dieselbe wie bei der Face – to – face – Kommunikation: in drei Fällen wird die Signalisierung der folgenden Bitte vorgeschoben:

ich hab 'ne Bitte an dich
ich hab mal 'ne Bitte
ich wollt dich mal fragen, ob du mir morgen einen Gefallen tun kannst

Es folgen INFOs, die die Einhaltung der entsprechenden konversationalen Implikaturen manifestieren, abschließend die konkretisierten Aufforderungsformulierungen.

Dasselbe Verhältnis ergibt sich für die Kommunikation per Bildtelefon: drei signalisierte Bitten, zwei INFOs.

Die beiden Extreme stellen jeweils die Briefkommunikation und der Bildschirmschreiber dar: im ersten Fall werden immer Manifestierungen der Einhaltung konversationaler Implikaturen in Form von INFOs vorgeschoben, denen sich dann abschließend eine Aufforderung als Bitte anschließt. Bei der Bildschirmkommunikation werden immer vollständige Aufforderungsformulierungen als Bitten vorgeschoben, denen sich dann mehr oder weniger bruchstückhafte INFOs anschließen.

Im folgenden ist die Verteilung von Aufforderungsformulierungen und INFOs schematisch zusammengefaßt:

Bildschirmschreiber:	Face-to-face, Telefon und Bildtelefon:	Brief:
BITT -> INFO	INFO -> BITT BITT -> INFO	INFO -> BITT

Dieses Resultat führt zur folgenden Kernthese 4:

Die Kommunikationskanäle Face-to-face, Telefon und Bildtelefon sind deshalb als gleich gut geeignet zu interpretieren, weil sie einen optimalen Proporz zwischen dem vom Sprecher angestrebten Handlungsresultat und dessen Realisierungsmöglichkeiten gewährleisten, oder anders und vielleicht weniger trivial formuliert: weil sie die sozialen Kosten für den Sprecher möglichst niedrig halten bei gleichzeitig größtmöglicher Leistungsfähigkeit der Kommunikation.

Diese These soll im folgenden sprachtheoretisch noch etwas erläutert werden. Dazu greifen wir auf einen Gedanken von v. Savigny (1983) zurück. Dieser führt im Anschluß an Austin, Searle, Grice, Bennett, Schiffer u.a. ein sehr allgemeines Prinzip ein, das der Erläuterung dienen soll, was es heißt, in einer Sprache etwas Bedeutungsvolles zu sagen. Dieses Prinzip besagt sinngemäß folgendes: wenn ein Sprecher in einer Sprache eine bestimmte Äußerung in einer bestimmten Situation macht, dann übernimmt er die Verantwortung dafür, daß die Vorbedingungen für die Äußerung gemäß den Regeln der Sprache erfüllt sind.

Für eine Bitte heißt dies, daß der Sprecher jedermann ermächtigt, sich darauf zu verlassen, daß er ein vernünftiges Motiv für die Bitte hat und daß der Adressat in der Lage ist, sie zu erfüllen. Die Verantwortung für den Sprecher wächst in dem Maß, in dem es in einer Situation an bedeutungsrelevanten Umständen fehlt, die für die Kommunikationssteilnehmer zugänglich sind, und umgekehrt nimmt die Verantwortung des Sprechers in dem Maß ab, in dem die kommunikativ zugänglichen bedeutungsrelevanten Umstände der Situation zunehmen. Wenn jeder ohnehin sehen kann, daß die Vorbedingungen erfüllt sind, ist der Sprecher zu weiter gar nichts verpflichtet. In solchen Situationen wird er von Äußerungsformulierungen Gebrauch machen, deren kommunikative Bedeutung sich weitgehend aus den für alle zugänglichen Situationsumständen konstituiert, also – sprechakttheoretisch gesprochen – von sogenannten 'indirekten' Sprechaktformulierungen.

Das Verantwortungsprinzip greift erst in den Fällen, wo der Sprecher sich beim Fehlen von Situationsumständen, die für die kommunikative Bedeutung der Äußerung eine Rolle spielen würden, mit der Benutzung bedeutungsvoller Zeichen hilft, d.h. mit der direkten bis hin zur explizit performativen Sprechaktformulierung: "Für die größere Leichtigkeit beim Verfertigen bedeutungsvoller Äußerungen bezahlt der Sprecher mit stärkeren Verpflichtungen. Der Gebrauch von Sprachen, die dank den Bedeutungen ihrer Sätze weniger auf die Situation angewiesen und deshalb als Werkzeuge der Verständigung leistungsfähiger sind, bedeutet höhere soziale Kosten für den Sprecher." (von Savigny 1983: 348)

Wenn man dieses Bild von Sprache und Kommunikation für zutreffend hält, ergibt sich bezüglich der Kommunikationskanäle das folgende Fazit: Face-to-face-Kommunikation, Telefon und Bildtelefon stellen im Gegensatz zum Brief und aus technischen Gründen auch zum Bildschirmschreiber Kanäle dar, die es den Kommunikationsteilnehmern ermöglichen, die Zugänglichkeit zu bedeutungsrelevanten Situationsumständen wechselseitig als solche abzusichern bei gleichzeitig optimaler Leistungsfähigkeit der Verständigung, und das heißt auch der Durchsetzungsmöglichkeiten von Sprecherzielen. Kanäle, die die Eigenschaft sozialer Kostendämpfung haben, sind hinsichtlich ihres möglichen Beitrags zu Koordinationsleistungen optimal.

Anmerkung

[1] In strengem Sinne muß jede Kommunikationsform als *mediatisiert* bezeichnet werden, wobei unter der Face-to-face-Bedingung die atmosphärische Luft als Träger von Schallwellen ein problemloses und allpräsentes Transportmedium darstellt. Ein Kriterium für die Bezeichnung eines Kanals als *technisiert* würde darüber hinaus beispielsweise die Eigenschaft *unter Verwendung technologischer Erkenntnisse vorsätzlich zur Kommunikation her- und bereitgestellter Kanal* beinhalten.

Literatur

Beattie, G.W. (1981): "The regulation of speaker turns in face-to-face conversation: Some implications for conversation in sound-only communication channels". Semiotica 34: 55-70.

--- / Bernard, P.J. (1979): "The temporary structure of natural telephone conversations (directory enquiry calls)". Linguistics 17: 213-229.

Berens, F.J. (1981): "Dialogeröffnungen in Telefongesprächen: Handlungen und Handlungsschemata der Herstellung sozialer und kommunikativer Beziehungen". Schröder, P. / Steger, H. (Hrsg.): Dialogforschung. Düsseldorf: Schwann: 402-417.

Brunner, K. (1913): Der Kinematograph von heute - eine Volksgefahr! Berlin: Vaterländischer Schriftverband.

Clark, H. / Clark, E. (1977): Psychology and Language. New York: Harcourt, Brace & Jovanovich.

– – – / French, J.W. (1981): "Telephone goodbyes". Language in Society 10: 1–19.

Dennett, D.C. (1978): Brainstorms. Hassades: Harvester.

Dimter, M. (1981): Textklassenkonzepte heutiger Alltagssprache. Tübingen: Niemeyer.

Fiehler, R. (1981): "Zur Formulierung und Prüfung von Kommunikationsregeln". Hindelang, G. / Zillig, W. (Hrsg.): Sprache: Verstehen und Handeln. Tübingen: Niemeyer: 205–214.

Gordon, D. / Lakoff, G. (1979): "Konversationspostulate". Meggle, G. (Hrsg.): Handlung, Kommunikation, Bedeutung. Frankfurt: Suhrkamp: 327–353.

Grabowski–Gellert, J. (1985): "Das plötzliche Verschwinden der Wissenschaftlichkeit." Rezension zu von Hentig (1984). Psychologie Heute 12 (7): 75–76.

von Hentig, H. (1984): Das allmähliche Verschwinden der Wirklichkeit. München: Hanser.

Herrmann, Th. (1982): Sprechen und Situation. Berlin: Springer.

– – – (1985): Allgemeine Sprachpsychologie. München: Urban & Schwarzenberg.

Lazarsfeld, P.F. / Berelson, B. / Gaudet, H. (1948): The people's choice. New York.

Mander, J. (1979): Schafft das Fernsehen ab. Reinbek: Rowohlt.

Merten, K. (1977): Kommunikation. Opladen: Westdeutscher Verlag.

Mikula, G. (1977): Bitteformulierung und Hilfeleistungsverhalten. Berichte aus dem Institut für Psychologie der Universität Graz.

Nash, J. / Nash, A. (1982): "Typing on the phone: How the deaf accomplish TTY conversations". Sign Language Studies 36: 193–216.

von Savigny, E. (1983): Zum Begriff der Sprache. Konvention, Bedeutung, Zeichen. Stuttgart: Reclam.

Schegloff, E.A. (1979): "Identification and recognition in telephone conversation openings". Psathas, G. (Hrsg.): Everyday Language. New York: Irvington: 23–78.

Scherer, K.R. (1979): "Kommunikation". Scherer, K. / Wallbott, H. (Hrsg.): Nonverbale Kommunikation. Weinheim: Beltz: 14–24.

Searle, J.R. (1980): "Brains, minds, and programs". The Behavioral and Brain Sciences 3: 417–457.

Winskowski, Ch. (1977): "Topicalization work in telephone conversations". International Journal of Psycholinguistics 4: 77–93.

Wunderlich, D. (1976): Studien zur Sprechakttheorie. Frankfurt: Suhrkamp.

"TECHNISIERTE KOMMUNIKATION" IM KONTEXT KOOPERATIVER PROBLEMLÖSEPROZESSE

Götz Krummheuer

1. Zur Orientierung

Im folgenden wird über Teile des von der DFG geförderten Projekts "Computereffekte" (Förderung vom 1.1.85 bis 31.12.86) berichtet (s. Bauersfeld/Krummheuer 1984 und Krummheuer 1985). Es geht in ihm um die Untersuchung der interaktiven Strukturierungen mathematischer Problemlöseprozesse bei Verwendung eines Computers. Es wurden hierzu Schülern aus dem achten bis zehnten Schuljahr von uns vorgegebene mathematische Problemaufgaben gestellt, die sie kooperativ in ihnen vertrauten Gruppierungen lösen sollten. Das Analyseinteresse richtete sich u.a. auf die Rekonstruktion

1. der Kommunikation zwischen den Schülern einer Gruppe,
2. der Aktivitäten der Schüler am Computer und
3. der Wechselwirkungen der Schülerkommunikation (1.) und der Computeraktivitäten (2.) im Hinblick auf die Strukturierungen des Lösungsprozesses.

Im folgenden werden diese drei Punkte unter dem hier interessierenden Aspekt der "technisierten Kommunikation" behandelt. Hierzu folgen einige Erläuterungen:

Den Schülern stand ein sogenanntes "interaktives Computersystem" zur Verfügung. Dies bestand im Falle dieser Untersuchung aus einem Computer vom Typ Commodore C 64 mit seinem Keyboard, einem Monitor und der interaktiven Programmiersprache BASIC. Wiewohl es auch für den schulischen Bereich entwickeltere interaktive Computersysteme gibt (s. z.B. Hoppe 1985), stellt das hier verwendete System eine derzeit an Schulen weitverbreitete Ausstattung dar. Dies gilt insbesondere für die Programmiersprache BASIC (s. z.B. Winkelmann 1986). Das Computersystem wird im sogenannten "Programmiermodus" verwendet (s. Hoppe 1985). Auch dies darf derzeitig als typische Verwendung von Computern in der Sekundarstufe I angesehen werden.

Der im weiteren verwendete Begriff der "technisierten Kommunikation" bezieht sich pragmatisch auf die gewählte "Untersuchungsanordnung" in diesem Projekt: Das als erstes genannte Analyseinteresse, die Rekonstruktion der Kommunikation zwischen den Schülern, wird hier auf der Grundlage interaktionistischer Theorieansätze als "face-to-face"-Kommunikation bearbeitet. Das als zweites genannte Analyseinteresse, die Rekonstruktion der Aktivitäten der Schüler am Computer, wird entsprechend als Simulation einer face-to-face-Kommunikation, als "face-to-machine"-Kommunikation gesehen. Hierfür soll der Begriff "technisierte Kommunikation" stehen. "Technisierte Kommunikation" wird also als die Simulation einer face-to-face-Kommunikation verstanden, in der der eine

Kommunikant durch einen technischen Apparat ersetzt ist.

Im folgenden sollen der theoretische Ansatz und einige Ergebnisse aus dem Projekt zu dem Phänomen der technisierten Kommunikation dargestellt werden. Wichtigstes Ergebnis wird hierbei sein, daß die Aktivitäten der Schüler am Computersystem aus unterschiedlichen Strukturierungen ihrer Kommunikationsprozesse untereinander hervorgehen und die dabei auftretende technisierte Kommunikation sozial konstituiert ist.

2. Die Untersuchung

2.1. Theoretische Bezüge

Die Untersuchung fügt sich ein in die Entwicklungsarbeiten zu einer Interaktionstheorie des Lernes und Lehrens von Mathematik (s. z.B. Bauersfeld/Krummheuer/Voigt 1986). Mit diesen Theorieentwicklungen wird versucht, bestehende Vereinseitigungen und Defizite (zumindest mathematik-)didaktischer Theorien anzugehen und teilweise aufzulösen: Didaktische Theorien orientieren sich zumeist an der Psychologie oder am Unterrichtsgegenstand (vgl. Bauersfeld 1985). Die Ausschließlichkeit dieser Orientierung freilich erscheint in zweierlei Hinsicht problematisch:

- Zum einen ist die Komplexität von Unterricht nicht durch den Unterrichtsgegenstand allein, sondern auch durch soziale Prozesse bedingt.
- Zum anderen stellen die Strukturierungen sozialer Interaktion nicht nur "kontingente Randbedingungen für die Wirkungsweise psychischer Mechanismen" (Oevermann et al. 1976: 376) dar. Sie sind vielmehr ein "essentieller Bestandteil" (Auwärter/Kirsch 1984: 167) für die Entwicklung spezifischer Fähigkeiten beim heranwachsenden Menschen.

Diese eher soziologischen Aspekte des Unterrichts werden im Hinblick auf die Entwicklung einer fachdidaktisch orientierten Unterichtstheorie zu konzeptualisieren versucht. Hier interessieren vorwiegend die theoretischen Grundlegungen. Sie lassen sich in phänomenologischen, interaktionistischen und ethnomethodologischen Ansätzen finden. In groben Zügen wird in ihnen wie folgt argumentiert.

Die Wirklichkeit, wie sie ein Subjekt sieht, ist unausweichlich bezogen auf seine *subjektiven Interpretationen*. Doch entwickeln sich diese subjektiven Interpretationen in der *sozialen Interaktion* mit den anderen Subjekten in dieser Situation. Die soziale Interaktion findet zwischen einander wechselseitig interpretierenden Subjekten statt. Sie formt sich in den aktiven *Aushandlungsprozessen* um eine gemeinsam geteilte Deutung der Situation (Situationsdefinition). Dies geschieht, indem Deutungen, Strukturierungen, Geltungsnormen usw. wechselseitig angezeigt, aufeinanderabgestimmt und dabei modifiziert und gegebenenfalls stabilisiert werden.

Freilich findet nicht jeder Aushandlungsprozeß um eine gemeinsam geteilte Situationsdefinition in einer derartigen offenen Weise statt. In als unproblematisch geltenden Situationen wird im Sinne dieses "interpretativen Paradigmas" keine originär neue Situationsdefinition geschaffen. Vielmehr stellen die Beteiligten fest, "what the situation ought to be for them" (Goffman 1974: 2) und handeln entsprechend. "Erst in problematischen Interaktionen kommt ... das interpretative Paradigma ... voll zur Anwendung" (Edelstein/Keller 1982: 19). Dies soll weiter ausgeführt werden: Der Prozeß der Situationsdefinition in den als unproblematisch gesehenen Situationen ist von gewissen situations*überdauernden* Organisationsprinzipien geleitet. Sie wollen wir im Anschluß an Bateson (1955) und Goffman (1974) einen "Rahmen" nennen. Ein Rahmen ist bestimmt durch seine situationsübergreifenden Prinzipien der Organisation und Strukturierung von Prozessen der Situationsdefinition. Rahmen unterscheiden sich hinsichtlich ihrer Generalität bzw. Bereichsspezifität und hinsichtlich ihrer Individualisierung. Ein aktivierter Rahmen ermöglicht dem Subjekt, Objekte und Handlungen zu lokalisieren, wahrzunehmen, zu identifizieren und zu benennen (s. Goffmann 1974: 21). Er macht das Subjekt unmittelbar handlungsfähig. (Zur weiteren Klärung dieses Begriffs siehe auch Krummheuer 1983a,b und 1985.) Mit Hilfe rahmenanalytischer Konzeptionalisierungen sollen vor allem die *gewohnheitsmäßigen Handlungen* und die *gewohnheitsmäßigen Deutungsprozesse* der Schüler zu Aktivitäten an interaktiven Computersystemen rekonstruiert werden. In Abschnitt 2.3 werden diese Rahmungen beschrieben.

2.2. Informationen zur Durchführung der Untersuchung

Die Schüler eines "Computer-Kurses" an einer integrierten Gesamtschule wurden an drei Nachmittagen während ihrer regulären Kursstunden beobachtet. Es handelt sich bei diesem Kurs um einen jahrgangsübergreifenden Wahlkurs, an dem seit ca. anderthalb Jahren diese Schüler von Anbeginn an teilnehmen. Er besteht aus 12 Schülern. Dabei kommen 4 Schüler aus der 10. Klasse, 5 Schüler aus der 9. Klasse und 3 Schüler aus der 8. Klasse. Es sind nur Jungen.

Innerhalb des Kurses bestehen nach Aussagen des Lehrers lockere Gruppenstrukturen, die in etwa mit der Zugehörigkeit zur selben Klasse bzw. Jahrgangsstufe übereinstimmen. Diese Gruppenzugehörigkeiten hätten sich, so der Lehrer, erst im Laufe der Zeit ergeben. Anfänglich habe jeder Schüler für sich allein einen Computer haben wollen. Da dies wegen der beschränkten Ausstattung nicht gleichzeitig möglich war, habe man zunächst abwechselnd am Mikrocomputer gesessen. Hieraus haben sich dann die angedeuteten Gruppenstrukturen ergeben. Die Schüler entschieden sich auf Befragung, für die Untersuchung in diesen Gruppen zusammenzubleiben.

Der Kurs verfügt über folgende Ausstattung: Mit der Anlage des Lehrers sind in diesem Kurs drei Mikrocomputer des Typs Commodore C 64 mit Diskettenlesegerät vorhanden. Diese Ausstattung ermöglichte weitgehend die Durchführung der Beobachtungen. Als Einschränkung mußte hingenommen werden, daß keine Drukker vorhanden waren. Dies führte zu einer Modifikation der geplanten Versuchsordnung: Auf den geplanten Ausdruck sämtlicher Eingaben durch die Schüler mußte verzichtet werden. Stattdessen wurde wie folgt vorgegangen: Da drei Diskettenlesegeräte vorhanden waren, sollten die Schüler in ca. dreiminütigen Abständen ihre jeweils bis dahin entwickelten Programme abspeichern (SAVE). Im Programmierjargon dieser Gruppe hieß das: "Alle drei Minuten wird geSAVEt". Die Schüler programmieren in BASIC. Die so abgespeicherten Informationen wurden zu einem späteren Zeitpunkt auf einer anderen Anlage ausgedruckt. Diese Ausdrucke ermöglichen unter Zuhilfenahme der Videoaufnahmen und Transkripte eine weitgehend lückenlose Rekonstruktion des Prozesses der Programerstellung in der jeweiligen Gruppe.

Mit dem Lehrer sind vorab sorgfältig die Aufgaben aus einer vorbereiteten Sammlung von mathematischen Problemaufgaben ausgewählt worden. Jeder Gruppe sind insgesamt sieben Aufgaben gestellt worden (zu den Aufgaben s. Krummheuer 1985: 23–29). Die Kommunikation zwischen den Schülern wurde mit einer Videoanlage aufgezeichnet. Die Kamera war dabei auf die vor dem Computer sitzenden Schüler gerichtet; der Computer-Monitor ist somit auf den Videoaufnahmen von *hinten* zu sehen. Aus den Videoaufnahmen und den Teilprogrammausdrucken wurde ein gemeinsames Transkript angefertigt. Die Videoaufnahmen, die Teilprogrammausdrucke und das Transkript sind die Grundlage der Analysen.

2.3. Ergebnisse der Untersuchung

Wie verwenden die Schüler das zur Verfügung stehende interaktive Computersystem in ihrer Kommunikation zur Lösung vorgegebener mathematischer Problemaufgaben? Ich möchte hier zunächst eine für Nicht-Experten offenbar typische Form der Verwendung eines solchen Systems darstellen. Bei im Programmieren weiter vorangeschrittenen Schülern sind auch noch andere Formen rekonstruierbar. Hiervon später mehr. Die hier darzustellende Form besteht in der Verwendung als

- Kommunikationsmittel und als
- Kontrollinstanz des eigenen Handelns.

Zunächst zur Verwendung als *Kommunikationsmittel*: Auf der Phänomenebene läßt sich in der Gruppe ein gewisses "Gerangel" um die Position des Eintippens beobachten. Es zeigt sich dabei, daß der Wechsel am Keyboard nicht unter sozialen Gesichtspunkten oder anderen *argumentativ* ausgetragenen Kriterien vonstatten geht. Zumeist beginnt ein Wechsel so, daß der neue Schüler z.B. sagt: "Nee, mach ma" und dann verschafft er sich oft mit körperlichem Einsatz Zugang zum Keyboard. Sodann wird von diesem Schüler etwas eingetippt. Die anderen Schüler können währenddessen auf dem Monitor zuschauen.

Die Analyse der auf Diskette gespeicherten Programmteile zeigt, daß der neue Eintipper zumeist Teile des bestehenden Programmentwurfs löscht und durch einen neuen Entwurf ersetzt. Eingegeben werden dabei in der Regel *Programmsequenzen*.

Beispielsweise
- eine Schleife, oft als FOR-NEXT-Schleife organisiert, oder
- eine IF-THEN-Abfrage, oder
- zu Beginn des Programmierens einige REM-Zeilen (siehe hierzu das erste Beispiel in 2.4).

Kommunikations*mittel* ist hierbei das interaktive Computersystem. Die Schüler geben durch das System ihre Meinung über den Fortgang des Lösungsweges an. Zudem äußern sie sich dabei zu den vorherigen, auf dem Bildschirm ablesbaren Programmentwürfen.

Die Verwendung des Computersystems als Kommunikationsmittel beschreibt aber noch nicht zureichend die Aktivitäten der Schüler am Computer. Denn sie verwenden das Computersystem nicht *nur* als Schreibmaschine. Sie verwenden dabei auch eine bestimmte "Sprachlichkeit", und dies ist die Programmiersprache BASIC. Weil hierdurch bei entsprechender Bedienung auch das Computersystem auf den eingetippten Text reagiert, z.B. durch die Fehlermeldung nach Eingabe des RUN-Befehls, werden die in diesen Texten enthaltenen Lösungsideen der Kontrolle des Computersystems unterworfen. Die ebenfalls am Bildschirm abzulesende Reaktion des *Computersystems* ruft wiederum zu Folgehandlungen bei den Schülern auf. Zumeist sind es lokale Reparaturen, um Fehlermeldungen des Systems zu umgehen. Im einfachsten Falle bestehen sie aus Korrekturen von Schreibfehlern. Bei programmlogischen Fehlern bestehen die Reparaturen aus dem versuchsweisen Austauschen von Programmsequenzen. Das Computersystem fungiert auf diese Weise als "letzte" von allen beteiligten Schülern kollektiv geteilte Kontrollinstanz.

Die Handlungen der Schüler unterliegen in diesen Situationen offenbar einer ganz bestimmten Strukturierung und Orientierung. Wir unterstellen diesen Handlungen eine "sequentiell-programmtechnische" Rahmung. So soll ein Rahmen benannt werden, in dem das sequentielle, kombinatorische Manipulieren an einem "interaktiven" Computersystem im Hinblick auf die Erstellung eines fehlerfrei funktionierenden Programmes handlungsorientierend ist. Hierzu werden vorwiegend technische Aspekte der Programmerstellung handlungswirksam. Dies sind sicher verfügbare Programmsequenzen und Steuerbefehle. Auf das sequentielle Manipulieren programmtechnischer Aspekte der Programmerstellung bezieht sich die Benennung des Rahmens.

Unter einem sequentiell-programmtechnischen Rahmen besteht das Spezifikum der Aktivitäten mit dem interaktiven Computersystem darin, daß erst mit dem Eintippen von BASIC-Text die eigene Handlungsfähigkeit im Hinblick auf die Konzeptionierung und Strukturierung eines Lösungsweges erreicht wird. Die Verfügbarkeit eines *interaktiven* Computersystems ist unter diesem Rahmen *Voraussetzung* für die Erlangung von Handlungsfähigkeit mit Beteiligung an der Interaktion in der Gruppe: Unter einer derart gerahmten Handlungsfähigkeit werden zwischen den *Schülern* Bedeutung zu Begriffen, Lösungskonzepte usw. interaktiv ausgehandelt, interaktiv im Sinne sozialer, zwischenmenschlicher Interaktionsprozesse. Gleichsam Zug um Zug werden am Computer Programmsequenzen ausgehandelt (Kommunikationsmittel). Kriterium des auszuhandelnden Konsenses ist ein funktionierendes Programm. Welche Programmversion funktioniert, wird von dem Computersystem durch die zumeist spontanen Reaktionen auf Befehlseingaben kontrollierend angezeigt (Kontrollinstanz). Die Schüler müssen hiervon nichts verstehen; und dennoch können sie erfolgreich Problemaufgaben lösen. Perkins (1985) spricht vom "spaghetti programming".

Bei den im Programmieren weiter vorangeschrittenen Schülern finden in der Regel dagegen relativ geläufige Lösungsprozesse statt. In bezug auf die Strukturierungsversuche des Lösungsweges wird sehr viel mehr gesprochen als in der bei der bisherigen Darstellung des sequentiell – programmtechnischen Rahmens verwendeten Gruppe. Es herrscht dabei ein Gemisch aus BASIC und Umgangssprache vor. In diesem Jargon werden wiederum Programmsequenzen angesprochen bzw. stückweise umschrieben.

Feststellen läßt sich hier also, daß das Computersystem nicht mehr überwiegend als Kommunikationsmittel verwendet wird. Die Schüler teilen sich vor der Computereingabe in gesprochener Sprache ihre Prgrammierabsichten mit. Das interaktive Computersystem übernimmt nach der Programmiereingabe Funktionen eines "Kommunikationspartners". Die Schüler stellen mit diesem System eine technisierte Kommunikation her. Zu den eigenen Programmierversionen, die sich die Schüler gegenseitig in dem erwähnten Gemisch aus Umgangssprache und BASIC – Sprachelementen mitteilen, wird im Sinne einer technisierten Kommunikation der Computer nach "seiner Meinung gefragt".

Wichtig erscheint mir hierbei, daß diese technisierte Kommunikation mit dem Computersystem aus zwischen den Schülern interaktiv ausgehandelten *Zuschreibungen* hervorgeht. Sie *machen* das Computersystem mit ihren wechselseitigen Handlungskoordinaten zu einem technisierten Kommunikationspartner. Die hierbei zugrundezulegende Situationsdefinition beruht offenbar auf einer Weiterentwicklung, auf einer sogenannten "Modulation" des sequentiell – programmtechnischen Rahmens (zum Begriff der Rahmen – "Modulation" s. Goffman 1974: 40 – 82, oder z.B. Krummheuer 1983a, 1985). Diese Weiterentwicklung geht offenbar auf den zunehmenden Erfahrungsaustausch *zwischen den Schülern* im programmierenden Umgang mit dem interaktiven Computersystem zurück: Insbesondere Schülern aus den höheren Jahrgangsstufen, die bereits länger an einem Computer gearbeitet haben, lassen sich solche modulierten Rahmungen unterstellen.

2.4. Zwei Analysebeispiele zur Illustration

Zur Illustration der Analysen im vorigen Abschnitt sollen hier zwei kurze Transkriptausschnitte vorgestellt und im Hinblick auf rahmenanalytische Aspekte analysiert werden. Diese beiden Ausschnitte können naheliegenderweise nur einen ersten Eindruck von der Gesamtanalyse geben.

Die beiden Ausschnitte dauern jeweils etwa eine Minute. Sie stammen aus zwei verschiedenen Gruppen. Die erste Gruppe (I) besteht aus Schülern einer 8. Klasse, die zweite Gruppe (II) aus Schülern einer 10. Klasse. Beide Beispiele stellen den Beginn der Bearbeitung der ersten gestellten Aufgabe dar. Der Text der Aufgabe lautet (vgl. Krummheuer 1985: 23):

Es gilt z.B.

36 : (3 + 6) = 4

das heißt: 36 ist durch seine Quersumme teilbar ohne Rest.

Frage:
Welche Zahlen zwischen 1 und 100 sind sonst noch durch ihre Quersumme teilbar ohne Rest?

Es folgt das Transkript der Gruppe I:

0:00 *alle vier Schüler lesen schweigend die Aufgabe durch. (ca. 3o sec.)*
0:30 1 Ad: ich weiß schon was er meint.
Aa, Ab, Ac, Ad → Aufgabenblatt.

2 Ab: (nur de) Quersumme - (..) durch vier

3 Ac: doch ohne Rest, Mensch -

4 Ab: ja, ja mein ich ja.

5 Ad: wir fangen an zu programmiern,los..REM,wie solln mer das Programm
→ *T, ↓ . Ac verschränkt die Hände überm Kopf.*

6 Ad: nennen' .. Primzahlen -
→ *Aa und Ab.*

7 Ac: Aufgabe eins. .. Aufgabe eins.

Ad gibt ab Transkriptzeile 5 folgenden Programmtext ein:

```
10 REM AUFGABE 1
20 REM GRUPPE 1
```

Zunächst einige Bemerkungen zur Transkription. Sie hält sich eng an den von Schütze und Kallmeyer entwickelten Transkriptionsvorschlag (s. Kallmeyer 1979). Zusätzlich gilt:
Aa → T: Schüler Aa schaut auf die Tastatur.
Aa ↓ : Schüler Aa beginnt, etwas in den Computer einzutippen.
Aa ↑ : Schüler Aa beendet seine Eingabe in den Computer.

Nun zur Interpretation dieses Ausschnitts. Es ist noch nicht eine Minute vergangen, da möchte Ad bereits mit dem Programmieren beginnen (5/6). Obwohl er nicht direkt vor der Tastatur sitzt, verschafft er sich Zugang und tippt zwei "REM-Zeilen" ein. Für den Nicht-BASIC-Kenner sei erwähnt, daß sogenannte "REM-Zeilen" lediglich dem *Programmierer* zur Kennzeichnung seines Programmes oder Teilen seines Programmes dienen. Der *Computer* überliest diese Zeilen. Mit REM-Zeilen wird also der Computer gerade *nicht* programmiert.

Eine Programmidee hat Ad zuvor explizit nicht formuliert. Mit dem Eingeben zweier REM-Zeilen verschafft sich Ad Zugang zum Computer. Zudem teilt er über die Eingaben mit, was er für eine Programmidee hat: es geht für ihn offensichtlich um Primzahlen. Mit Primzahlen hat die Aufgabe freilich nichts zu tun. Im weiteren Verlauf muß Ad seine Position am Computer mangels weiterer Eingaben rasch wieder aufgeben. Es entspinnt sich ein ca. 55minütiger Lösungsprozeß, der in der oben beschriebenen sequentiell-programmtechnischen Weise abläuft. Selbst das zum Schluß fehlerfrei laufende Programm ist ein Kuriosum, weil es in gewisser Weise rein zufällig, nämlich durch die zufällige Beschränkung in der Aufgabe auf Zahlen zwischen 1 und 100, funktioniert. Die Erweiterung des Zahlenbereichs um nur eine Zahl auf 101 würde bereits zu einer Fehlermeldung führen (vgl. Krummheuer 1985: 209).

Die typisch sequentiell-programmtechnische Rahmung in diesem Abschnitt der Gruppe I wird noch deutlicher sichtbar, wenn man die Analyse dieses Abschnitts mit der Analyse des folgenden Abschnitts von der Gruppe II vergleicht. Daß Schüler einer 10. Klasse die Aufgabe schneller lösen, sollte nicht überraschen. Sie benötigen ca. 11 Minuten zur Lösung dieser Aufgabe. Hier geht es um die Untersuchung technisierter Kommunikation am Computer. Zunächst das Transkript:

0.00 1 Cb: ich muß erstma die Diskette formatieren.
→ P. Ca hält das Aufgabenblatt und überfliegt es.

2 Ca: ich bin Mathe B Kurs, du bist Mathe A Kurs, du kannst
gibt Aufgabenblatt an Cc. Cc, Cd → Aufgabenblatt. Cb ↓ - Ca → M.

Cb (2-20)
Cb formatiert eine Diskette. Da dies die Vorbereitung der Diskette für späteres Abspeichern von Programmteilen ist, sind diese Befehle nicht auf der Diskette abgespeichert

3 Ca: das. (kurzes Gelächter)

4 Cc: (da wirste noch?) drauf kommen, sechsunddreißig durch drei plus sechs gleich vier

5 Cc: stimmt (..)

6 Cc: gut, teilbar ohne Rest .. welche Zahlen zwischen eins und

7 Cc: hundert sind sonst noch durch die Quersumme teilbar.

8 P: wenn ihr en bißchen lauter redet, vielleicht wird dann die Auf-

9 P: nahme auch ganz schön.

10 Cd: also laß uns erstma (..) Mensch
→ Ca.

11 Ca: Computer AG, was solln das heißen'
Cb → M. Ca → M.

12 Cb: (mach ma mach ma SAVE?)

0:30 13 Cb: Irgend nen Namen, muß ich der Diskette ja geben, du Scherzkeks.

14 Ca: mach doch da eins, .. Gruppe eins, . G eins (..)
zeigt kurz auf etwas im Monitorbild.

15 Cc: (..) ja
→Cd. Cd schreibt etwas in sein Heft.

16 Ca: jetz irgendne Nummer, .. null eins Strich

17 Cc: da müssn wir das immer testen.
→Aufgabenblatt

18 Ca: meinste', ja was mach mer jetz'

19 Cc: da mußt du die Zahl erstma
→ Cd's Heft

20 Cc: zerlegen. (..)
Cb ↑ . Rattern, was auf das gelungene Formatieren der Diskette hinweist.

21 L: hast du zufällig noch ne andere Diskette' ne leere'

22 Cb: die muß aber auch erst formatiert werden. ja

23 Ca: (..)

1:00 24 Ba: (ruft aus dem Hintergrund etwas zu Cb in bezug auf das Formatieren)

25 Cd: das muß erstmal in nen, nen STRING, umgewandelt werden.
zeigt auf etwas im Aufgabenblatt, das vor Ca liegt.

26 Cc: ja (MID?)STRING.

27 Cd: und dann erster und zweiter STRING
→ rechts

28 Cb: (lautes, alles übertönendes Gespräch mit Ba)
Cc und Cd schauen weiterhin in das Aufgabenblatt und scheinen sich in knappen Worten über etwas zu verständigen.

Die Interpretation: Die dargestellte Anfangsphase in dieser Gruppe ist etwas verwickelt, da der Schüler Cb noch mit der Formatierung einer Diskette beschäftigt ist, während die Schüler Cc und Cd sich bereits mit der vorgelegten Aufgabe beschäftigen. Hier interessiert nur die Kommunikation zwischen Cc und Cd. Sie ist verschriftlicht in den Zeilen 15, 17, 19, 20 und 25, 26, 27, 28.

Die Äußerungen von Cc in den Zeilen 17, 19 und 20 entstehen in unmittelbarer Folge und können als ein zusammenhängender Gedankengang gesehen werden. Vermuten läßt sich, daß Cc mit "testen" den Test auf Teilbarkeit einer Zahl N durch ihre Quersumme meint. Für die Durchführung dieses Tests benötigt man die Quersumme von N. Cc's Bemerkung in 19/20 stützen diese Interpretation.

Ab Zeile 25 setzt sich das Gespräch fort. Cc und Cd einigen sich auf ein gemeinsames Lösungskonzept: Die Zahl soll zunächst in eine Textvariable ("STRING") umgewandelt werden (Zeile 25) und dann mit "textverarbeitendem" Mittel in ihre einzelnen Zeichen (Ziffern) zerlegt werden (Zeile 27). Die beiden Schüler verständigen sich ohne erkennbare Komplikationen. Die Einigung wird u.a. dadurch erzielt, daß sie von Schritt zu Schritt ihre Lösungsideen umfassender in BASIC – Sprachelementen formulieren.

Mit dieser interaktiv hergestellten Einigung zwischen den beiden Schülern wird zugleich eine Basis zur Herstellung einer technisierten Kommunikation mit dem Computersystem gestiftet: Ob die derart formulierte Lösungsidee funktioniert, das kann man in dieser Sprachlichkeit auch den Computer fragen.

Im weiteren Verlauf formuliert Cd ein fast vollständiges Programm auf einem Zettel vor, das dann von Cb eingegeben wird. Beim Eingeben werden Mutmaßungen über mögliche Fehler des Programms geäußert. Sie werden zumeist aber nicht diskutiert. Vielmehr lassen sie es "drauf ankommen": Sie tippen das Programm ein und starten es; nun reagiert das Computersystem entweder mit dem erwünschten Ausdruck oder mit Fehlermeldungen. Diese Computerreaktion wird mit den zuvor geäußerten Vermutungen verglichen. Die Schüler sind mit dem Computersystem eine technisierte Kommunikation eingegangen. Sie ist Schritt für Schritt unter den Schülern interaktiv konstituiert worden.

3. Abschließende Bemerkungen

Das Interesse an Untersuchungen von Aktivitäten an Computersystemen unter einer interaktionistischen Perspektive rührt u.a. daher, daß Teile der Computerwissenschaften, wie z.B. die Artifical Intelligence, sich zunehmend stärker mit Gegenstandsbereichen befassen, die bisher zu den unangefochtenen Forschungsbereichen der Humanwissenschaften gehörten. In dem hier interessierenden Gebiet der sozialen Interaktion und Kommunikation läßt sich zwar schon seit langem auch ein technisch orientierter Zugang nachzeichnen (z.B. Kybernetik, Informationstheorie usw.). Die Trennung zwischen einem humanwissenschaftlichen und technischen Zugang schien für lange Zeit deutlich vorgezeichnet. So formuliert Cherry (1963) z.B.:

> "Wenn wir das Phänomen der Kommunikation untersuchen, kann es sich lediglich darum handeln, der mathematischen Kommunikationstheorie ihren berechtigten und angemessenen Platz anzuweisen. ..., alle Versuche, sie über den technischen Bereich auszudehnen, in dem sie entstanden ist, führen in die Irre." (17)

Diese Arbeitsteilung ist nun seit kurzem u.a. durch die Entwicklung "intelligenter" und "interaktiver" Computersysteme brüchig geworden. Mit der Argumentation des sogenannten "Turing Tests" verwischen zudem zusehends die Konturen zwischen genuin technischen und genuin sozialwissenschaftlichen Theoretisierungen.

> "I believe that at the end of the century the use of words and general educated opinions will have altered so much that one will be able to speak of machine thinking without expecting to be contradicted." (Turing, zit. n. Hofstadter 1980: 597).

Interessanterweise spricht Turing hier vom "use of words" und von "general educated opinions" und nicht von technologischen Verbesserungen entsprechender Apparaturen. Neben dem technologischen Aspekt der Verbesserung von Computersystemen sowohl hinsichtlich der hardware als auch der software spielt für Turing die gesellschaftliche Akzeptanz, diese Systeme als "denkende" zu sehen, eine ebenso wichtige Rolle. Turings Äußerung auf makrosoziologischer Ebene korrespondiert mit den mikrosoziologisch analysierten Ergebnissen des dargestellten Projekts. Es wurde gezeigt, daß ein interaktives Computersystem nicht zwangsläufig im intendierten Sinne einer technisierten Kommunikation verwendet wird. Darüber hinaus wurde zu zeigen versucht, daß in den Fällen, in denen mit dem Computersystem eine technisierte Kommunikation stattfand, dies aus interaktiven Aushandlungsprozessen *zwischen den Schülern* hervorging. Nicht die *singuläre Erfahrung* eines Individuums mit einem Computersystem führt zur Verwendung dieses Systems als technisierter Kommunikationspartner. Vielmehr gehen einer solchen Verwendungsweise *soziale Erfahrungen* der interaktiven Konstituierung eines Computersystems als technisierter Kommunikationspartner in zwischenmenschlichen Kommunikationsprozessen voraus.

Sollten sich diese Ergebnisse in der Breite bestätigen, dann ergeben sich für die Entwicklung und Verbesserung interaktiver Computersysteme zumindest folgende zwei Konsequenzen:

1. Da die interaktiven Strukturen zwischenmenschlicher Kommunikationsprozesse emergent und somit prinzipiell nicht vorhersagbar sind (Auwärter/Kirsch 1984) und die Verwendung interaktiver Computersysteme im Sinne einer technisierten Kommunikation aus solchen interaktiven Strukturierungen hervorgeht, sind auch den genuin technologischen Entwicklungsarbeiten prinzipielle Grenzen gesetzt.
2. Im Rahmen dieser prinzipiellen Grenzen sind freilich Verbesserungen und Entwicklungen interaktiver Computersysteme möglich und nötig. Der Erfolg derartiger Bemühungen wird freilich wesentlich von der theoretischen und

empirischen Durchdringung solcher interaktiven Strukturierungen abhängen. Eine rein technologische Entwicklungsarbeit wird wenig zur Aufhellung dieser sozialen Konstituierungsprozesse beitragen können und zudem das eigene gesetzte Ziel der Ermöglichung technisierter Kommunikation konterkarieren.

Literatur

Auwärter, M. / Kirsch, E. (1984): "Zur Ontogenese der sozialen Interaktion. Eine strukturtheoretische Analyse." Edelstein, W. / Habermas, J. (Hrsg.): Soziale Interaktion und soziales Verstehen. Frankfurt: Suhrkamp.

Bateson, G. (1981): "The theory of play and fantasy." (1955). Bateson, G.: Steps to an ecology of mind. New York: Ballantine.

Bauersfeld, H. (1985): "Ergebnisse und Probleme von Mikroanalysen mathematischen Unterrichts." Dörfler, W. / Fischer, R. (Hrsg.): Empirische Untersuchungen zum Lehren und Lernen von Mathematik. Wien: Hölder-Pichler-Tempsky.

- - -/ Krummheuer, G. (1984): Projektantrag "Untersuchung zur Struktur mathematischer Problemlöseprozesse bei Verwendung eines Computers als Hilfsmittel". Bielefeld: Occasional paper nr. 57 des Instituts für Didaktik der Mathematik der Universität Bielefeld.

- - -/ Krummheuer, G. / Voigt, J. (1986): "Interactional theory of learning and teaching mathematics." Steiner, H.-G. (ed.) Theory and mathematics education. Köln: Aulis.

Cherry, C. (1963): Kommunikationsforschung – eine neue Wissenschaft. O.O.: Fischer.

Edelstein, W. / Keller, M.. (1982): "Perspektivität und Interpretation. Zur Entwicklung des sozialen Verstehens." Dieselben (Hrsg.): Perspektivität und Interpretation. Frankfurt: Suhrkamp.

Goffman, E. (1974): Frame analysis. An essay on the organisation of experience. Cambridge: Harvard University Press.

Hofstadter, D.R. (1980): Gödel, Escher, Bach: an eternal golden braid. New York: Vintage Books.

Hoppe, H.U. (1985): "Anforderungen an Programmiersprachen für den Unterricht unter dem Gesichtspunkt des interaktiven Programmierens." Mandl, H. / Fischer, P.M. (Hrsg.): Lernen im Dialog mit dem Computer. München etc.: Urban & Schwarzenberg.

Kallmeyer, W. (1979): "Kritische Momente. Zur Konversationsanalyse von Interaktionsstörungen." Frier, W. / Labroisse, G. (Hrsg.): Grundfragen der Textwissenschaft. Amsterdam: Rodopi.

Krummheuer, G. (1983a): Algebraische Termumformungen in der Sekundarstufe I. Bielefeld: Universität Bielefeld, IDM Materialien und Studien Bd. 31.

– – –(1983b): "Das Arbeitsinterim im Mathematikunterricht." Bauersfeld, H. u.a.: Lernen und Lehren von Mathematik. Köln: Aulis.

– – –(1985): Zwischenbericht zum Projekt: "Untersuchung zur Struktur mathematischer Problemlöseprozesse bei Verwendung eines Computers als Hilfsmittel". Bielefeld: Universität Bielefeld, Papier am IDM.

Oevermann, U. u.a. (1976): "Beobachtungen zur Struktur der sozialisatorischen Interaktion. Theoretische und methodologische Fragen der Sozialisationsforschung." Auwärter, M. / Kirsch, E. / Schröter. M. (Hrsg.): Seminar: Kommunikation Interaktion Identität. Frankfurt: Suhrkamp (stw 156).

Perkins, D.N. (1985): "The fingertip effect. How information – processing technology shapes thinking." Educational Researcher (1985) Aug./Sept.: 11 – 17.

Winkelmann, B. (1986): Availability of microcomputers in schools and application of microcomputers in the teaching of mathematics and science in the Federal Republik of Germany. Bielefeld: Occasional paper Nr. 78 des Instituts für Didaktik der Mathematik der Universität Bielefeld.

TYPISIERUNGEN TECHNISIERTER KOMMUNIKATION

Rüdiger Weingarten

1. Einleitung

Seit einigen Jahren ist es ein Topos der Produzenten öffentlicher Meinung, daß wir uns an der Schwelle zu einer Informations- und Kommunikationsgesellschaft befänden, bzw. es wird behauptet, daß wir alles tun müßten, um dorthin zu gelangen, damit die drängenden Probleme unserer Zeit gelöst werden könnten. Die geplante Einführung neuer Informations- und Kommunikationstechnologien wird nun, sollte sie gelingen, nahezu sämtliche Bereiche gesellschaftlicher Kommunikation erfassen: Arbeit, Familie, Schule, persönlicher Geschäftsverkehr, Gesundheitswesen etc.. Weite Bereiche gesellschaftlichen Handelns, die bislang durch *personale Kommunikation* abgewickelt wurden, werden nun in *technisierter Kommunikation* erfolgen: sei es als Mensch-Maschine-Kommunikation oder als Mensch-Maschine-Mensch-Kommunikation.

Das wesentlich Neue an der gegenwärtigen Entwicklung ist, daß nicht einfach eine weitere Revolutionierung im Bereich der Technik stattfindet, die wie alle Vorgänger natürlich auch neue Kommunikationsformen hervorbringt, sondern vielmehr, daß die Kommunikation selber das Objekt der technischen Revolution ist. Darüber hinaus bezieht sich die Entwicklung der Technik nicht mehr vorrangig auf den gesellschaftlichen Produktionsbereich, sondern ganz allgemein auf menschliche Interaktion und Kommunikation. Sicherlich gibt es hierfür bedeutende historische Vorbilder, wie die Entwicklung des Buchdruckes, aber gegenwärtig wird eine neue Qualität der Entwicklung eingeleitet, da nicht nur *eine* neue Technik eingeführt wird, sondern ein ganzes Bündel untereinander vernetzter Systeme.

Im Rahmen der aktuellen technikkritischen Diskussion ist auch für diesen Bereich zu klären, welche sozialen Veränderungen die Technisierung der Kommunikation bewirkt. Die strittige Frage in dem vorliegenden Zusammenhang lautet: Erweitern die neuen Informations- und Kommunikationstechniken die Handlungsspielräume von Individuen, Gruppen, Verbänden etc. oder präformieren sie das Handeln in einer Weise, daß es außerhalb der Kontrolle der beteiligten Subjekte gerät?

So schreibt etwa Papert (1985^{2}) zu den positiven Folgen der Verwendung der Computersprache LOGO im Unterricht:

> "Die Bugs (Programmfehler, R.W.) werden Gesprächsthema; dadurch entwickeln die Schüler eine ausdrucksfähige und themenbezogene Sprache, in der sie im Bedarfsfall um Hilfe bitten können. Und wenn Hilfsbedürftigkeit deutlich formuliert werden kann, muß der Helfer nicht ein speziell ausgebildeter Profi sein, um die nötige Hilfe geben zu können. Auf diese Weise bereichert und erleichtert die LOGO-Kultur die Interaktion zwischen allen Teilneh-

mern und bietet Möglichkeiten für sprachlich ungehemmtere, wirkungsvollere und ehrlichere Lehrer-Schüler-Beziehungen. Sie nähert sich einer Situation, in der die Abgrenzung zwischen Lehrern und Schülern verblassen kann." (Papert 1985²: 219f.)

Im Gegensatz dazu sieht Mahr (1984) eine Dominanz der Maschine über die Handelnden:

"Sie (die Gebrauchsanweisungen, R.W.) regeln die Beziehung zwischen Mensch und Maschine, indem sie den Menschen die Konditionen erläutern, unter denen die Mechanismen bereit sind, nach den Wünschen des Menschen zu funktionieren – Verträge also, die Normen des Umgangs der einen Seite mit der anderen Seite festlegen;" (Mahr 1984: 89)

Noch allgemeiner sieht Prott (1984) die Problematik:

"Von den Endgeräten der Computernetze in allen Lebenslagen umgeben, laufen vereinzelte Individuen Gefahr, kommunikative Kompetenz als subjektive Voraussetzung lebendiger Öffentlichkeit und damit funktionsfähiger Demokratie gerade nicht auszudehnen, sondern zu verlieren." (Prott 1984: 233)

In dem vorliegenden Beitrag soll am Beispiel 'interaktiver' Computersysteme in einzelnen Aspekten der Frage nachgegangen werden, wie sich Sprache und Kommunikation selber im Zuge ihrer Technisierung ändern. Diese Analyse erfolgt vor dem Hintergrund kommunikationstheoretischer Annahmen, die helfen sollen zu klären, ob durch die zu erwartenden Entwicklungen die Bedingungen sprachlichen Handelns mehr oder weniger eingeschränkt werden.

Im folgenden Abschnitt wird nun untersucht, was die Verwendung des Begriffes "Technik" in Zusammenhang mit Sprache und Kommunikation bedeutet.

2. Technik und Kommunikation

Nach Max Weber (1976⁵) macht die Thematisierung der Technik eines Handelns dessen *Mittel* zum Redegegenstand (im Unterschied z.B. zu dessen Sinn oder Zweck). Nach seiner Auffassung gibt es weiterhin einen eigenen Rationalitätsmaßstab für technische Probleme: das rationellste Mittel, das Prinzip des "kleinsten Kraftmaßes" bzw. das "Optimum des Erfolges im Vergleich mit den aufzuwendenden Mitteln" (32). Diejenigen Mittel sind also am erfolgreichsten, die bei ansonsten gleichen Bedingungen den größten Effekt erzielen (s. auch 119). Überlegungen zum Verwendungszweck und den Kosten gehören in den Bereich des Wirtschaftens:

"Wirtschaft ist primär orientiert am Verwendungszweck, Technik am Problem der (bei gegebenem Zweck) zu verwendenden Mittel." (Weber 1976⁵: 33)

Technik ist dabei eingebettet in wirtschaftliches Handeln:

> "die ökonomische Orientiertheit der heute sog. technologischen Entwicklung an Gewinnchancen ist eine der Grundtatsachen der Geschichte der Technik." (ebenda: 33)

Da diese Bestimmung nicht nur auf einen einzelnen Handlungstyp beschränkt ist, gilt sie auch für sprachliches Handeln: Technisierung sprachlichen Handelns bedeutet eine Rationalisierung der Mittel eben dieses Handelns. Dies wiederum setzt voraus, daß es unabhängig von Benutzern existierende sprachliche Mittel gibt, auf die man zugreifen kann und die für bestimmte, davon losgelöst existierende Zwecke verwendet werden können. Was diese Mittel sind bzw. was dem Handelnden entäußerlicht wird, kann je nach Technik von der materiellen Zeichengestalt bis zu Bedeutungen variieren. Es kann auch sein, daß der handelnden Person ein komplettes (sekundäres) Zeichensystem gegenübertritt, wie z.B. beim Morsefunk. Diese Gestaltung der Kommunikation beinhaltet damit eine *instrumentalistische Sprachauffassung* (für ähnliche Überlegungen s. Januschek (in diesem Band) zum "formorientierten Sprachbegriff"). Sie wurde allerdings nicht erst durch die aktuelle Technisierung der Kommunikation geschaffen, sondern ist eine soziokulturell entsprechend vorgeformte Denkstruktur und Praxis, die bereits eine lange Geschichte hat. Januschek (in diesem Band) nennt als Bedingungen die gesellschaftliche Scheidung von geistiger und körperlicher Arbeit, die Entwicklung der Schrift und die Entfaltung der Warenwirtschaft.

Generell läßt sich sagen, daß jede Kommunikationstechnik eine bestimmte Sprachtheorie beinhaltet: Sie zergliedert den Prozeß der Kommunikation in einzelne Bestandteile (natürlich mit dem Anspruch, daß diese Zergliederung sinnvoll sei) und entfaltet eine spezifische Relevanzstruktur. So entstanden z.B. im Zusammenhang mit der Ausbreitung von Schriftlichkeit für unser heutiges Sprachdenken so zentrale Begriffe wie "Wort" und "Satz".

Im vorliegenden Zusammenhang möchte ich den Begriff der technisierten Kommunikation noch weiter eingrenzen und zur Bedingung machen, daß bestimmte Komponenten der Kommunikation durch Artefakte ersetzt werden. Diese Artefakte sind das physische Korrelat der Rationalisierung, mithin das verdinglichte Resultat einer bestimmten Sprachreflexion.

Technisierte Kommunikation heißt dann: Aus einem Kommunikationsprozeß werden einzelne Komponenten isoliert und nach dem Prinzip des kleinsten Kraftmaßes optimiert. Diese Optimierung betrifft bislang folgende Komponenten der Kommunikation:

1. Die Kommunikationspartner müssen sich nicht mehr an demselben *Ort* befinden. Die Notwendigkeit eines einheitlichen Ortes der wechselseitigen Handlung wird hinfällig (zunächst ermöglicht durch Schriftverkehr und Telegraphie).
2. Die Notwendigkeit einer unmittelbaren *zeitlichen* Abfolge der kommunikativen Handlungen entfällt, wenn es ein anderes Speichermedium als das menschliche Gedächtnis und entsprechend auch ein neues Zeichensystem gibt (Schrift).

3. Die Notwendigkeit, daß bei Kommunikation immer mindestens zwei handelnde *Personen* beteiligt sein müssen, wird durch die Mensch-Maschine-'Interaktion' zumindest in Frage gestellt.
4. Eine weitere Entwicklung, die Informationsverarbeitung, zielt auf eine Technisierung der kognitiven Prozesse der Kommunikation.

Natürlich gibt es viele Interdependenzen zwischen Technisierungen einzelner Aspekte (etwa von Zeit und Ort). Insbesondere sind auch die *Folgewirkungen der Technisierung* einzelner Komponenten des Kommunikationssystems auf andere Komponenten beträchtlich. Genau hierin dürfte wie bei allen technischen Entwicklungen das zentrale Problem liegen: Was wird der Rationalisierung der Mittel alles geopfert?

Es sei noch einmal hervorgehoben, daß "Technisierung" im Unterschied zur Mnemotechnik oder Rhetorik hier so verwendet wird, daß die Optimierung durch ein Artefakt erzielt wird. Im nächsten Abschnitt werden nun die Implikationen einer solchen an Kriterien technologischer Rationalität orientierten Sprachauffassung und -verwendung untersucht. Dazu werden zunächst die kommunikationstheoretischen Grundlagen erläutert, die die Analyse leiten.

Die Grundidee der Analyse technisierter Kommunikation ist, daß sie mit einer idealtypisch angenommenen dialogischen face-to-face-Situation verglichen wird. Diese Vorgehensweise hat verschiedene Gründe. Der wichtigste ist ein genetischer: Technisierte Kommunikation wird als eine sekundäre Kommunikationsform angenommen, die aus einer primären, dialogischen Form heraus entstanden ist. Dies betrifft die historische Entwicklung und auch die ontogenetische Aneignung. Zumindest gilt dies noch für heutigen Spracherwerb. Es kann natürlich sein, daß sich ein sekundäres Zeichensystem im Laufe seiner Entwicklung verselbständigt und nicht mehr der Rückführung auf dialogische Kommunikation bedarf. Dies festzustellen ist ein empirisches Problem. Wie diese Abkoppelung interpretiert wird, soll im nächsten Abschnitt erläutert werden. Da ein solcher Prozeß aus den gemachten Grundannahmen als gesellschaftlich problematisch eingeschätzt wird, ist ein Ausgehen von dialogischer Kommunikation auch keine "Vergewaltigung" eines "unabhängigen" Kommunikationssystems: Das Problem wird in der Abkoppelung gesehen, die Forderung der Rückführbarkeit auf dialogische Kommunikation dagegen als ein Erfordernis gesellschaftlicher Transparenz.

3. Die Theorie des kommunikativen Handelns

Der umfassendste neuere Versuch, Kommunikationsprobleme entwickelter Gesellschaften zu begreifen, ist die Theorie des kommunikativen Handelns von Habermas (1981). Die wichtigsten Grundbegriffe sind das Rationalitätskonzept, die Unterscheidung von System und Lebenswelt sowie die Handlungsbegriffe.

In der Arbeit "Technik und Wissenschaft als Ideologie" (1974) setzt sich Habermas unmittelbar mit dem zuvor skizzierten Rationalitätskonzept von Max Weber auseinander. Die Kritik an Weber besteht im wesentlichen darin, daß Habermas nicht ausschließlich von dem Begriff der Zweckrationalität ausgeht, sondern diesem den Begriff der kommunikativen Rationalität gegenüberstellt. Während im ersten Fall die Ausdehnung der technischen Verfügungsgewalt das wichtigste Kriterium ist, wird im zweiten Fall Rationalität an der kommunikativen Begründung praktischer Ziele gemessen, dem von äußeren Zwängen freien Sicheinlassen auf einen Dialog über kontroverse Geltungsansprüche.

Kennzeichnend für die jüngere historische Entwicklung ist nun eine Ausweitung der Geltungsbereiche zweckrationalen Begründens. Diese Ausweitung kulminiert zweifellos in der aktuellen Technisierung weiter Bereiche kommunikativen Handelns. Habermas sieht diese Entwicklung wie folgt begründet:

> "Erst seitdem die kapitalistische Produktionsweise das Wirtschaftssystem mit einem Regelmechanismus für ein zwar nicht krisenfreies, aber auf lange Sicht stetiges Wachstum der Produktivität der Arbeit ausstattet, wird die Einführung neuer Technologien und neuer Strategien, wird die Neuerung als solche institutionalisiert." (Habermas 1974: 67f.)

Die Ausweitung zweckrationalen Handelns führt allerdings auch zu einem Brüchigwerden traditioneller Legitimationsverfahren. So erfahren die Menschen in der technisierten Welt ständig, nicht autonom zu sein, ihr Leben nicht selbst bestimmen zu können. Sie geraten in eine quasi naturhafte Abhängigkeit von dem ihr Leben erhaltenden technischen Apparat bzw. den Herren der Apparate. Die Legitimationsfunktion für diesen Apparat übernimmt dann die staatliche Garantie für soziale Sicherheit und Wohlstand. Der systembedingte Zwang zur Entwicklung der Produktivkräfte wird so über die Wohlstandsgarantie zur zentralen Legitimationsfigur. Wissenschaft und Technik erscheinen als quasi-autonome Variablen des Fortschrittes. Die kommunikative Begründung praktischer Ziele tritt damit zurück hinter den Versuch, Gesellschaft nach dem Muster selbstgeregelter Systeme zweckrationalen Handelns zu strukturieren.

Die gesellschaftlichen Bereiche, in denen Zweckrationalität bzw. kommunikative Rationalität dominant sind, sind nach Habermas einerseits *systemisch* und andererseits *lebensweltlich* strukturiert. Nach dieser Auffassung

> "können wir uns die Lebenswelt durch einen kulturell überlieferten und sprachlich organisierten Vorrat an Deutungsmustern repräsentiert denken." (Habermas 1981 Bd. 2: 189)

Lebenswelten bilden den Hintergrund bzw. Verweisungszusammenhang von Handlungssituationen. Ein Spezifikum der Theorie von Habermas ist, daß er Gesellschaften gleichzeitig als Lebenswelten und Systeme konzipiert. Rein lebensweltliche Ansätze operieren nach seiner Auffassung mit drei Fiktionen:

> "wir unterstellen die Autonomie der Handelnden (a), die Unabhängigkeit der Kultur (von äußeren Zwängen, R.W.) (b) und die Durchsichtigkeit der Kommunikation (c)." (ebenda: 224)

> "Diese drei Fiktionen durchschauen wir, sobald wir die Identifikation von Gesellschaft und Lebenswelt auflösen. Zwingend sind sie nur so lange, wie wir annehmen, daß sich die Integration der Gesellschaft allein unter den Prämissen verständigungsorientierten Handelns vollzieht. So stellt es sich den Angehörigen einer soziokulturellen Lebenswelt selbst dar. Tatsächlich werden aber ihre zielgerichteten Handlungen nicht nur über Prozesse der Verständigung koordiniert, sondern über funktionale Zusammenhänge, die von ihnen nicht intendiert sind und innerhalb des Horizontes der Alltagspraxis meistens auch nicht wahrgenommen werden." (ebenda: 225f.)

Als Prototyp eines sich auf diese Weise ergebenden Mechanismus nennt Habermas die Gesetze des Marktes. Technisierung der Kommunikation bedeutet nun vor allem auch, daß die Kommunikation den Gesetzen des Marktes unterworfen wird. Dies zeigt sich an der schlichten Tatsache, daß man für sie bezahlen muß, wobei die Preise von Angebot-Nachfrage- und Kosten-Nutzen-Rechnungen bestimmt werden. Dies hat natürlich erhebliche Konsequenzen für Art und Umfang der zu führenden Kommunikation. Z.B. spielen bei der Gestaltung technischer Kommunikationssysteme ökonomische Überlegungen eine wichtige Rolle. So schreibt Schmitt zu den zentralen Motiven der Entwicklung von Computersystemen im sog. Dialogbetrieb:

> "Zwar sind sicher auch psychologische Gründe wie z.B. "Die Arbeit an dem neuen Farbterminal XYZ macht mehr Spaß" oder "Der Computer ist nur eine Maschine und kann mich daher nicht so stark stressen wie die Kollegen" wirksam. Wir setzen jedoch voraus, daß die Dialogarbeit wie jede andere Arbeit auch wegen ihres direkt feststellbaren Nutzens und nicht als Mode oder aus Zeitvertreib betrieben wird." (Schmitt 1983: 13)

Eine zentrale Frage in der Theorie des kommunikativen Handelns ist nun die Verankerung systemischer Mechanismen in lebensweltlichen Deutungszusammenhängen. Habermas hebt hierzu hervor (ebenda 231 und 258), daß sich die Betroffenen solchen Mechanismen gegenüber wie zu einem Stück naturwüchsiger Realität, zu einer zweiten Natur verhalten (These: "je komplexer die Gesellschaftssysteme, um so provinzieller werden die Lebenswelten." ebenda 258).

Erfolgt die Handlungskoordination nicht mehr durch verständigungsorientierte Kommunikation, sondern durch Steuerungsmedien, so wird die Interaktion von lebensweltlichen Kontexten abgekoppelt. Habermas spricht hier von einer "Technisierung der Lebenswelt" (273).

Wird auch die symbolische Reproduktion der Lebenswelt, d.h. die immer wieder neue Deutung der Welt systemischen Mechanismen unterworfen, so spricht Habermas von einer Mediatisierung bzw. Kolonialisierung der Lebenswelt (293). (Es wird weiter unten gezeigt, wie dem Benutzer von der Softwareindustrie bereits die 'lebensweltlich verdaubare' Typisierung technisierter Kommunikation geliefert wird.)

Die Problematik der Typisierung der Arbeit mit einem 'interaktiven' Computer besteht m.E. darin, mit den (vor dem Hintergrund verfügbarer Typisierungsmuster) verwirrenden Eigenschaften einer symbolverarbeitenden und symbolproduzierenden Maschine umzugehen. Man kann daher fragen: Wie gehen die Benutzer mit der Suggerierung eines technisierten 'Kommunikationspartners' bzw. eines Teiles ihres Verstandes um?

Zur Vorbereitung einer Antwort hierauf wird nun der dritte Bereich der kommunikationstheoretischen Grundbegriffe, nämlich die Handlungsbegriffe, skizziert.

In seiner Taxonomie von Handlungsbegriffen unterscheidet Habermas (1981 Bd.1: 126ff. und 385) zwischen

- (teleologischem bzw.) instrumentellem Handeln,
- strategischem Handeln,
- normenreguliertem Handeln,
- dramaturgischem Handeln und
- kommunikativem Handeln.

Die erste Kategorie unterscheidet sich von den weiteren zunächst dadurch, daß hier ein Handeln in einer Situation beschrieben wird, die kein gemeinsames Handeln erfordert. Kommunikatives Handeln dagegen umfaßt die Interaktion von mindestens zwei sprach- und handlungsfähigen Subjekten, die eine interpersonale Beziehung eingehen. Sie versuchen, in ihrer Interaktion eine Verständigung über relevante Geltungsansprüche, über Situationsinterpretationen und ihrer Handlungskoordinierung zu erlangen. Da es im wesentlichen um die Aushandlung (vgl. hierzu auch Schmale, in diesem Band) von Interpretationen geht, spielt Sprache bei diesem Handlungstyp eine dominante Rolle. Man kann die oben aufgeführte Frage nun reformulieren: Ordnen die Benutzer die Arbeit an dem Computer in ein Schema sozialen/kommunikativen oder in ein Schema instrumentellen Handelns ein?

Zusammenfassend ist festzuhalten: Von dem Konzept der Zweckrationalität ist kommunikative Rationalität zu unterscheiden. Bei einer kritischen Betrachtung technisierter Kommunikation ist damit zu untersuchen, ob den Beteiligten eine von den Vorgaben des technischen Systems unabhängige Aushandlung ihrer Handlungsziele möglich ist, oder ob die Kriterien des Funktionierens des Systems die Handlungskoordinierung dominieren. Bezogen auf gesellschaftliche Teilbereiche heißt dies: Werden durch die Technisierung der Kommunikation Bereiche lebensweltlichen Handelns weiter zurückgedrängt zugunsten systemischer Mechanismen? Findet hier eine Kolonialisierung der Lebenswelt statt? Für empirische Analysen stellt sich dann die Frage, wie sich die Benutzer der technisierten Kommunikation diese im Rahmen der symbolischen Reproduktion ihrer Lebenswelt erschließen.

Die Konzeption von Gesellschaften als Lebenswelten und Systeme hat auch eine wichtige methodologische Konsequenz. Während sich rein lebensweltliche Ansätze darauf beschränken, hermeneutisch die Innenperspektive der Beteiligten zu erschließen, würde man in dem hier vorgestellten Ansatz bewußt auch die Beobachterperspektive einnehmen und von dort aus versuchen, funktionale, systemische Mechanismen der Handlungskoordinierung zu erschließen, die u.U. außerhalb der lebensweltlichen Deutungszusammenhänge stehen. Die Deutungen der Beteiligten sollen also damit konfrontiert werden, was sich quasi hinter ihrem Rücken abspielt. Neben der Heranziehung technisch-fachwissenschaftlicher Beschreibungen können hierzu Brüche in den Deutungen der Betroffenen herangezogen werden.

Bezogen auf konkrete Handlungen stellen sich folgende Fragen: Wie reden die Benutzer technisierter Kommunikation über solche Kommunikationssysteme, die sie nicht durchschauen, von denen sie nur die Peripherie kennen? Wie typisieren sie sich, ihre Handlungen, ihren evtl. technisierten 'Kommunikationspartner'? Wie konstituieren sie einen Handlungskontext?

Im nächsten Abschnitt will ich nun einen Teilaspekt der Typisierung von Handlungen in der technisierten Kommunikation untersuchen, nämlich die des Aktors einer Handlung.

4. Typisierungen alltäglicher Kommunikation

Das Kernproblem technisierter Kommunikation besteht m.E. darin, wie die Interaktion bzw. Determination zwischen den dargestellten Rationalitätskonzepten und den Handlungstypisierungen ausgestaltet wird. Unmittelbar zeigt sich die Problematik dort, wo eine bestimmte Technik eine Komponente des sprachlichen Interaktionsprozesses aufgreift (z.B. die Überwindung des Raumes beim Telefon) und darüber hinaus eine Anpassung anderer Komponenten erfordert (z.B. Wahl der Kommunikationspartner, die beschränkt ist auf Telefonbesitzer). Mittelbar zeigt sie sich in der Art der symbolischen Vermittlung zwischen beiden Handlungsbereichen (vgl. die Bemerkungen zur Verankerung systemischer Mechanismen in lebensweltlichen Deutungszusammenhängen im letzten Abschnitt), nämlich der Notwendigkeit einer Integration einer (praktisch oder symbolisch) omnipräsenten Technik in alltägliches sprachliches Handeln. Folgende Tendenzen sind dabei beobachtbar (vgl. zu diesem Punkt auch Zoeppritz, in diesem Band):

1. Die in immer mehr Alltagssituationen eindringenden Informations- und Kommunikationstechnologien werden als begriffliches Reservoir zur metaphorischen Durchstrukturierung der verschiedensten Sachverhaltsbereiche verwendet (vgl. Kübler, in diesem Band).
2. Alle technisierten Formen der Kommunikation bedürfen einer Rückführung in alltägliche Begrifflichkeit, um für das Handeln sinnvoll zu werden, bzw. umgekehrt: ein alltägliches Handlungsproblem muß in die vorgegebenen Raster der technisierten Kommunikation übersetzt werden, um dort bearbeitbar zu sein (so müssen z.B. am Telefon alle relevanten visuellen Eindrücke verbalisiert werden).

Im folgenden werde ich mich insbesondere mit dem in Punkt 2 dargestellten Übersetzungsproblem beschäftigen. Dabei stelle ich jeweils die Strategien der Systementwickler und die der Benutzer dar.

In Abschnitt 2 wurde ausgeführt, daß die Technisierung der Kommunikation auf einem schon vorher ausdifferenzierten Konzept sprachlichen Handelns aufbaut. Eine Analyse dieses Konzeptes nahm Reddy (1979) vor. In einer Untersuchung darüber, wie Sprecher des Englischen ihre Kommunikation begreifen, wie sie sie metaphorisch durchstrukturieren, fand Reddy (1979) ein nahezu durchgängiges Muster (in nahezu 70% aller von ihm untersuchten metakommunikativen Äußerungen) vor, das er als "conduit-Metapher" bezeichnet. Diese besagt, daß Sprache menschliche Gedanken und Gefühle überträgt. Sprechen oder Schreiben wird dabei so aufgefaßt, als ob interne Gedanken oder Gefühle in die den Menschen äußerlichen sprachlichen Signale gepackt werden. Wörter oder andere sprachliche Einheiten sind wie Gefäße, in die der Sprecher seine Gedanken hineinsteckt. In diesem Sinne spricht man von dem "Inhalt eines Wortes/Satzes". Aber es gibt auch "inhaltslose Wörter" (leere Töpfe). Die Aufgabe des Hörers besteht in diesem Metaphernmodell darin, den Inhalt aus dem sprachlichen Paket auszupakken.

Reddy spricht an dieser Stelle von dem "major framework" der conduit-Metapher:

> "(1) language functions like a conduit, transferring thoughts bodily from one person to another; (2) in writing and speaking, people insert their thoughts or feelings in the words; (3) words accomplish the transfer by containing the thoughts or feelings and conveying them to others; and (4) in listening or reading, people extract the thoughts and feelings once again from the words." (Reddy 1979: 290)

Hiervon unterscheidet er ein "minor-framework", wo Sprache nicht als eine feste und versiegelte Pipeline zwischen zwei Personen konzeptualisiert wird, sondern als ein eher individueller Prozeß, wodurch Gedanken in die Umgebung geschickt werden und losgelöst im Raum schweben:

> "(1) thoughts and feelings are ejected by speaking or writing into an external "idea space"; (2) thoughts and feelings are reified in this external space, so that they exist independent of any need for living human beings to think or feel them; (3) these reified thoughts and feelings may, or may not find their way back into the heads of living humans." (ebenda: 291)

Diese Metapher sieht Reddy z.B. in den folgenden Sätzen:

> "Put those thoughts down on paper before you lose them!
> /.../
> That concept has been flouting around for decades.
> /.../
> You'll find better ideas than that in the library."
> (ebenda: 291)

Ambiguitäten entstehen häufig dadurch, daß sprachliche Einheiten bezeichnende Ausdrücke nicht nur für das Gefäß, sondern auch für den Inhalt verwendet werden:

> "Martha's poem is so sloppy." (ebenda: 300)

Die conduit-Metapher ist eine in der Geschichte des Redens über Sprache wichtige Voraussetzung für die Informationswissenschaften, die Information im Sinne des minor-framework als von Verständigung abgekoppelt konzeptualisieren. Reddy merkt zu dieser Problematik mit Bezug auf Massenkommunikation kritisch an:

> "We have the greatest, most sophisticated system for mass communication of any society that we know about, yet somehow mass communication becomes more and more synonymous with less communication. Why is this? One reason, at least, may be that we are following our instruction manual for use of the language system quite carefully – and it is the wrong manual. We have the mistaken, conduit-metaphor influenced view that the more signals we can create, and the more signals we can preserve, the more ideas we "transfer" and "stor". We neglect the crucial human ability to reconstruct thought patterns on the basis of signals and this ability founders." (ebenda: 310)

Im folgenden soll nun untersucht werden, wie Benutzer ihre Aktivitäten an einem 'interaktiven' Computersystem typisieren. Dabei ist festzustellen, ob sie eine Übertragung der conduit-Metapher aus der Alltagssprache vornehmen oder ob sie ein anderes Konzept entwickeln, daß stärker an rein instrumentellem Handeln orientiert ist. Wenn die conduit-Metapher die Typisierungen leitet, so ist zu klären, ob das minor oder das major framework präferiert wird. Im Falle des Ausgehens von instrumentellem Handeln ist der Werkzeuggebrauch leitend, im Falle des major framework wird möglicherweise das Schreiben als strukturell ähnlich angesehen und bei einer Typisierung auf der Basis des major framework schlägt die 'interaktive' Eigenschaft des Systems durch.

5. Typisierungen technisierter Kommunikation

Im Rahmen der nun referierten Untersuchung wurden Videoaufnahmen in einem universitären Anfängerkurs für die Programmiersprache Prolog gemacht und in einem Basic-Kurs einer 10. Hauptschulklasse. In beiden Gruppen saßen jeweils zwei Teilnehmer/innen an einem Terminal. Gefilmt wurde immer jeweils ein Teilnehmerpaar an einem Terminal. In der Hauptschule wurden weiterhin die Erläuterungen des Lehrers im mündlichen Unterricht aufgezeichnet.

Anschließend wurden die Aufnahmen transkribiert. Danach wurden in den Transkriptionen sämtliche Vorkommen computersprachlicher Ausdrücke (CA) festgestellt: Prolog- bzw. Basic-Ausdrücke, Ausdrücke der Kommandosprache, Bezeichnungen für Bedienungsfunktionen. Im nächsten Schritt wurde der Kasusrahmen (vgl. Fillmore 1968) untersucht, in dem die CAs vorkamen. D.h. es wurde insbesondere festgestellt, wer der Aktor eine thematisierten Handlung und welches das Instrument ist. Interessant ist dabei vor allem, wie sich der Computer und der Benutzer über diese beiden grammatischen Kategorien verteilen.

In den Daten kamen drei Typen von Formulierungen vor. Es sei: B = Benutzer, CA = computersprachlicher Ausdruck, AO = alltagssprachliche Formulierung einer Operation.

Typ 1: B vollzieht mit CA AO.

Prolog 1:

```
W  ja ihr könntet es mit build irgendwas' Komma X Komma Y`
W  oder irgendsowas euch mal angucken wie das eigentlich
W  arbeitet`
```

CA: build irgendwas' Komma X Komma Y`
AO: angucken wie das eigentlich arbeitet`

Prolog 2:

```
W  und dann kann man mit escape g diesen/diesen Inhalt von dem
W ┌Puffer wieder irgendwohin setzen-          mit escape g
T └                                   mit was'
```

CA: escape g
AO: diesen Inhalt von dem Puffer wieder irgendwohin setzen-

Prolog 3:

```
F  dann würde ich die Datei jetzt immer mit return angucken`
F ┌um es dann genau zu sehen`   wo es dran liegt`
S └                         hm`
```

CA: return
AO: die Datei angucken

Prolog 4:

```
F  man muß mit trace probieren`..sich anschauen wo er nun
F  hakt`
```

CA: trace
AO: anschauen wo er nun hakt

In diesen Fällen ist der Benutzer immer in dem Aktor-Kasus, der computersprachliche Ausdruck im Instrumentalis. Der CA ist das Instrument, mit dem die alltagssprachlich beschriebene Operation (hier: eine bestimmte Art der Fehlersuche in Prolog) ausgeführt wird. Die Übersetzung von "trace" in eine alltagssprachliche Formulierung dient der gemeinsamen Planung und der Verständigungssicherung. Ich bezeichne diesen Formulierungstyp als *einfache Werkzeugmetapher*: 1. Computersprachliche Ausdrücke sind ein besonderer Typ von Werkzeug, nämlich symbolische Werkzeuge. Sie sind also keine 'Gefäße' für Gedanken etc. (vgl. die conduit-Metapher). 2. Die mit dem Werkzeug durchzuführende Operation läßt sich wie bei jedem anderen Werkzeug alltagssprachlich formulieren. (Es wäre interessant festzustellen, in welcher semantischen Relation diese Formulierungen zu technischen Beschreibungen der mit den CA benannten Prozessen stehen.)

Eine Beziehung zu einer der Metapherntypen von Reddy ist hier nicht feststellbar. Sprachliche Kommunikation ist nicht die Folie, vor der die Computerbenutzung begrifflich gefaßt wird, sondern der einfache Werkzeuggebrauch. Besonders deutlich wird dies auch, wenn die 'Werkzeuge' direkt weitergereicht werden (wie eine Kelle):

Prolog 5:

```
W [gib mir mal den Druckbefehl grad`   hast du den irgendwo
S [                                  ja`
S  ja pr build`
```

Es gibt nun noch eine Reihe anderer Formulierungstypen, die ich diesem begrifflichen Muster zuordnen würde. Zur Vereinfachung der Argumentation seien sie hier beiseite gelassen. Der nächste Typ lautet:

Typ 2: B veranlaßt mit CA, daß der Computer AO.
Oder:
Wenn B vollzieht CA, dann vollzieht der Computer AO.

Prolog 6:

```
T  also wenn-/ wenn wir uns jetzt mit/mit build irgendwas'
T  eingeben also build und dann noch irgendwas` dann müßte
T  er uns solche Dinger bauen ne'
```

Wenn B `build` eingibt,
dann `müßte er uns solche Dinger bauen`

Prolog 7:

```
S  und ich mein jetzt/ wenn man hier einfach n Komma jetzt hin
S [macht`          und dann hier build np reg numerus` und dann
T [       hinter wo`
S [einfach guckt/wieder rausgeht und guckt ob das geht`
T [                                       mein/meinste ob er selber
S [                         ja`
T [da schon was findet'
```

Wenn man ... build np reg numerus`,
dann ...(ob das geht)

Basic 1:

L was wir jetzt machen is ja nur'.äh daß der Computer einen
L Speicherplatz für die Länge bereitstellt`...ne' bei dieser
L Zeile würde er also n Speicherplatz einrichten und würde
L da aufm Bildschirm mit m Fragezeichen blinkn`

Im letzten Beispiel kommt kein CA explizit vor, vielmehr nur ein Platzhalter: was wir jetzt machen.

In diesen Beispielen ist der Benutzer weiterhin der Aktor, mit CA wird die durchzuführende Operation bezeichnet, die zu einer Reaktion des Computers führt, die offensichtlich nicht genau vorhersehbar ist. Im Unterschied zu dem ersten Fall wird die Operation also in zwei Teile aufgelöst. Die Reaktion des Computers tritt mit einer gewissen Eigenständigkeit aus der Handlung des Benutzers heraus. Ich bezeichne diesen Formulierungstyp als *Reiz-Reaktions-Metapher*. Hier ist eine Beziehung zu den Metapherntypen von Reddy feststellbar: Die mit CA bezeichnete Operation muß bei dem Computer auch ankommen, damit er reagieren kann. Dies gestaltet sich aber eher als ein Suchprozeß und weniger als die 'Entnahme eines Inhaltes aus einem sprachlichen Gefäß':

Prolog 8:

```
S ┌ jetzt haben wir build ne' ..das wars ne'        not
T └                                              huppela`
S ┌ found ...das is-                 weil der hat hier nur
T └                 interessant hm`
S   einmal build genommen` .ja aber-. du hast dich nicht
S ┌ vertippt gehabt oder'     hm`
T └                      mhm'    siehst du doch` ...ehm
S ┌                                                 jaa
T └ ehm machn wars nochmal is doch egal ne' haha
S ┌ warum nicht`
T └           das is komisch daß er das dann manchmal/
S   hm` ((7 Sec)) er hats nich gefunden`
```

Der wesentliche Unterschied zwischen der Typisierung computersprachlicher und natürlichsprachlicher Ausdrücke besteht darin, daß erstere als Operationen typisiert werden und nicht als Gefäße für Inhalte. Insofern bestehen klare Unterschiede. Die Probleme der Dekodierung, die in Punkt (4) der Beschreibung des major framework bei Reddy thematisiert werden, erscheinen hier auch eher als Suchoperationen. Insgesamt schlägt also die prozedurale Konstruktion der Software auf die Typisierungen der Benutzer sehr stark durch. Eine Beziehung zu sprachlicher Kommunikation ist nur über einen engen instrumentalistischen Sprachbegriff herstellbar.

Mit den soweit geschilderten Fällen sind aber die Beobachtungen zu Typisierungen noch nicht abgeschlossen. In dem nun folgenden dritten Typ tritt der Computer noch stärker aus der Handlung des Benutzers heraus und wird relativ eigenständig: Es ist nicht mehr eindeutig, ob der Computer oder der Benutzer die Operation durchführt. Die Verwirrung wird an folgendem Beispiel deutlich:

Basic 2:

L wir sehen das natürlich noch nicht' ..und deshalb müssen
L wer jetzt noch veranlassn daß das was er so schön ausge-
L rechnet habn' / hat daß man das natürlich auch
L sehen kann`

Offensichtlich ist hier nicht klar, wer gerechnet hat: der Computer oder der Benutzer. Der dritte Typ lautet nun:

Typ 3: Der Computer ist der Aktor einer Operation.

Bevor ich einige Beispiele anführe, sei das Konzept *Aktor* kurz erläutert:

In den verschiedensten grammatiktheoretischen Konzeptionen (als Kasusrolle, thematische Rolle, semantische Rolle) wird mehr oder weniger explizit die Bedingung formuliert, daß die Agentivrolle nur einem menschlichen Verursacher zugeschrieben werden kann. In neueren Arbeiten zur Kasusgrammatik (Dahl 1985) wurde nun festgestellt, daß die Grenzen zwischen einzelnen Kasus in verschiedenen Sprachen unterschiedlich gezogen werden. Daraus wird gefolgert, daß Kasuskonzepte eine prototypische Struktur besitzen, d.h., daß die semantischen Eigenschaften einer Kasusrolle nicht alle gleichwertig sind, sondern in Kern und Randbereiche graduell abgestuft sind. Ein entsprechendes Modell für die Agentivrolle liefert Lakoff (1982) mit dem Konzept "prototypical causation":

"1. There is an agent that does something.
2. There is a patient that undergoes a change to a new state.
3. (1) and (2) constitute a single event; there is an overlap in time and space; the agent comes in contact with the patient.
4. Part of what the agent does (either the motion or the exercise of will) precedes the change in the patient.
5. The agent is the energy source; the patient is the energy goal; there is a transfer or energy from patient to agent.
6. There is a single definite agent, and a single definit patient.
7. The agent is human.
8. a. The agent wills his action.
   b. The agent is in control of his action.
   c. The agent bears primary responsibility for both his action and the change.
9. The agent uses his hands, body or some instrument.
10. The agent is looking at the patient, the change in the patient is perceptible, and the agent perceives the change." (Lakoff 1982: 47)

Zentrale Bestandteile des grammatischen Konzeptes "agent" sind also: etwas tun; ein Patient, der eine Veränderung erfährt; eine bestimmte zeitliche und räumliche Verknüpfung; Energiequelle; die Prädikate "Mensch", "Wille", "Kontrolle", "Verantwortlichkeit" sowie verschiedene Aspekte von Körperlichkeit. Es ist unmittelbar plausibel, daß dies nicht Eigenschaften informationsverarbeitender Maschinen sein können. Dennoch wird die metaphorische Übertragung des Agent-Konzeptes auch Computer gemacht.

Dazu wollen wir uns nun Beispiele für den dritten Formulierungstyp für Prozesse in der 'Mensch-Maschine-Interaktion' ansehen:

Prolog 9:

W eh ja-. dann hat er wahrscheinlich kontrolliert obs auch richtig/nee richtig`

Prolog 10:

T ja wo/wo stellt er sich denn mit lili ein`, ah da mit lili eins`

Basic 3:

L der rechnet also das aus' die Länge plus die Breite'... und nimmt das mal zwei'.. und was er da raus hat`, das speichert er ab-.. unter U`

Basic 4:

L daß das Programm mit einfachen Zahlen die man im Kopf rechnen kann'.. äh getestet wird`, um zu guckn' ob der auch das richtige Ergebnis bringt'

Basic 5:

L dies würde er in-. dem Speicher U' ablegen' und damit wäre für ihn die Sache erledigt-, mehr interessiert ihn nicht`, hier würde er dann ausrechnen und hätte acht-.. Quadratmeter raus`

In diesen Beispielen werden dem Computer Eigenschaften wie "Kontrolle", "Interesse" und insbesondere "etwas unabhängig tun" zugeschrieben. Lediglich in Basic 4 hat der Benutzer noch eine nachgeschaltete Kontrollfunktion.

Neben diesen auf Operationen bezogenen Prädikaten gibt es zahlreiche, die Anwendungen der Kognitionsmetapher sind, z.B. wenn von 'Verstehensleistungen' der Computer gesprochen wird. Darüber hinaus kommen häufig Zuordnungen von Wollen, Können, Wissen etc. vor. Es ist möglicherweise kein Zufall, daß solche metaphorischen Übertragungen insbesondere an solchen Stellen auftreten, an denen die Benutzer Schwierigkeiten mit dem System haben oder wo es relativ zu ihrem Wissensstand zu komplex wird. Die Anthropomorphisierung geschieht also möglicherweise in einer Situation verminderter Handlungskontrolle.

Durch die metaphorische Übertragung des Aktorkonzeptes auf Computerprozesse könnte es sein, daß sich dieses (das Aktorkonzept) langfristig ändert, wenn es zu einer durchgängigen Eigenschaft von informationsverarbeitenden Systemen wird, daß die Benutzer nicht mehr überschauen, was intern abläuft. Ihre "Naivität" gegenüber den technischen Prozessen würde zu einem systematischen Phänomen. So ist es dann nicht mehr eindeutig, wer die Energiequelle (vgl. bei Lakoff Punkt 5) einer Operation (von "Handlung" möchte ich dann nicht mehr sprechen) ist. Die in der Kasusgrammatik durchgängig angenommene Bedingung, daß der Aktor menschlich ist (Lakoff Punkt 7) würde hinfällig. Die Alltagskonzepte von Willen, Kontrolle und Verantwortlichkeit würden ebenfalls modifiziert werden.

Ich möchte nun noch kurz darstellen, welche Entwicklungsperspektiven es für interaktive Computersysteme gibt, die ja immer komplexer werden und bei denen der Benutzer von der Peripherie her immer weniger einschätzen kann, was sich in dem System abspielt.

Schon bei der ersten Betrachtung fällt auf, daß die gesamte Begrifflichkeit der Softwaretechnologie von der Dialogmetapher durchzogen ist. Dies beginnt bei der Computer–'sprache' und reicht bis zum 'dialogischen' oder 'interaktiven' Programmieren. Dadurch wird über die bereits verwirrenden objektiven Eigenschaften der Maschine hinaus eine bestimmte Vorstellung suggeriert. Kay (1985) spricht hier von "Benutzerillusion":

> "es ist eine vereinfachte anschauliche Version, die sich jeder von dem System macht, um sich dessen Tätigkeit zu erklären (und sie zu erraten) und um sich klarzumachen, was man selbst als nächstes tun muß." (Kay 1985: 8)

In der sog. interaktiven Software geht es genau darum, diese Benutzerillusion produktiv zu nutzen (es werden hier auch Metaphern verwendet, die nicht aus dem Dialogmodell stammen, wie "Fenster", "Menü" oder "Maus").

Was mich nun speziell interessiert, ist die Simulierung oder Suggerierung eines Agenten durch das Systemprogramm. Kay (1985) schildert die Eigenschaft komplexer 'interaktiver' Systeme, die ihren Benutzer 'selbständig' durch ein System (z.B. eine Datenbank) 'lotsen', Teilziele selbständig ausführen, Suchhilfen geben und bei bestimmten Schritten den Benutzer 'fragen'. Er nennt diese Hilfssysteme "elektronische oder persönliche Handlungsbevollmächtigte", Agenten des Menschen in der Datenverarbeitung:

> "gleichsam durch Verlängerung des Willens und der Zwecksetzung des Benutzers, die im Material der Datenverarbeitung vorgeformt und eingearbeitet sind." (Kay 1985: 13)

Durch solche Agentensysteme wird bei dem Benutzer in besonderer Weise die Illusion eines Dialoges hervorgerufen. Was heißt nun "Benutzerillusion" kommunikationstheoretisch?

Das, was in der Softwaretechnologie als "Benutzerillusion" bezeichnet wird, entspricht genau dem, was Habermas als "mythisches Weltverständnis" auffaßt. Die Vermischung der Begrifflichkeit für einerseits soziales und andererseits instrumentelles Handeln, die Verwendung von Begriffen sozialen Handelns für technische Prozesse (und die metaphorische Übertragung in die umgekehrte Richtung, also: die Verwendung von Begriffen technischer Prozesse für soziales Handeln) zeigt erstaunliche Parallelen zum magischen Denken bzw. Animismus:

> "Natur und Kultur werden auf dieselbe Ebene projiziert. Aus der wechselseitigen Assimilierung der Natur an die Kultur, und umgekehrt der Kultur an die Natur, geht einerseits eine mit anthropomorphen Zügen ausgestattete, in das Kommunikationsnetz der gesellschaftlichen Subjekte einbezogene, in diesem Sinne humanisierte Natur hervor (d.h. ein "vermenschlichtes" technisches System, R.W.), und andererseits eine Kultur, die gewissermaßen naturalisiert und verdinglicht in den objektiven Wirkungszusammenhang anonymer Mächte aufgesogen wird." (Habermas 1981 Bd.1: 78)

Die Handlungsbegriffe geraten durcheinander. Zwar ist es in einem ersten Schritt trivial, die Benutzung des Computers als einen Fall von instrumentellem Handeln zu klassifizieren: Ähnlich wie der Hammer eine Verlängerung des Armes bewirkt, leistet der Computer eine 'Verlängerung des Denkens'. Es ist also ein Sonderfall von Werkzeuggebrauch und nicht Kommunikation, wobei die Werkzeuge "symbolischer" Natur sind. "Symbolisch" heißt dann lediglich, daß bestimmte Tastenfolgen in maschinelle Operationen umgesetzt werden. Dies entspricht dem oben aufgeführten ersten Formulierungstyp. Mit zunehmender Komplexität der Systeme und der gezielten Verbreitung der Dialogmetapher tritt aber das Modell des instrumentellen Handelns in den Hintergrund und wird durch das Modell sozialen Handelns ersetzt.

Ich denke nun nicht, daß man (wie es z.B. Mahr 1984: 94 tut) sagen kann, daß in räumlicher und zeitlicher Entfernung (Dilation) der Systemprogrammierer der Dialogpartner sei. Dazu ist die Entfernung zu groß.

Von einem kommunikationstheoretischen Standpunkt aus betrachtet ist es daher auch unmöglich, die Arbeit an 'interaktiven' Computersystemen als einen Fall technisierter *Kommunikation* anzusehen. So stellt es sich in bestimmten Situationen den Benutzern dar, bzw. so wird es von den Softwareentwicklern suggeriert.

Solche Hilfskonstruktionen sind zunächst natürlich völlig unproblematisch, sie können sogar eine kreative Leistung darstellen (vgl. Januschek und Schmitz in diesem Band). Die Sprachkritik hat aber dann anzusetzen, wenn die Metaphern 'einfrieren', die Handlungsbegriffe systematisch durcheinander geraten. Dies entspricht dem oben beschriebenen animistischen Denken: Aufgrund der Komplexität (relativ zu dem eigenen kognitiven Entwicklungsstand) sozialer, natürlicher oder wie hier: technischer Systeme werden Typisierungen vorgenommen, die von einem Beobachterstandpunkt aus betrachtet als falsch erscheinen. Dabei ist die Veränderung des Agent-Konzeptes sicherlich nicht nur ein marginales Problem der Grammatik, sondern dahinter steht letztlich das Bild, das man von Personsein und Handeln hat.

Besonders problematisch wird diese Entwickung, wenn technische Systeme auch praktisch soziales Handeln ersetzen und soziales Handeln nach der Rationalität technischen Handelns beurteilt wird.

Literatur

Dahl, Östen (1985): Case grammar and prototypes. Trier: L.A.U.T. Series A, No.146.

Fillmore, Charles (1968): "The case for the case." E. Bach / R.T. Harms (eds.): Universals in Linguistic Theory. New York: Holt, Rinehart and Winston.

Habermas, Jürgen (1974): Technik und Wissenschaft als 'Ideologie'. Frankfurt/ M.: Suhrkamp.

– – – (1981): Theorie der kommunikativen Handelns. 2 Bde. Frankfurt/M.: Suhrkamp.

Januschek, Franz (1987): "'Widerstand' gegen Technisierung der Kommunikation." In diesem Band.

Kay, Alan (1985): "Software." Spektrum der Wissenschaft, Sonderheft Computersoftware: 6–15.

Kübler, Hans-Dieter (1987): "Telematisierung, sprachlicher Wandel und Technisierung des Wissens." In diesem Band.

Lakoff, George (1982): Categories and cognitive models. Trier: L.A.U.T. Series A; No. 96.

Mahr, Bernd (1984): "Die Herrschaft der Gebrauchsanweisung." Kursbuch 75: 89–107.

Papert, Seymor (1985[2]): Kinder, Computer und neues Lernen. Basel etc.: Birkhäuser.

Prott, Jürgen (1984): "Rationalisierug von Arbeit und Freizeit – Verlust kommunikativer Kompetenz?" R. Crusius / S. Stebani (Hg.): Neue Technologien und menschliche Arbeit. Berlin: Verlag die Arbeitswelt.

Reddy, Michael J. (1979): "The conduit-metaphor – A case of frame conflict in our language about language." M. Ortony (ed.): Metaphor and Thought. Cambridge: Cambridge University Press: 284–324.

Schmale, Günter (1987): "Telefonische Kommunikation – technisch übertragene oder technisierte Kommunikation?" In diesem Band.

Schmitt, Alfred A. (1983): Dialogsysteme. Kommunikative Schnittstellen, Software-Ergonomie und Systemgestaltung. Mannheim etc.: Bibliographisches Institut.

Schmitz, Ulrich (1987): "Maschinelle Operationen als menschliche Handlungen." In diesem Band.

Weber, Max (1976[5]): Wirtschaft und Gesellschaft. Tübingen: J.C.B. Mohr.

Zoeppritz, Magdalena (1987): " 'Kommunikation' mit der Maschine." In diesem Band.

DER 'DIALOG – EXPERTE'

Skizze zu einer Computer – gestützten Auswertung von Alltagskommunikation

Wolfgang Sucharowski

1. Begriffliches

Der Ausdruck 'Experte' besagt, daß es sich um einen 'Sachverständigen', um einen Kenner handelt, wie im Bedeutungswörterbuch des Duden nachgelesen werden kann.[1] Auf diese Bedeutung wird bei der Wahl des Ausdrucks 'Dialog – Experte' angespielt. Hingedeutet wird aber auch auf den Gebrauch des Wortes 'Experte' in einem anderen Zusammenhang. Im Rahmen der Datenverarbeitung hat sich in der letzten Zeit der Begriff des 'Expertensystems' durchgesetzt. Auch wenn Appelrath (1985: 5) darauf hinweist, daß der Begriff des Expertensystems trotz vielfältiger Versuche einer begrifflichen Klärung noch immer offen ist, so erlaubt die Anspielung einen Hinweis auf das damit Intendierte. Es wird nach der Möglichkeit gesucht, im Rahmen der EDV ein Verfahren zu entwickeln, Daten aus Kommunikationsvorgängen der Alltagskommunikation auf eine Weise auswertbar zu machen, die unter bestimmten Aspekten Auskunft über ein kommunikatives Ereignis geben können und so im übertragenen Sinn zu einem Sachverständigen über ein solches werden. Der Ausdruck 'Dialog – Experte' soll somit auf eine Art der Datenaufbereitung hinweisen, bei der dialogische Kommunikation so verschriftet und aufbereitet wird, daß im Sinn von Appelrath (1985: 5) eine große Menge von Daten 'in problemangepaßter Weise' dargestellt wird, neue Daten hinzugenommen werden können und aus dem gesamten Datenbestand Schlußfolgerungen möglich werden, die zu möglichen Erklärungen der Daten beitragen können. Für die Übertragung auf die Kommunikationsanalyse bedeutet das: Alle für ein kommunikatives Ereignis relevanten Daten werden erfaßt. Zu diesen Transkripten lassen sich durch Interpretation oder methodisch andere Verfahren, wie linguistische Analyse oder statische Auswertung, neue Daten hinzufügen. Das so erweiterte Wissen über das kommunikative Geschehen ist die Basis einer eigenständigen, vordefinierten Auswertung, die dann wiederum eine Erweiterung und Vervollständigung der Daten über das Geschehen ergibt. Lassen sich solche Auswertungen operational definieren, dann kommt dies dem Modell des 'Dialog – Experten' sehr nahe.

2. dBASE und geisteswissenschaftliche Problemstellungen

In der Fachliteratur zu Datenbank – Systemen, die auf einem Personal Computer verwendet werden, fällt auf, daß sie sich ausschließlich an den Bedürfnissen des Geschäftsbedarfs orientieren. Es finden sich Hinweise, wie Adressenlisten zu führen sind, oder welche Form geeignet ist, Lagerverwaltung zu organisieren.[2]

Damit ist nicht gesagt, daß nicht auch Probleme gelöst werden könnten, wie sie sich bei der wissenschaftlichen Arbeit stellen. Gregor (1986) referiert die Möglichkeiten, die sich bei der Anwendung der Datenbankverwaltung mit dBASE II bzw. dBASE III eröffnen, wenn sprachwissenschaftliche Problemstellungen bearbeitet werden sollen.[3]

Das bei der Verwaltung der Datenbank zugrundegelegte System wird als 'relationales Datenbank-System' bezeichnet. Es basiert auf dem Grundgedanken einer einzigen Datenstruktur. Die Daten werden in einer Tabelle gespeichert. Zu diesem Zweck müssen sie vor Beginn der Anlage feste Positionen erhalten. Einem 'Daten-Element' werden in den dazugehörigen Spalten entsprechende 'Attribute' zugewiesen. Auf diese Weise lassen sich beispielsweise Spalten unter bestimmten Gesichtspunkten arrangieren, die das Daten-Element auf eine besondere Weise interpretieren können. Gregor (1986: 72) bietet das Beispiel einer Wortliste, die das einzelne Wort nach einem Sachgebiet und dem grammatischen Genus 'interpretiert'.

Beispiel (1)

W O R T	SACHGEBIET	GENUS
Regen	Witterung	masculinum
Frühling	Jahreszeit	masculinum
Bäcker	Beruf	masculinum
Köchin	Beruf	femininum
Haus	Gebäude	neutrum

Eine solche Datenbank kann befragt werden, welche Wörter unter 'SACHGEBIET' z.B. die Eintragung 'Beruf' haben.

Die Idee der 'relationalen' Daten läßt sich auch auf die 'Attribute' übertragen, so daß eine Relation entsteht, in der dem Daten-Element ein 'Attribut' einer 'tieferen' Ebene zugewiesen werden kann.[4] So kann ein 'Attribut' selber auf eine eigenständige Liste verweisen. Gregor (1986: 73-74) beispielsweise beschreibt das Problem eines Fremdwortes und seiner möglichen Herkunft. In der bisher beschriebenen Listenstruktur wäre es nur möglich, eine einzige Quelle der Herkunft zu benennen oder auf gut Glück eine mögliche Anzahl von Quellen festzulegen. Das wäre aus der Sicht des Computers unökonomisch, weil damit Speicherplatz verloren ginge bzw. der reservierte Speicherplatz nicht ausreichen würde. Eine Lösung liegt in dem Gedanken, das 'Attribut' als Hinweis auf eine weitere Liste zu benutzen. Diese kann dann als eigenständige Liste befragt werden, in der jetzt beliebig viele Herkunftsangaben möglich werden. Dazu muß eine entsprechende Routine konstruiert werde, die dann bei diesem 'Attribut' zu der damit verbundenen Liste weiterleitet und diese als Antwort präsentiert.

Weil der 'geisteswissenschaftliche Alltag' komplexere Relationen zwischen den Elementen kennt, geht Gregor (1986: 75) auf weitere Darstellungen ein, um die Behandlung von Fremdwörtern mit den dBASE-Datenbank-Verwaltungssprachen sinnvoll bearbeiten zu können. Mit dem Gedanken, daß 'Attribute' auf eigenständige Tabellen verweisen können, wird die Möglichkeit eröffnet, die 'Attribute' nicht nur von einem spezifischen Problem her zu strukturieren.

Wenn beispielsweise an die Quellenangaben gedacht wird, die sich mit dem Gebrauch der Fremdwörter verbinden, dann würde aus der Fremdwort-Tabelle auf eine entsprechende Stelle in der Quellentabelle verwiesen werden können, die nur einmal angelegt werden müßte und sich auch in anderen Zusammenhängen nutzen ließe.[5] Denkbar wäre, daß die Fremdwort-Tabelle eine Spalte 'TYPEN' besäße, die begriffslogisch auf eine höhere oder niedrigere Ebene der Wortschatzbeschreibung verweisen, so daß eine begrifflich-hierarchische Struktur angelegt werden könnte.

Eine Abfrage, die sich auf eine solche Datenbank bezieht, könnte darüber Auskunft geben, ob ein bestimmtes Wort zu einer spezifischen Sorte von Fremdwörtern gehört. Sie könnte ggf. Informationen über die Eigenschaften dieser Art von Fremdwörtern geben. Es könnten Quellen benannt werden, aus denen die Wörter stammen, wobei diese wiederum unter gesonderten Aspekten geordnet betrachtet werden könnten. Um das leisten zu können, muß ein Datenbanksystem über eine Abfragesprache verfügen, die in dBASE mit den sog. Operatoren verbunden wird.

In den Datenbank-Verwaltungs-Sprachen dBASE II und dBASE III werden 'Vergleichs-' und 'Gleichheitsoperatoren' angeboten, ferner kennen sie 'logische Operatoren' wie 'UND', 'ODER' und 'NICHT'.[6] Abfragen können so auf eine spezifische Weise strukturiert erfolgen, so daß in gewisser Weise 'Bedingungen' formulierbar sind, die in der Datenbank überprüft werden können. Neben dieser Möglichkeit gibt es einen 'String-Operator'. Er erlaubt das Abfragen bestimmter Zeichenfolgen in einem Daten-Element. So wäre es beispielsweise möglich, Stamm-Morpheme oder Prä- und Suffixe eines Wortes heraussuchen zu lassen.

Die Organisation der Daten in Daten-Elemente und 'Attribute' sowie die Möglichkeit, die durch die Operatoren gegeben wird, entspricht den von Appelrath geforderten 'Fähigkeiten' an ein Expertensystem: eine große Menge von Daten in einer gezielten Weise befragen zu können, sowie durch das Konstruieren komplexer Fragestellungen mit Hilfe der 'logischen Operationen' auch zu Fragen zu gelangen, die bis zu einem gewissen Grad mit einem Schlußverfahren in Verbindung gebracht werden könnten. Die Frage, die sich stellt, ist, inwieweit das angedeutete Verfahren in den genannten Datenbank-Verwaltungs-Sprachen für den Zweck der Dialoganalyse überhaupt geeignet ist, bzw. welche Forderungen an ein System zu stellen wären, wenn es sich für diese Analyse eignen soll.

Bevor auf die Möglichkeiten einer Darstellung in dBASE eingegangen werden soll, ist es sinnvoll, die Kapazität von dBASE zu betrachten.

Ein Personal Computer ist in seiner Leistung begrenzt, so daß bei einer solchen Arbeitsweise die in dem PC vorhandene Speicherkapazität in die Vorüberlegungen mit einbezogen werden muß. dBASE III erlaubt die Bildung von 128 Feldern, wobei jedes Feld 254 Bytes lang sein darf und ein Datensatz 4000 Bytes enthalten kann. Das würde einem Schriftsatz von 1 1/2 Schreibmaschinenseiten entsprechen, d.h. eine Beschreibungseinheit bzw. im Jargon einer relationalen Datenbank das 'Attribut' könnte einen solchen Umfang annehmen. Für die einzelnen Daten gilt, daß sie bis zu 1 Billion Datensätze fassen kann, die bis zu 2 Billionen Zeichen enthalten dürfen, d.h. diese Datenbank könnte etwa 529.000 Schreibmaschinenseiten umfassen.[7] Grundsätzlich sind dBASE II und dBASE III in der Lage, Daten zu verwalten, die bei einer Kommunikationsanalyse eines kommunikativen Ereignisses zu erwarten sind, wobei das Vorhandensein einer 10 Megabyte-Festplatte zu empfehlen ist, um die Daten in angemessener Geschwindigkeit zur Verfügung zu haben. Die Erfassung eines etwa 30-minütigen Gesprächs in der Darstellungsweise des HIAT benötigt etwa 200.000 Bytes. Eine normale 5 1/4 Zoll Diskette faßt 360.000 Bytes. Man kann für ein Gespräch von 45 Minuten eine Diskette veranschlagen.

3. Das kommunikative Ereignis und seine Deutung als 'Daten-Element' und seine 'Attribute'

Bei der empirischen Arbeit mit Alltagskommunikation ist die Verschriftung eines kommunikativen Ereignisses eine grundlegende Voraussetzung. Dabei zeigt sich, daß eine Verschriftung um so höherwertiger wird, je differenzierter sie auf das Kommunikationsgeschehen eingehen kann. Andererseits bedeutet eine sehr detaillierte Verschriftung eine erhebliche Erschwernis bei der Auswertung, weil Transkripte dieser Art kaum noch lesbar sind. Bereits ein so elementarer Vorschlag, wie ihn Henne/Rehbock (1982) mit der Einbeziehung von Gruppenkommunikation und nonverbalem Verhalten machen, kann an die Grenze der Lesbarkeit führen.[8]

Es würde eine Erleichterung für die Arbeit mit Transkriptionen bedeuten, wenn es möglich ist, Daten einfach aus- und einblenden zu können. Sucharowski (1986) erörtert diese Möglichkeiten bei der Entwicklung eines eigenen Verarbeitungssystems für die Dokumentation von kommunikativen Prozessen. Der Effekt läßt sich auch in dBASE erzielen, wenn die einzelnen Beschreibungsebenen als eigenständige 'Attribute' betrachtet werden. Diese können je nach Bedarf aufgerufen werden, so daß der Effekt des Ein- und Ausblendens erreicht wird. Die 'Attribute' lassen sich einzeln oder in einer Auswahl auf dem Bildschirm darstellen oder ausdrucken. Das wirft die grundsätzliche Frage auf, inwieweit dBASE geeignet ist, Dialogstrukturen als relationale Datenbank zu erfassen. Der Gedanke, die einzelne Äußerung als Daten-Element zu betrachten, dem einzelne 'Attribute' zugewiesen werden, weist weitere Möglichkeiten auf, die Komplexität eines Transkriptes durch- und überschaubarer zu machen.

Bevor auf nähere Einzelheiten eingegangen werden kann, ist allerdings das Problem 'Transkript' anzusprechen, das in diesem Zusammenhang gesehen werden muß. Zwar wird mit 'HIAT' und seinen entsprechenden Erweiterungen um die Intonation und nonverbale Kommunikation ein Verfahren beschrieben, das das Erstellen eines Transkriptes nach besonderen Regeln erlaubt.[9] Trotzdem bleibt davon die Frage unberührt, inwieweit nicht eine Festlegung und damit nicht auch eine Perspektivenverengung bei einer solchen Analyse erfolgt. Andererseits ist die an einem Standard ausgerichtete Methode der Verschriftung zur Erstellung eines umfänglicheren Corpus zu befürworten. Nur so kann sichergestellt werden, daß die Daten angemessen beurteilt werden können. Bei der Einrichtung einer dazu geeigneten Datenbank stellt sich das oben genannte Problem erneut. Wenn Effekte einer Datenbank voll zur Geltung kommen sollen, dann ist von großen Datenmengen auszugehen. Dabei ist ein Standard der Datenerfassung unverzichtbar. Dasselbe gilt auch für die Aufbereitung.

Dieser Anforderung eines Standards steht der schon oben angesprochene Problempunkt der möglichen Perspektivenverengung gegenüber. Wichtig ist daher, daß bei der Anlage der Datenbank berücksichtigt wird, daß der kommunikative Prozeß 'offen' verschriftet wird. Ein Transkript muß so arrangiert werden, daß grundsätzlich die Möglichkeit besteht, Beschreibungsebenen einfügen und die Verschriftung je nach dem Erkenntnisinteresse modifizieren zu können.

Ein solches 'Transkript' ist dann ein Angebot, auf das entweder direkt Bezug genommen werden kann oder das als Ausgangspunkt eigenständiger Bearbeitung dient. Mit dBASE ist grundsätzlich die Möglichkeit geboten, weitere Dateien anzuschließen, die sich mit der Ausgangsdatei berühren, so daß hier ein Anknüpfungspunkt zu einem 'dynamischen' Verständnis eines Transkriptes eröffnet wird. Damit reduziert sich das Problem auf die Wahl eines standardisierten Verschriftungsverfahrens und seiner praktischen Umsetzung für den Gebrauch.

Die kommunikative Episode *Beispiel (2)* soll zum Ausgangspunkt genommen werden, um einige Aspekte über den Aufbau und die Arbeitsweise zu erörtern, die sich bei der Anwendung von dBASE auf Dialogstrukturen ergeben. Es geht dabei nicht darum, bereits einen Standard zu entwickeln, sondern es sollen grundsätzliche Möglichkeiten skizziert werden. Als Daten-Element gilt die einzelne Äußerung, die als Text im Sinn der halbinterpretativen Arbeitstranskription erfaßt wird. Diesem 'Text' werden 'Attribute' zugewiesen. Als ein solches kann der Sprecher des 'Textes' verstanden werden. Als ein weiteres 'Attribut' kann seine Sprechweise gelten. Auch die das Sprechen begleitende Handlung kann als ein solches 'Attribut' gedeutet werden. So gesehen kann die Vielzahl der besonderen Zeichen, wie sie in HIAT verwendet wird, in 'Attribute' bestimmter Beschreibungsebenen überführt werden.

Beispiel (2)

	ÄUSSERUNG	GT	SPRECHWEISE	PAUSE	BEGLEITHANDLUNG
1	Wechsel des Zugper-sonals	SC	sachlich		
2	Fahrkartenkontrolle	SC	auffordernd		an Fahrgast heran-tretend
3		SC		3	wartend
4	Hab's gleich	FG	zögernd		suchend im Mantel
5	Moment gleich	FG	hastig		suchend im Mantel
6	Lassen's sich Zeit	SC	beruhigend		schaut zum Fenster
7	Hier, hier	FG	erleichtert		reicht Fahrkarte
8		SC			nimmt Fahrkarte
9		SC			prüft Fahrkarte
10	Danke	SC	freundlich		gibt sie zurück
11	Gute Reise	SC	freundlich		geht weiter

GT: Gesprächsteilnehmer; SC: Schaffner; FG: Fahrgast. Pause: Sekundenzählung

Diese Episode in einem IC-Zug läßt sich ohne weiteres in einer dBASE-Datenbank darstellen. Zu diesem Zweck sind fünf 'Felder' definiert worden. In das erste Feld 'ÄUSSERUNG' wird das eingetragen, was als verbale Äußerung eines Sprechers verstanden worden ist. Im dritten wird versucht, die Sprechweise durch ein Adjektiv näher zu umschreiben und im fünften wird ein Hinweis auf die begleitende Handlung gegeben. Das Feld 2 enthält die Sprechersigle und das Feld 4 gibt die Gesprächspausen an. Bei der Dateneingabe wird also erwartet, daß der Bearbeiter entsprechende 'Beschreibungen' und 'Interpretationen' zum jeweiligen Äußerungsakt abgibt. Das Beispiel und die Art, wie das Material verschriftet worden ist, macht den Zusammenhang zwischen Erkenntnisziel und Datensammlung deutlich. Als grundlegend für den Ablauf eines Routineaktes 'Kontrollieren einer Fahrkarte' wird die Sprechweise und das Begleithandeln angenommen. Aussagen über das Ereignis bleiben auf diese Merkmale beschränkt. Aus der Sicht eines 'dynamischen' Transkriptes wäre diese 'Transkription' der Ausgangspunkt für entsprechende Erweiterungen, die vom jeweiligen Analyseinteresse abhängen. So könnte es sein, daß die Überlappung beim Redewechsel, Intonation, Interjektionen oder das emphatische Sprechen einbezogen werden. Im folgenden sollen Erweiterungen auf der Handlungsebene diskutiert werden. Wichtig in diesem Zusammenhang ist, daß grundsätzlich Interpretationsebenen als 'Attribute' bzw. 'Felder' verstanden werden. Ihnen werden Beschreibungseinheiten zugrundegelegt, wie sie im Rahmen der Diskussion über HIAT besprochen worden sind, wobei anstelle der graphischen Zeichen u.U. alternative Konventionen vorstellbar sind.

Der Sinn, Daten in einer Datenbank zu sammeln, liegt nicht darin, Texte auf besondere Weise zu editieren. Das eigentliche Anliegen muß im schnellen Zugriff auf eine Vielzahl von Daten gesehen werden und in der Möglichkeit, gezielt an Daten zu gelangen. Wenn dieser Gedanke auf den verschrifteten Kommunikationsprozeß bezogen wird, dann heißt das: Es muß möglich sein, nach Einzelheiten des Kommunikationsvorganges fragen zu können.

Angenommen, das Beispiel (2) steht im Zusammenhang einer umfassenden Untersuchung über das sprachliche Verhalten des Zugpersonals bei der Ausübung seines Dienstes, dann könnte die Frage 'Wie wird der Kontakt zum Fahrgast aufgenommen?' eine wichtige Rolle spielen. In einem solchen Fall ließe sich nach Texten fragen, die mit der 'BEGLEITHANDLUNG: an den Fahrgast herantreten' verbunden sind. Eine Frage, die interessieren könnte, inwieweit bei der Kontrolle das Wort 'Kontrolle' Verwendung findet, läßt sich mit dem String-Operator klären. Er sucht Textstellen heraus, die das Wort 'Kontrolle' bzw. '-kontrolle' enthalten. Der Umgang mit längeren Gesprächspausen könnte interessant sein. Das 'Attribut' 'PAUSE' kann dann abgesucht werden, indem nach dem Auftreten überhaupt gefragt wird und nach einer bestimmten Länge. Auch dabei läßt sich der Zusammenhang zu den 'Attributen' 'ÄUSSERUNG' und/oder 'BEGLEITHANDLUNG' herstellen, so daß Beobachtungen zu diesem Problemfeld systematisch angestellt werden können.

Wie bereits erwähnt, kann die Datenbank durch neue 'Attribute' erweitert werden. Vorstellbar wäre, daß für den Zweck der Analyse Beschreibungseinheiten eingeführt werden, die das Akt-Verhalten der Betroffenen abbilden. In einem solchen Fall würde der Untersucher des Kommunikationsereignisses den gesamten Handlungsablauf in einzelne Akte segmentieren. Wenn der Wechsel der Akteure ein besonderes Problem darstellt, dann kann ein solches Feld weiter aufgeteilt werden, so daß bei der Analyse ein direkter Zugriff auf die Akte und ihre Erwiderung möglich sein wird. Das Beispiel (2) ließe sich dann um die neuen 'Attribute' 'AKT', 'AKTERWIDERUNG' und 'HANDLUNG' erweitern.

Beispiel (3)

	ÄUSSERUNG	GT	AKT	AKTERWIDERUNG	HANDLUNG
1	Wechsel des Zugpersonals	SC	Ankündigung: Fahrkartenkontrolle		Fahrkartenkontrolle
2	Fahrkartenkontrolle	SC	Aufforderung: Fahrkarten vorzuzeigen		
3		SC			
4	Hab's gleich	FG		Bitte um Geduld	
5	Moment gleich	FG		Fahrkarte suchen	
6	Lassen's sich Zeit	SC	Verständnis zeigen		
7	Hier, hier	FG		Fahrkarte vorzeigen	
8		SC			
9		SC	Fahrkarte kontrollieren		
10	Danke	SC	Sich bedanken Fahrkarte zurückgeben		
11	Gute Reise	SC	Verabschieden mit Gute-Reise-Wunsch		

GT: Gesprächsteilnehmer; SC: Schaffner; FG: Fahrgast

Die bisherigen Erweiterungen der Datenbank sind nicht ganz frei von Zufälligkeiten. Das muß so nicht sein, wenn auf ein Kategoriensystem zurückgegriffen wird, das entsprechend standardisierte Beschreibungseinheiten vorgibt. Für die Arbeit sollte zwischen Basisdaten und sekundären Daten unterschieden werden. Zu den 'Basisdaten' würden alle Aussagen gezählt, die die Dokumentation des kommunikativen Ereignisses betreffen. Als 'sekundäre Daten' werden die Aussagen betrachtet, die das kommunikative Ereignis im Hinblick auf besondere Problem- und Themenstellungen beschreiben.

Legen wir ein Verfahren zugrunde, wie es die Conversation Analysis formuliert hat, dann käme beispielsweise dem Sprecherwechsel besondere Bedeutung zu. Um hier vermutete Regelmäßigkeiten aufdecken zu können, wird eine möglichst detailgenaue Darstellung der Phasen der Redeübergabe erwartet. Die Basisdaten müssen daher verläßlich die Überlappungen wiedergeben. Die 'Felder' der Sekundärdaten sollten syntaktische Informationen enthalten, um den Zusammenhang zu bestimmten Konstruktionstypen herstellen zu können. Die Kennzeichnung des übergaberelevanten Punktes könnte eine Hilfe sein, Stellen im Material gezielt abzusuchen. Die Markierung der Art der Turn-Zuweisung eröffnet die Möglichkeit, die Daten auf Zusammenhänge zu den syntaktischen Konstruktionen zu prüfen. Geprüft werden können die Stellen, an denen ein Wechsel angezeigt, aber nicht vollzogen worden ist. Die Frage, inwieweit bestimmte sprachliche Mittel eine Rolle spielen, läßt sich durch entsprechende linguistische Daten näher klären, oder sie kann durch Basisdaten der nonverbalen Kommunikation dazu in Beziehung gesetzt werden.

Eine Analyse nach Vorgehensweisen der sog. Diskursanalyse, die dem Aufspüren von Ablaufregelmäßigkeiten gilt, ordnet den Basisdaten Beschreibungen zu, die sie sog. Handlungsplänen auf der Betrachtungsebene der Makrostrukturen entlehnt. Solchen Plänen liegen Beschreibungseinheiten zugrunde, denen bestimmte Äußerungsteile oder -sequenzen zugewiesen werden. Um Beginn und Ende einer Planphase zu erkennen, wird nach sprachlichen Indikatoren gesucht. Ihre Kennzeichnung kann in einem dafür eigens geschaffenen Feld erfolgen. Die Analysearbeit ließe sich so vorstellen, daß mit Hilfe des String-Operators in den Basisdaten entsprechende sprachliche Formen herausgesucht werden. Die Bearbeitung kann aber auch in der Überprüfung der Existenz einzelner Pläne bestehen.

Eine bedeutsame Rolle kommt den Binnenstrukturen von Kommunikationsabläufen zu. Basisdaten lassen sich auf Beschreibungen, die themen-, argument- oder interaktionsbezogen sind, beziehen. Aus der Sicht eines solchen Feldes lassen sich Kommunikationsstrukturen ableiten, deren Verallgemeinerbarkeit aufgrund eines breit angelegten Datenmaterials geprüft und weiter diskutiert werden könnten.

Die Analyse von Einzelphänomenen wird durch die Anlage umfassender Datensammlungen auf besondere Weise nahegelegt. Systematischere Beschreibungen des Zuhörverhaltens wären möglich, weil Vergleiche der Basisdaten an großem Material automatisch durchgeführt werden könnten. Durch das Erfassen der Basisdaten können einzelne sprachliche Ausdrucksformen aufgespürt und in den konkreten, kommunikativen Zusammenhängen beschrieben werden, so daß ihre Funktionsweisen u.U. differenzierter gesehen werden können.

4. Von der Datenbank zum 'Dialogexperten'

Das dBASE stellt nicht nur die Mittel zur Anlage einer Datenbank zur Verfügung, sondern es bietet als eigenständige Programmiersprache Möglichkeiten, die Datenbank in individueller Weise auswerten zu können, ohne von einer vorgefertigten

Software abhängig zu sein. Anstelle vorgefertigter Suchprozeduren, die das System anbietet, kann der Benutzer mit Hilfe sog. Prozeduren Programme entwikkeln, die komplexere Aufgaben erfüllen können. Er kann sich einen 'Dialogexperten' schaffen, der eigenständig Teilaufgaben einer Analyse bewältigt. Kleine-Büning/Schmitgen (1986: 238) ordnen einem 'Experten-System' die folgende Struktur zu:

(4) Struktur eines Experten-Systems

```
             Benutzerschnittstelle
         ................................
         .            .             .
      Frage-       Erklärungs-      Wissenserwerbskomponente
         .            .             .
         .            .             .
         .            .             .
     erfragtes.....Problem-.............allgemeines Wissen (Regelwerk)
     Wissen        lösung
                      .
             ...........................
             .                         .
             .                         .
        Datenbank                      Programmpool für Berechnungen
```

dBASE III bietet zur Abfrage der Datenbank einerseits feste Formen an wie andere Datenbanksysteme auch, es enthält darüber hinaus die Möglichkeit, 'Prozeduren' zu definieren. Prozeduren sind eigenständige Programme, die zur Konstruktion von Operationen genutzt werden können, Teilaufgaben einer Analyse durchzuführen. Ein Set vorgefertigter 'Operatoren' erlaubt zusätzlich den Gebrauch bereits vorgefertigter Operationen, die entsprechend der eigenen Zielsetzung eingesetzt werden können. Der Umgang mit solchen Prozeduren ist auf sehr unterschiedliche Weise vorstellbar. Es werden fest definierte Prozeduren für die Analysen insgesamt angeboten, oder es werden Prozeduren speziell zur Bearbeitung besonderer Fragen entwickelt.

Wenn das Beispiel (3) noch einmal aufgegriffen wird, dann enthält die damit erzeugte Datenbank fünf Felder: ÄUSSERUNG, GT, AKT, AKT-ERWIDERUNG, HANDLUNG. Eine Erweiterung um die Felder aus dem Beispiel (2) wäre möglich und sinnvoll, so daß noch drei Felder hinzukämen: SPRECHWEISE, PAUSE, BEGLEITHANDLUNG. Die Datenstruktur wäre somit durch die Beschreibung und Interpretation der Felder erfaßt:

Beispiel (5) Felder eines Datensatzes

1 Nennen des Gesprächsteilnehmers
2 Äußerung eines Gesprächsteilnehmers
3 Hinweis auf die Sprechweise einer Äußerung
4 Hinweis auf mögliche Pausen

```
5 Angabe einer Begleithandlung zur Äußerung
6 Zuordnung eines Aktes
7 Zuordnung eines Aktes als Akterwiderung
8 Zuordnung eines übergeordneten Handlungszusammenhanges
```

Damit ist der Operationsbereich eines möglichen 'Dialog-Experten' festgelegt.[10] Als nächstes gilt es, seinen Aufgabenbereich zu umreißen. Auch hier sollen nur elementare Formen berücksichtigt werden, um die Funktionsweise zu charakterisieren. Eine primitive, aber dennoch notwendige Aufgabe ist und bleibt das Heraussuchen bestimmter Informationen aus einem Diskurs. Der 'Dialog-Experte' soll daher mit der Fähigkeit ausgerüstet werden, Einzeldaten und Datenstrukturen aufzuspüren.

Bei der Analyse von kommunikativen Vorgängen sind sehr oft nicht einzelne Informationen von Bedeutung, sondern Konfigurationen von bestimmten Daten spielen eine wichtige Rolle. Um sprachliche Realisationen des Aktes 'Sich Bedanken' zu finden, reicht es aus, nach diesem Akt in der Datenbank zu suchen. Interessiert nun aber die Frage, ob Dankesformeln an bestimmte institutionelle Handlungen gebunden sind, dann ist es nötig, daß der Sprecher und der Akt zur selben Zeit berücksichtigt werden. Um bestimmte Umstände für den Gebrauch der Dankesformel untersuchen zu können, ist ein Eingehen auf solche Umstände nötig.

Beispiel (6)

```
Suche bestimmter Daten in einem Datensatz
-----------------------------------------
Nennen Sie die Information, die Sie im jeweiligen Feld suchen:

Gesprächsteilnehmer  : SC
Äußerung(ssegment)   : danke
Sprechweise          : neutral
Pause                :
Begleithandlung      :
Akt                  :
Akterwiderung        :
Handlung             :
```

Eine Prozedur wird so angelegt, daß sie dem Benutzer eine Übersicht über die vorhandenen Felder anbietet, aus denen eine entsprechende Datenkonfiguration herausgesucht werden soll. Im vorliegenden Fall würde in der Datenbank nach Belegen gesucht, in denen ein Zugschaffner den Ausdruck 'danke' in einer neutralen Sprechweise benutzt. Wenn Belege gefunden werden, dann würden sie ausgegeben werden. Aus der Datenkonfiguration des Beispiels (2) wird deutlich, daß dafür kein Beleg existiert, weil das 'danke' mit freundlicher Sprechweise gebraucht wird.

Um gezielt komplexere Konfigurationen herausfinden zu können, ist die Verbindung der Prozedur mit einer 'memory-Prozedur' naheliegend. In einem solchen Fall würde eine Datei angelegt, die erfragte Konfigurationen, die nicht erfolgreich waren, sammelt und bei einer wiederholten Anfrage würde dann diese Prozedur gleich mit dem Hinweis reagieren, daß keine Belege dafür existieren.

Ein weiteres Thema ist die Frage, inwieweit hinter bestimmten Abfolgen Regelmäßigkeiten zu vermuten sind. Zu diesem Zweck genügte es nicht, wenn nur ein Datensatz geprüft wird. Es muß daher eine Prozedur definiert werden, die Abfolgen von Daten in verschiedenen Datensätzen prüfen kann.

dBASE erlaubt, Daten bei der Verarbeitung in einen Zwischenspeicher zu schreiben, so daß Prozeduren entwickelt werden können, die diese Aufgabe ohne weiteres leisten, indem Inhalte aus einem Datensatz in einem Zwischenspeicher gelegt und mit Inhalten eines nachfolgenden Datensatzes verglichen werden. Der Benutzer müßte angeben, welche Feldfolgen auf welche Inhalte hin geprüft werden sollen. Dabei ist zwischen Folgen zu unterscheiden, bei denen bestimmte Inhalte unmittelbar aufeinander folgen, und solchen, die allgemein nacheinander auftreten. Gruß und Verabschiedung können zwar in Ausnahmefällen unmittelbar aufeinander folgen, normalerweise liegen aber andere Akte dazwischen. Um die Folge dennoch prüfen zu können, muß das Programm Datensatz für Datensatz weitersuchen, bis es den Feldinhalt 'Verabschiedung' gefunden hat. Anders ist es hingegen, wenn ein Paar wie 'Gruß' und 'Gegengruß' gesucht wird. Dann wird erwartet, daß beide Akte unmittelbar aufeinander folgen.

```
Beispiel (7)

    Abfolge bestimmter Daten in Datensätzen
    ---------------------------------------
    Wird der Folgeinhalt im nächstfolgenden Datensatz erwartet?
           Ja/Nein                  j

    Wieviele Datensätze sollen als Folge geprüft werden?
           Angabe der Anzahl        2
```

Die Eingabe einer Prozedur legt die Prüfbedingungen sowie die Reihenfolge der zu untersuchenden Datensätze fest, nach denen die Daten gesucht werden sollen. Es folgt dann die Aufforderung, die Daten festzulegen, die aufeinander folgen sollen. Dazu kann der Bildschirmtext im Beispiel (6) genutzt werden. Der Benutzer wird aufgefordert, den Datensatz zu definieren, im zweiten Schritt wird ihm die Feldübersicht angeboten, den Vergleichsdatensatz anzugeben.

Im gewählten Beispiel würde der Benutzer zweimal gefragt werden, welche Inhalte eines Datensatzes auf welche Folgeinhalte erwartet werden.

Angenommen, als Inhalte eines Datensatzes wäre der 'Gesprächsteilnehmer' in Verbindung mit dem 'Akt' gewählt und als Akt wäre 'Bitte um Geduld', als Folge 'Verständnis zeigen' definiert worden, dann würde dies nicht bestätigt werden, weil 'Bitte um Geduld' eine 'Akterwiderung' ist.

Ein solches Ergebnis wirft eine Frage auf, die durch die Art der Felddefinition bedingt wird. 'Akt' und 'Akterwiderung' wurden voneinander unterschieden. Kategorial gesehen könnten sie als gleichwertig gedeutet werden. Bei der Analyse von Folgen könnte es daher von Vorteil sein, wenn gleichwertige Felder alternativ getestet werden. Damit eine Prozedur dies unterscheiden kann, ist eine entsprechende Angabe notwendig. Das kann dadurch erreicht werden, daß bei der Definition des jeweiligen Inhaltes eines Datensatzes zugleich auch festgelegt ist, welche Inhalte alternativ zu prüfen sind. In diesem Fall würde von der Möglichkeit der AND- und OR-Operatoren Gebrauch gemacht werden.

Beispiel (8)

```
    Suche bestimmter Daten in einem Datensatz
    -----------------------------------------
    Datensatz            :  1
    Nennen Sie die Information, die Sie im jeweiligen Feld suchen:
    Bedingungen          :  AND                : OR

    Gesprächsteilnehmer :  FG                 :
    Äußerung(ssegment)  :                     :
    Sprechweise          :                     :
    Pause                :                     :
    Begleithandlung      :                     :
    Akt                  :  Bitte um Geduld    :
    Akterwiderung        :                     : Bitte um Geduld
    Handlung             :                     :


    Suche bestimmter Daten in einem Datensatz
    -----------------------------------------
    Datensatz            :  2
    Nennen Sie die Information, die Sie im jeweiligen Feld suchen:
    Bedingungen          :  AND                : OR

    Gesprächsteilnehmer :  SC                 :
    Äußerung(ssegment)  :                     :
    Sprechweise          :                     :
    Pause                :                     :
    Begleithandlung      :                     :
    Akt                  :  Verständnis zeigen:
    Akterwiderung        :                     : Verständnis zeigen
    Handlung             :                     :
```

Die Suche in der Datenbank ist durch die AND- und OR-Operatoren erfolgreich geworden. Möglich ist aber, auch auf die Feldinhalte einzugehen, die nicht kategorial gleichwertig sind. Das kann für solche Fälle wichtig sein, in denen nicht klar ist, welche Merkmale für eine Unterscheidung relevant sind bzw. inwieweit es alternative Formen bei der Realisierung gibt.

Konfigurationen von Inhalten einzelner Felder oder bestimmter Folgen können für die Definition einer Beschreibungskategorie genutzt werden. Ein Datensatz oder eine –folge kann dann in Abhängigkeit zu einer solchen 'Konfiguration' eigenständig bearbeitet werden. Erhält diese Konfiguration einen Namen, kann sie als feste Operation installiert werden. Erfaßt diese Operation eine Beschreibungseinheit der Analyse, dann kann die Erfüllung der Bedingungen dieser Beschreibungseinheit dadurch angezeigt werden, daß in einem eigenständigen Feld der Name der Operation eingetragen wird, so daß er als Interpretation eines Kommunikationsausschnittes gedeutet werden kann. Eine Voraussetzung dafür ist entweder die jeweils aktuelle Eingabe einer solchen Inhaltskonfiguration oder der Gebrauch bereits vorhandener, die aus einer entsprechenden Datenbank entnommen werden können. Um entscheiden zu können, was von Fall zu Fall gemacht werden soll, wird der Benutzer aufgefordert:

Beispiel (9)

```
    'Interpretation' eines Datensatzes
    ----------------------------------
    Wünschen Sie
    (1)   eine neue Definition         :
    (2)   eine vorhandene Datenbank    :
```

Wird eine neue Definition gewählt, dann kann der Benutzer Merkmale eintragen und beim Vorhandensein von Merkmalskonfigurationen diese durch das Einfügen des Namens kenntlich machen. Für den Eintrag selbst bedarf es eines besonderen Feldes, das entweder bereits vorhanden ist oder neu angelegt werden muß.

Beispiel (10)

```
    Definition einer Datenkonfiguration
    -----------------------------------
    Neues Feld            :  Sprechakt
    Name der Definition :  Aufforderung
    Nennen Sie die jeweiligen Feldinhalte für die Definition:
    Bedingungen           :  AND                    : OR

    Gesprächsteilnehmer :                           :
    Äußerung (ssegment) :                           : bitte
    Sprechweise           :  auffordernd            :
    Pause                 :                         :
    Begleithandlung       :                         :
    Akt                   :                         :
    Handlung              :                         :
```

Ordnet man die Beispiele (2) und (3) in die neu zu definierende Datenkonfiguration ein, dann wird die Vorgehensweise gut nachvollziehbar. Eine 'Aufforderung' ist ein 'Sprechakt', der durch eine besondere Sprechweise markiert wird und fakultativ im Zusammenhang mit dem illokutionären Indikator 'bitte' gebraucht werden kann.

Sucht man nach Möglichkeiten für solche Zuordnungen, dann erweist sich die Beschränkung auf eine Konfiguration eines Datensatzes als problematisch. Nicht selten lassen sich beispielsweise Sprechakte aus vorausgegangenen Akten herleiten. Aus diesem Grunde ist eine Erweiterung angebracht, bei der die Möglichkeit eröffnet wird, einen vorausgegangenen Akt in die Definition einzubeziehen. Der Benutzer muß wie bei der Befragung nach den Folgen von Datensätzen eine entsprechende Angabe machen können, so daß er vorausgehende oder nachfolgende Datensätze bei der Bestimmung mit einbeziehen kann.

5. Möglichkeiten für eine empirische Gesprächsanalyse?

Mit der Entwicklung und Konstruktion von Programmen, die dem Gesprächsanalytiker ein Instrument an die Hand geben, große Datenmengen gezielter auswerten zu können, gewinnt die Gesprächsanalyse insgesamt eine neue Perspektive. Zwar wird es noch einer Reihe von Versuchen bedürfen, eine Datenbankstruktur zu definieren, die den Umgang mit den Daten von Kommunikationsprozessen verbindlich regelt. Eigene Versuche haben gezeigt, daß gegenwärtig noch Erfahrungen gesammelt werden müssen, wie der durch das erweiterte HIAT erreichte Standard gesichert und in dBASE praktikabel umgesezt werden kann, so daß auch hier ein Standardverfahren verfügbar wird. Ein solches könnte sicherstellen, daß die genannten Vorteile eines 'dynamischen' Transkriptes von jedem Benutzer unmittelbar genutzt werden können, wenn ihm dBASE zur Verfügung steht.[11]

Fassen wir noch einmal zusammen: Grundsätzlich bietet die im Rahmen einer Datenbank erfaßte Kommunikation für eine Analyse Vorteile. Die Daten können separat, selektiv und umfassend untersucht werden. Durch die Technik des Ein – und Ausblendens von Datenmaterial lassen sich beliebig komplexe Beschreibungen zu Einzelereignissen machen. Die Übersicht wird nicht gefährdet. Mit den Suchprozeduren wird ein Hilfsmittel angeboten, das den Umgang mit großen Datenmengen in gezielter Weise erlaubt, ohne daß zusätzliche Arbeit entsteht. Dieser Effekt gilt allerdings nur für die Basisdaten, es sei denn, Sekundärdaten liegen bereits vor.

Die Intuition des Analytikers ist gefordert, wenn es um das Formulieren neuer Beschreibungskategorien geht oder weiterreichende Explikationen vorhandener Analysekategorien gefordert werden. Die Anwendung einzelner Prozeduren auf die Kommunikationsereignisse erlaubt, systematisch und streng materialbezogen zu arbeiten. Das läßt erwarten, daß Aussagen zur Kommunikation empirisch fundierter, hinsichtlich der Beschreibung expliziter und für den Analytiker in der Reichweite der Aussage besser abschätzbar werden.

Dennoch gibt es Einschränkungen, wie sie bereits für die Transkription angesprochen worden sind. Das Erfassen der Daten muß interpretativ erfolgen. Die Beschreibung eines Kommunikationsereignisses ist kein Akt des Zählens und Messens. Das Material in einer Datenbank bedeutet stets eine Reduktion der Daten des tatsächlichen Kommunikationsereignisses und ist bis zu einem gewissen Grad 'subjektiv'. Schlüsse, die aus den Daten gezogen werden, müssen daher diesem Aspekt Rechnung tragen. Insgesamt ist davon auszugehen, daß die einzelnen Analysemethoden unterschiedlich mit den Daten aus einer solchen Datenbank umgehen werden, so daß sich abschließend die Frage stellt, inwieweit die verschiedenen Methoden überhaupt von einem solchen Vorgehen profitieren, oder ob nicht die Art der Datenaufbereitung zum Anstoß neuer methodischer Wege wird.

Grundsätzlich lassen sich zwei Forschungsrichtungen erkennen. Wir finden Ansätze, wie sie durch die 'Dialoggrammatik' beispielsweise vertreten werden, bei denen paradigmatisch vorgegangen wird.[12] Der Forscher versucht, die kommunikative Kompetenz wie bei der grammatischen Arbeit dadurch zu erschließen, daß er Hypothesen bildet und diese durch Belege zu bestätigen versucht. Die Existenz einer Datenbank zur Alltagskommunikation bedeutet in diesem Fall eine sinnvolle Ergänzung. Verifikation oder Falsifikation der Annahmen sind aber nicht betroffen, weil eine Datenbank immer in gewisser Weise ein Zufallsergebnis darstellt. Das Fehlen eines Beleges bedeutet nicht, daß die Hypothese unzutreffend ist, sondern kann darauf zurückgeführt werden, daß dafür zufällig kein oder noch kein Beleg vorliegt.

Davon zu unterscheiden sind die Ansätze, die sich auf empirische Daten beziehen. Diskurs- und Konversationsanalyse gehen von tatsächlicher Kommunikation aus. Sie legen Datenmaterial zugrunde, das mit Hilfe einer Transkription gewonnen worden ist. Hier besteht ein wirklicher Effekt für die Forschungsarbeit.

Die nähere Betrachtung der Analyseweisen zeigt, daß deutliche Unterschiede im Umgang mit den Basisdaten zu erwarten sind. Während für die Konversationsanalyse davon auszugehen ist, daß sie in verstärktem Maße die Komponente der Basisdaten ausbauen wird, um in den vorfindlichen Strukturen Hinweise zu finden, die interaktive Vorgänge erklären können, ist für die Diskursanalyse damit zu rechnen, daß den Sekundärdaten größeres Gewicht zukommen wird. Direkten Profit zieht so gesehen der Ansatz, der den Basisdaten am nächsten bleibt. Für die anderen besitzen sie Hinweischarakter auf Annahmen, die themen- oder problemorientiert formuliert werden. Ihr Gewinn besteht in der besseren Verfügbarkeit des Datenmaterials und in der Möglichkeit einer breiteren Überprüfung. Eine andere Situation ergibt sich für die hermeneutisch arbeitenden Ansätze.[13] Für sie spielen die Basisdaten eine so große Rolle, daß damit zu rechnen ist, daß eine Datenbank zu undifferenziert bleiben muß, um dort auftretende Fragen beantworten zu können. Ihre Funktion würde sich bei diesem Ansatz auf Hinweise reduzieren, wo sich bestimmte Kommunikationsereignisse mit bestimmten Schwerpunkten auf Ton- oder Videomaterial befinden.

Bleibt zu fragen, inwieweit sich nicht die Datenbank-bezogene Arbeitsweise verselbständigt und auf welche Form von Analyse sie sich dann zubewegt. Je differenzierter die Basisdaten angelegt worden sind, umso eher 'führen' diese vom Quellenmaterial weg, d.h. die Datenbank 'verdrängt' die Ton- und Videoaufzeichnungen. Die Daten können die Fiktion erzeugen, das kommunikative Ereignis faktisch 'verfügbar' zu haben.

Ein anderer Effekt wird erzeugt, wenn vorrangig mit Sekundärdaten gearbeitet wird. Beschreibungskategorien, wie sie die Diskursanalyse vorschlägt, lassen Sequenzstrukturen entstehen, die nahelegen, das Kommunikationsereignis sei grundsätzlich auf solche formalen Organisationsstrukturen zurückzuführen. Die

Themen-, Problem- oder Interaktionsorientiertheit geht bei einem solchen Verständnis leicht verloren.

Eine Technisierung der Gesprächsanalyse kann aus dieser Sicht vom Gespräch wegführen. Sie kann aber auch eine schrittweise Annäherung bedeuten, wenn die Möglichkeiten der verschiedenen Seh- und Verstehensweisen in diesem Medium aufeinander bezogen werden. Eine solche Kontrastierung wäre nicht als Spielerei zu verstehen, sondern kann ein Beitrag sein, auf die Komplexität von Kommunikation zu reagieren. Diese Vorgehensweise könnte im Sinne von Bierwisch (1979: 121) gedeutet werden, der nahelegt, das kommunikative Sprachverhalten aus dem Zusammenwirken verschiedener Kenntnissysteme zu beschreiben und sich hierbei eine 'Theorie der Sprache', eine 'Theorie der Alltagskenntnis' und eine 'Theorie der sozialen Interaktion' zur Bezugsbasis zu wählen.

Anmerkungen

1 DUDEN. Bedeutungswörterbuch. Bearb. v. Grebe, Paul / Köster, Rudolf / Müller, Wolfgang. Duden Band 10. Mannheim Bibliographisches Institut 1970, 231.2.

2 Albrecht (1983): Das Datenbanksystem dBASE II. Byers (1985): dBASE III, 163-181: dBASE (Handbuch), 1-155 - 1-227; oder allgemein: Schlageter/ Stucky (1983): Datenbanksysteme.

3 Gregor (1986): Datenbank-Systeme, 70-96.

4 Byers (1985): dBASE III, 103-106.

5 Byers (1985): dBASE III, 106-108.

6 Byers (1985): dBASE III, 108-114.

7 Byers (1985), dBASE III, 61; Albrecht (1983): Das Datenbanksystem dBASE II, 17 referiert zu dBase II die folgenden Werte: 65.535 Datensätze, 1000 Zeichen pro Datensatz.

8 Henne/Rehbock (1982): Einführung in die Gesprächsanalyse, 70-88.

9 Ehlich/Rehbein (1976): Halbinterpretative Arbeitstranskriptionen; Ehlich/Rehbein (1979): Erweiterte halbinterpretative Arbeitstranskriptionen: Intonation; Ehlich/ Rehbein (1981): Zur Notierung nonverbaler Kommunikation für diskursanalytische Zwecke.

10 Praktisch ist mit einer umfassenderen Datenstruktur zu rechnen. Zu überlegen ist dabei, inwieweit nicht eher beschreibende Daten, die Basisdaten, von einem Datensatz getrennt werden sollten, dem vorrangig interpretative Funktionen zukommen. dBASE erlaubt bis zu 10 Dateien gleichzeitig zu bearbeiten, so daß eine Trennung unterschiedlicher Datentypen kein Problem darstellt.

11 Weitere Veröffentlichungen zu diesem Punkt sind in Vorbereitung. Das gilt auch für dabei benutzte Programme.

12 Franke (1983): Insistieren; Hindelang (1978): Auffordern; Zillig (1982): Bewerten.

13 Oevermann et al. (1979). Das würde auch für den sog. problemorientierten Ansatz gelten, wie er von Nothdurft (1984) in Auseinandersetzung mit Ungeheuer (1979) diskutiert worden ist.

Literatur

Albrecht, P. (1983): Das Datenbanksystem dBASE II. Haar bei München: Markt und Technik.

Appelrath, H.-J. (1985): Von Datenbanken zu Expertensystemen. Berlin: Springer.

Bierwisch, M. (1979): "Wörtliche Bedeutung – eine pragmatische Gretchenfrage." Grewendorf, G. (Hrsg.): Sprechakttheorie und Semantik. Frankfurt a.M.: Suhrkamp, 119-148.

Byers, R.A. (1985): dBASE III. Eine anwendungsorientierte Einführung. Braunschweig: Vieweg.

dBASE III. Version 1.1. Wichtige Hinweise zur Installation. (1984) Ashton-Tate.

Ehlich, K. / Rehbein, J. (1976): "Halbinterpretative Arbeitstranskriptionen (HIAT)." Linguistische Berichte 45, 21-42.

Ehlich, K. / Rehbein J. (1979): "Erweiterte halbinterpretative Arbeitstranskriptionen (HIAT 2): Intonation." Linguistische Berichte 59, 51-75.

Ehlich, K. / Rehbein, J. (1981): "Zur Notierung nonverbaler Kommunikation für diskursanalytische Zwecke." Winkler, P. (Hrsg.): Methoden der Analyse von Face-to-Face Situationen. Stuttgart: Metzler, 302-329.

Franke, W. (1983): Insistieren. Eine linguistische Analyse. Göppingen: Kümmerle.

Gregor, B. (1986): "Datenbank-Systeme. Mehr als nur elektronische Karteikästen." Gregor, B. / Krifka, M. (Hrsg.): Computerfibel für Geisteswissenschaftler. München: Beck.

Henne, H. / Rehbock, H. (1982): Einführung in die Gesprächsanalyse. Berlin: de Gruyter (2. Auflage).

Hindelang, G. (1978): Auffordern. Die Untertypen des Aufforderns und ihre sprachlichen Realisierungsformen. Göppingen: Kümmerle.

Kleine-Büning, H. / Schmitgen, S. (1986): Prolog. Grundlagen und Anwendung. Stuttgart: Teubner.

Nothdurft, W. (1984): ... äh folgendes problem äh . Die interaktive Ausarbeitung 'des Problems' in Beratungsgesprächen. Tübingen: Narr.

Oevermann, U. / Tilman, A. / Konau, E. / Krambeck, J. (1979): "Die Methodologie einer "objektiven Hermeneutik" und ihre allgemeine forschungslogische Bedeutung in den Sozialwissenschaften." Soeffner, H.-G. (Hrsg.): Interpretative Verfahren in den Sozial- und Textwissenschaften. Stuttgart: Metzler, 352-434.

Schlageter, G. / Stucky, W. (1983): Datenbanksysteme: Konzepte und Modelle. Stuttgart: Teubner.

Sucharowski, W. (1986): "Transkripte als Datenbank." Hundsnurscher, F. / Weigand, E. (Hrsg.): Dialoganalyse. Tübingen: Niemeyer, 397-409.

Ungeheuer, G. (1979): "Gesprächsanalyse und kommunikationstheoretische Voraussetzungen." Wegner, D. (Hrsg.): Gesprächsanalysen. Hamburg: Buske, 27-65.

Zillig, W. (1982): Bewerten. Sprechakttypen der bewertenden Rede. Tübingen: Niemeyer.

F&A UND Q&A: INFORMATIONSABFRAGE IN NATÜRLICHER SPRACHE

Was können die neuen Softwarepakete der Künstlichen Intelligenz leisten?

Jürgen Krause

1. Technisierte Kommunikation und Mensch–Maschine–Interaktion

1.1. Interdisziplinäres Forschungsfeld "technisierte Kommunikation"?

Der Terminus "technisierte Kommunikation", der die Beiträge des vorliegenden Sammelbandes verbindet, hat die verschiedensten Implikationen und deckt eine Reihe recht konträrer Gebiete ab. Mit Zoeppritz 1987 (in diesem Band) möchte ich "technisiert" als "von Technik affiziert" verstehen und unter technisierter Kommunikation alle Kommunikationsprozesse, bei denen ein Element (Sender, Empfänger, Medium, Kanal) ein technisches ist. Es gibt m.E. keinen Zustimmungszwang für die Annahme, daß eine derartige Zusammenfassung als interdisziplinäres Forschungsfeld fruchtbar werden kann, verbinden sich hier doch so verschiedene Themen wie die Kommunikation über technische Fragen oder Kanäle und die Entwicklung natürlichsprachlicher Frage–Antwort–Systeme (FAS). Bei der gegenwärtigen Ausgangssituation, die durch eine Fülle der verschiedenartigsten Einbindungen und Abgrenzungen des Feldes Sprache und Computer innerhalb des universitären Lehr- und Forschungsbetriebs gekennzeichnet ist, scheint ein solcher Versuch jedoch legitim. Der Ansatz ist vor allem dann vertretbar, wenn man die gegenwärtige heterogene Situation nicht als zufällig, sondern als dem Gegenstandsbereich inhärent und angemessen ansieht (cf. hierzu Krause 1986): Begreift man z.B. die Entwicklung eines natürlichsprachlichen FAS als Vorhaben, das als Grundlage Kenntnisse aus der Linguistik, Informationswissenschaft, Logik, Kognitionswissenschaft, Künstlichen Intelligenz, Kognitionspsychologie und Informatik benötigt, bleibt Raum für die verschiedensten Ausschnitte und Forschungsfelder, schon deshalb, weil man aufgrund der Breite des benötigten Ausgangswissens in jedem Fall auf äußere, nicht–integrierte Wissensquellen angewiesen bleibt. Wie fruchtbar ein gewählter Ausschnitt ist, läßt sich m.E. nur längerfristig an den erreichten Ergebnissen ablesen; und auch dies bleibt schwierig und ungenau, weil persönliche und politische Faktoren immer stark überlagernd wirken.

Die im vorliegenden Bericht zum Ausdruck kommende Sichtweise auf die technisierte Kommunikation läßt sich grob charakterisieren durch eine Betonung der Anwendungsbezogenheit (die Verbesserung maschineller Informationssysteme als Ziel) und der Eigengesetzlichkeiten der Mensch–Maschine–Interaktion. Letzteres heißt, es wird davon ausgegangen, daß sich bei der Mensch–Maschine–Interaktion Regularitäten und empirisch feststellbare Gesetzmäßigkeiten ergeben, die nicht direkt aus zwischenmenschlichen Kommunikationssituationen abgeleitet werden können, und daß diesen Erkenntnissen – neben den Grundlagen aus Linguistik, Logik, Kognitionspsychologie und Informatik – eine zentrale Rolle zugeschrieben wird (Krause 1984b). Deutliche Hinweise darauf, daß der "computer talk" zumindest als eigenständiges Sprachregister zu behandeln ist, ergaben sich u.a. in der KFG-Studie, einer Feldstudie mit dem natürlichsprachlichen FAS "User Specialty Languages" (cf. Abschnitt 1.2), aus der das folgende – zur Illustration dienende – Beispiel stammt. Lehrer eines Gymnasiums fragten eine relationale Datenbank ab, die u.a. die Jahrgangsnoten von Schülern enthielt (cf. Krause 1982).

```
Nr.   Frage/Antwort
---------------------------------------------------------


14    Wieviele Schueler haben welche Englischnote in Quarta?
      NOTE         ANZAHL
       1             22
       2             77
       3            144
       4            112
       5             42
       6              2

       .....

29    Welche Deutschnote in Quarta hat wieviele Schüler?
      U32410W SPALTENNAME: NOM NICHT ENTHALTEN IN TABELLE:
      SCHUELER

30    Wieviele Schueler haben welche Deutschnote in Quarta?
```

Die Anfrage 29 ist kein akzeptabler Satz des Deutschen. Trotzdem wurde sie vom Benutzer gebildet, nicht aus Nachlässigkeit, sondern überlegt. Der Benutzer formulierte die Anfrage 29, weil die Antwort auf die parallel konstruierte Anfrage 14 die Noten in der ersten Spalte anführte und die Anzahl pro Note in der zweiten Spalte. Dieser formalen Anordnung, die mit der Stellung der Wörter in der Anfrage nichts zu tun hat, folgte der Benutzer in Anfrage 24. Er ging davon aus, daß das in der Antwort auftretende formale Anordnungsprinzip wichtiger sei als die Akzeptabilität einer Äußerung in bezug auf den zwischenmenschlichen Dialog. Der Benutzer schloß aus der Antwort, daß die Information in der Reihenfolge "Note vor Anzahl" abgespeichert sei (was richtig ist), und er sich dieser internen Anordnung anzupassen hätte (was falsch ist).

Verblüffend erscheint, daß die Akzeptabilität einer Äußerung zur Disposition stand, ein Merkmal, das die zwischenmenschliche Kommunikation in der Regel nicht aufweist.

Weitere Beispiele aus empirischen Untersuchungen enthalten Krause 1982: 95-99 und Zoeppritz 1985. Sie zeigen, daß der obige Dialogausschnitt kein Einzelfall ist.

1.2. Natürlichsprachliche Frage – Antwort – Systeme

Im Kontext des Stichwortes technisierte Kommunikation lassen sich FAS als Beispiel für die Absicht sehen, mithilfe der Integration sprachlicher Komponenten die "Natürlichkeit" des Umgangs mit der EDV zu steigern, eine Entwicklung, die der allgemeinen Tendenz zur stärkeren Technisierung der Kommunikation mit ihrem Potential an "Un – Natürlichkeit" gegenübersteht.

Da die Barriere der Formalsprachlichkeit bei den EDV – Laien am größten erscheint, wurden natürlichsprachliche FAS v.a. für diese Benutzergruppen postuliert; ihnen den Zugang zu erleichtern (und damit den EDV – Markt erheblich zu vergrößern) ist das vorrangig genannte Ziel der Entwicklungsgruppen (genauer cf. Krause 1982: Kap. 1.2 und 2).

Natürlichsprachliche FAS sind derzeit v.a. deshalb vermehrt im Gespräch, weil vor kurzem in breiter Front die Grenze zur kommerziellen Nutzung überschritten wurde. 1985 kamen drei Systeme auf den amerikanischen Markt: Language Craft (Carnegie Group 1985), NLMenue (Tennant et al. 1983) und Question and Answer (Q&A). Diese drei Systeme standen auch im Mittelpunkt der Panel – Veranstaltung "Natural Language Interfaces – Ready for Commercial Success?" auf der COLING – Konferenz 1986 in Bonn (cf. COLING 1986: 161 – 167), bei der die Entwickler von Language Craft (J. Carbonell), Q&A (G. Hendrix) und NLMenue (H. Tennant) die Vorzüge und den kommerziellen Erfolg ihrer Produkte aus eigener Sicht schilderten.

Vor allem Q&A wird auch in der Bundesrepublik Deutschland stark beachtet. Das Softwarepaket ermöglicht – neben Funktionen wie der Textverarbeitung und Formulargestaltung – die formale und natürlichsprachliche Abfrage von Datenbankinhalten. Q&A kostet $ 299 und läuft auf IBM – kompatiblen PC's mit 512 kbyte Kernspeicher. Die deutsche Version folgte im März 1986 unter der Bezeichnung F&A (Frage und Antwort, cf. Symantec 1986) und wird ab September 1986 mit einer deutschsprachigen Datenbankschnittstelle (dem "Intelligenten Assistenten") für etwa DM 1.700 angeboten.

Q&A wurde von Gary Hendrix entwickelt, einem bekannten Vertreter der sprachorientierten Künstlichen Intelligenz. Das System wird aller Voraussicht nach auch am deutschsprachigen Markt kein Einzelfall bleiben; ähnliche Pläne existieren bei einer Reihe von Softwareanbietern.

Q&A verkauft sich gut; in den ersten 8 Monaten wurden – nach Angabe von Gary Hendrix – etwa 20.000 Exemplare abgesetzt. Die Computerpresse feierte das System als entscheidenden Durchbruch in der kommerziellen Nutzung der Künstlichen Intelligenz – Forschung. So z.B. die Zeitschrift CHIP in der Februarnummer 1986:

> "{Q&A} beschreitet einen neuen Weg zum menschengerechten Computer. ... enthält die erste Datenbank für Personal – Computer, die in (mehr oder weniger) natürlicher Sprache abgefragt werden kann. Die Zeiten des Nachgrübelns über die korrekten Suchbefehle sollen damit ihr Ende gefunden haben, denn nichts sollte einem Menschen leichter fallen, als in seiner natürlichen Sprache zu kommunizieren. ... hat man dem Programm gewissermaßen sprachliche

> Intelligenz eingepflanzt. ... ist dieses Programm das erste wirklich sinnvoll in der Büropraxis einsetzbare Programm mit Künstlicher Intelligenz." (Dirks 1986: 136f.)

Q&A ist sicher nicht das erste kommerziell vertriebene natürlichsprachliche FAS; es ist das erste, das auf einem PC läuft. Und es ist das erste, das bisher widerspruchslos dem Paradigma der Künstlichen Intelligenz zugerechnet wird, vor allem wohl deshalb so deutlich, weil Gary Hendrix als einer ihrer typischen Vertreter gilt.

Q&A ist auch nicht der erste kommerzielle Erfolg auf diesem Gebiet; den hatte INTELLECT, ein natürlichsprachliches Interface für Datenbanken auf Großrechnern, das R. Harris am Darthmouth College (USA) entwickelte. Er gründete bereits 1975 die Artificial Intelligence Corp. (AIC), die das System ab 1981 vertrieb. Ende 1982 berichtete die AIC von über 100 Installationen. Kurzfristig wurde INTELLECT auch im IBM-Vertriebsnetz angeboten; derzeit ist es relativ still um INTELLECT.

Neben den kommerziell verwerteten Systemen gab und gibt es eine Fülle von wissenschaftlichen Experimentiersystemen der verschiedensten Richtungen. Nennen möchte ich hier nur eins, das USL-System (User Specialty Languages), das seit 1970 am wissenschaftlichen Zentrum der IBM in Heidelberg vor allem von H. Lehmann, N. Ott und M. Zoeppritz entwickelt wurde und derzeit die Ausgangsbasis für das juristische Expertensystem LEX bildet (Lehmann 1985, Blaser et al. 1985); die Neukonzeption betrifft vor allem die semantische und die deduktive Komponente.

Mit USL konnte 1979 erstmals nach einer 16-monatigen Langzeitstudie (der KFG-Studie) gezeigt werden, daß natürlichsprachliche FAS für nichttriviale Aufgaben der Praxis sinnvoll einsetzbar sind und daß sich mit ihnen reale Problemsituationen erfolgreich lösen lassen, bei einer Fehlerquote unter 7% (Krause 1982).

USL ist auch heute noch weltweit gesehen das am extensivsten evaluierte natürlichsprachliche FAS. Neben den beiden großen, aufeinander bezogenen Studien, der KFG-Studie mit einer deutschsprachigen Version und dem Advanced Language Project (ALP) der New York University, gab es eine Reihe kleinerer Evaluierungen. Insgesamt umfaßten die empirischen Studien (Feldstudien und Laborexperimente) mehr als 100 Benutzer und über 12.000 Anfragen (als Überblick cf. Jarke/Krause/Vassiliou 1986 und Jarke/Krause 1985a). Deshalb stammt die Mehrzahl der heute bekannten empirischen Fakten zur Mensch-Maschine-Interaktion mit einem natürlichsprachlichen FAS aus den USL-Studien. Es bietet sich deshalb an, die Leistungsfähigkeit kommerzieller FAS - wie Q&A - in Beziehung zu setzen zu diesen empirischen Ergebnissen.

In bezug auf Q&A ist USL auch noch aus einem zweiten Grund interessant. USL wurde von Beginn an und bewußt als Subset-System konzipiert. D.h., man versuchte einen Ausschnitt der natürlichsprachlichen zwischenmenschlichen Kommunikationsmöglichkeiten zu finden und programmtechnisch zu realisieren, der die Mensch-Maschine-Interaktion effizient und benutzerfreundlich gestaltet, effizienter und benutzerfreundlicher als formalsprachliche Alternativen. Auch die Einbeziehung formaler Teilelemente in die natürlichsprachlichen Anfragen wurde nicht tabuisiert. Hinzu kam, daß einige der für den Entwicklungszeitraum typischen Merkmale von Systemen der Künstlichen Intelligenz in USL nicht zu finden sind, wie z.B. die ATN-Grammatiken, oder eine Analyse, die von der Semantik ausgeht und die Syntax nur rudimentär als Hilfe zur Auflösung verbleibender Ambiguitäten einsetzt.

Dies alles hatte zur Folge, daß USL von einigen Wissenschaftlern in der Bundesrepublik Deutschland als außerhalb des Paradigmas der Künstlichen Intelligenz stehend empfunden wurde, mit der Implikation, daß empirische Ergebnisse zu USL im Verdacht standen, höchstens eingeschränkt für andere Systemarchitekturen gültig zu sein.

Interessant ist, daß es in den USA in der Regel nicht zu einer Ausgrenzung von USL und vergleichbaren Systemen aus dem Bereich der Künstlichen Intelligenz kam. In den Staaten läuft der Trend seit Jahren entgegengesetzt. Alles was mit maschineller Sprachverarbeitung im weitesten Sinn zu tun hat, wird unter den Begriff Künstliche Intelligenz subsumiert (cf. z.B. Winograd 1983).

Aber gerade diese Ausgrenzung von USL macht das Erscheinen von Q&A und F&A auf dem Softwaremarkt interessant. Es müßte – auf der Grundlage einer Analyse dieser Systeme – nun leichter fallen, die Subset-Problematik dort einzuordnen, wo sie schon immer hingehört, als eines der zentralen Probleme jeder maschinellen Sprachverarbeitung, gleich welcher Ansatz auch immer verfolgt wird. Dies deshalb, weil wir es bei der Mensch-Maschine-Interaktion realiter immer nur mit einem Ausschnitt der Möglichkeiten natürlichsprachlicher Kommunikation zu tun haben, sobald – und dies ist der ursächlich auslösende Faktor – die Anwendungsorientierung ins Spiel kommt, sobald das Ziel die Verbesserung maschineller Informationssysteme ist (cf. genauer Krause 1984a).

Zu dieser Schlußfolgerung können recht verschiedene Grundannahmen führen. Man kann davon ausgehen,

a) daß eine Simulation der zwischenmenschlichen Kommunikation sich prinzipiell nicht erreichen läßt, weil es Maschinen nicht möglich ist, menschliche Intelligenz in ihrer Gesamtheit abzubilden,

b) daß dies zwar möglich erscheint, aber zu viel Entwicklungszeit, Speicherplatz oder CPU erfordert oder auch gesellschaftlich (oder sonstwie) unerwünscht ist,

c) daß der Simulationsansatz prinzipiell realisierbar erscheint, aber nicht auf der Grundlage des heutigen Wissens über Sprache, Kommunikation, Benutzerpsychologie usw. und nicht auf den heute zur Verfügung stehenden EDV-Anlagen (vor allem nicht auf PC's); vielleicht wissen wir in zwanzig Jahren mehr,

d) daß bestimmte Interaktionen besser nicht-natürlichsprachlich realisiert werden, weil der Mensch zusätzlich über andere Interaktionsmodi verfügt, die in Teilbereichen der natürlichsprachlichen Kommunikation überlegen sein können.

Bei all diesen (sich teilweise gegenseitig ausschließenden) Grundannahmen treten die Gesetzmäßigkeiten restringierter Systeme und die Eigengesetzlichkeiten der Mensch-Maschine-Interaktion in den Vordergrund. Ein zentrales Problem jeder Entwicklung wird damit, was und wie restringiert werden soll, für welche Anwendungsbereiche und Benutzergruppen. Obwohl diese Grundschwierigkeit der Entwicklung natürlichsprachlicher FAS bereits recht früh vom Ansatz her in Watt 1968 erkannt wurde (cf. Krause 1984a), blieb sie in den verschiedenen Konzepten maschineller Sprachverarbeitung (einschließlich der sprachorientierten Künstlichen Intelligenz) weitgehend vernachlässigt, m.E. eine der Hauptursachen für den bisher mangelnden Erfolg bei der Produktentwicklung.

1.3. Problembereich

Ausgehend von der in den Abschnitten 1.1 und 1.2 genannten Sachlage lassen sich drei Feststellungen formulieren:

a) Der Bereich Restriktionsregeln und die empirische Fundierung der Mensch-Maschine-Interaktion spielen eine wichtige - bisher eher unterschätzte - Rolle beim Design natürlichsprachlicher Schnittstellen, die den Zugang zu maschinellen Informationssystemen verbessern sollen.

b) Mit Hilfe von Q&A läßt sich verdeutlichen, daß es sich hierbei nicht um ein Problem handelt, das mit der Unterscheidung Künstliche Intelligenz vs. alternative Ansätze zusammenhängt. Auch Q&A ist nur soweit leistungsfähig, als es ein restringiertes Mensch-Maschine-Interaktionssystem ist.

c) An Q&A wird eine neue Schwierigkeit sichtbar, die auf die empirische Forschung zu natürlichsprachlichen FAS zukommt. Bei USL und anderen experimentellen FAS ließen sich Schwierigkeiten bei der Verwendung der Systeme direkt aus den zugrundeliegenden Algorithmen ableiten. Alle Details sind publiziert, bis zur kleinsten Syntaxregel (cf. Zoeppritz 1984), einschließlich aller Fehlerzählungen der Feldstudien.
Bei Q&A (wie schon bei INTELLECT) trifft dies nicht mehr zu. Q&A ist ein Produkt; der Regelapparat bleibt Firmenexternen verschlossen. Dies muß wohl auch so sein, gerade weil m.E. das Restriktionswissen derzeit den Ausschlag für einen Markterfolg gibt.
Und weil dies so ist, entsteht methodisch eine neue, äußerst interessante Situation für die wissenschaftliche Auseinandersetzung mit dieser Software. Bei USL und anderen experimentellen Systemen war die Wirkungsweise der maschinellen Komponente problemlos zugänglich; erforscht wurde das

menschliche Verhalten im Zusammenspiel mit dem Computer. Bei Q&A wird auch die Maschine zur black box; die Regularitäten *beider* Komponenten sind nur noch indirekt erschließbar.
Glücklicherweise klappt dies im Falle von Q&A recht gut, man erkennt an bestimmten Beispielsätzen überraschend schnell, wie das System aufgebaut ist.
Die Situation verkompliziert sich weiter, wenn der Wissenschaftler selbst am Produktionsprozeß beteiligt wird. Je häufiger das geschieht, um so stärker dürfte diese Entwicklung zu einer ausgeprägten Form von "Sphinx-Literatur" führen, nach dem Muster: "Ich habe eine Meinung z.B. über das Design eines natürlichsprachlichen FAS, sage sie auch, darf aber nicht angeben, *warum* ich diese Meinung vertrete, weil sie z.B. durch empirische Tests begründet ist, die Firmeneigentum sind und nicht freigegeben wurden." Auch dies ist eine der vor allem für Geisteswissenschaftler irritierenden Befremdlichkeiten, mit denen eine anwendungsorientierte Forschung – im Erfolgsfall – die Universitäten beglückt.

2. Abfrage tabellarisch organisierter Fakten

Natürlichsprachliche Interfaces wie INTELLECT, der "Intelligente Assistent" von Q&A oder USL lassen sich in ihrem Prinzip durch die folgende Graphik charakterisieren.

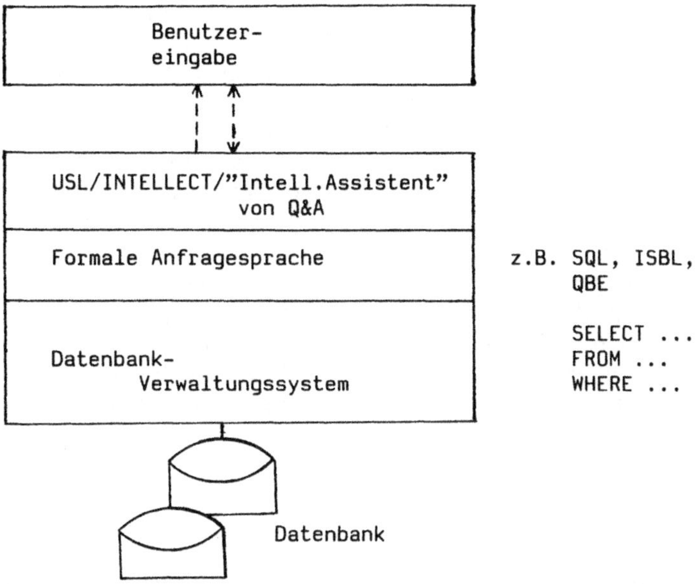

Abb. 1

Das Ergebnis der natürlichsprachlichen Analyse ist eine formale Anfrage, die als Eingabe in das Datenbankverwaltungssystem dient. So übersetzte USL bis 1980 in ISBL (Information System Base Language), danach in SQL (genauer cf. Lehmann 1978; Ott/Zoeppritz 1979, Krause 1982, Zoeppritz 1984). Heute steht somit bei USL die SQL-Formulierung neben der natürlichsprachlichen. USL hat darüber hinaus die Fähigkeit, mehrere Tabellen durch die Join-Operation zu verbinden. Das folgende Beispiel aus der KFG-Studie soll das generelle Vorgehen in vereinfachter Form verdeutlichen.

Anfrage: Welche Schüler besuchen die Sexta?

Relationen:

besuchen

c1	c2
NOM-SCHÜLER	ACC-Klasse
S1120	K113A
S2205	K224A
.	.
.	.
.	.

Sexta

c3
NOM-SEXTA
K113A
K114A
.
.
.

ISBL: /1: (((besuchen * sexta);c2=c3)%c1)

Adjektive, Verben und Substantive sind Namen von Tabellen, die miteinander verknüpft werden (* = join), wobei eine Spalten- und Zeilenauswahl erfolgt (Spaltenvergleich zur Zeilenauswahl: c2 = c3; Spalteneinschränkung: %c1).

Die Art und Weise, wie man zur Datenbankschnittstelle gelangt, ist bei jedem System verschieden. Charakteristisch für die hier behandelte Klasse natürlichsprachlicher Interfaces ist, daß die abfragbaren Fakten in der Datenbank in Tabellen abgespeichert sind. Für Q&A ist die obige Darstellung allerdings schon zu kompliziert: Q&A erlaubt keine Join-Operation; die Fakten müssen alle in *einer* Tabelle stehen.

Die Aufgabe für den Algorithmus besteht im Kern darin zu erkennen, welche Spalten und Zeilen in der natürlichsprachlichen Abfrage angesprochen werden und welchen Bedingungen sie genügen müssen (z.B. Vergleich, bestimmte Belegung o.ä.). Man sollte deshalb im Falle von Q&A und vergleichbaren Systemen besser von natürlichsprachlichen Datenbankschnittstellen für tabellarische Abfragen sprechen.

3. Q&A und F&A

Die Systeme werden derzeit von der Linguistischen Informationswissenschaft der Universität Regensburg (LIR) einem Systemtest ausgesetzt. Die Behandlung der im folgenden besprochenen vier Systemeigenschaften setzt diesen Test nicht voraus, sie lassen sich direkt aus der Systembeschreibung (Symantec 1986) nach einem oberflächlichen Ausprobieren der mitgelieferten Spieldatei ("employee-file") entnehmen. Ein Vergleich der Systemcharakteristiken mit den empirischen Ergebnissen aus den bisher (vor allem zu USL) durchgeführten Benutzertests erlaubt erste Aussagen über die zu erwartende Leistungsfähigkeit.

3.1. Zu definierendes Vokabular

Der "Intelligente Assistent" von Q&A verfügt über ein Grundvokabular von etwa 400 Wörtern, die das System kennt. Alle darüber hinausgehenden Wörter müssen vom Benutzer definiert werden.

Der Verdacht taucht immer wieder auf, daß allein deshalb die Arbeit mit einem natürlichsprachlichen Interface zu umständlich wird. Die These lautet, das Vokabular würde sich nicht abschließend definieren lassen, es kämen immer wieder neue Wörter hinzu; die Definition des Benutzervokabulars sei ein Faß ohne Boden; zumindest jeder neue Benutzer würde neue Wörter einführen.

Die empirischen Tests zu USL zeigten, daß diese Thesen nicht zutreffen (cf. Krause 1982, Zoeppritz 1983, Jarke/Krause 1985b). Der Umfang des Benutzervokabulars der USL-Studien reichte von 49-313 zu definierenden Wörtern; die Benutzer waren durchaus in der Lage, die Wortdefinitionen relativ vollständig und fehlerfrei vorzunehmen (cf. vor allem Jarke/Krause 1985b).

Somit stehen Q&A und F&A bei dieser wichtigen Designgrundentscheidung auf empirisch abgesichertem Boden. Es ist in der Regel nicht zu erwarten, daß für die mit Q&A handhabbaren Dateien mehr als ein Maximum von 500 Wörtern definiert werden muß.

Bei dieser Aussage ist wichtig, daß die Objektebene von Q&A (Atome der Datenbank, z.B. der Personenname *Müller*) nicht zum Bereich der zu definierenden Einheiten gehört. Entsprechendes gilt für INTELLECT und USL. Die Anzahl der diskreten Elemente auf dieser Ebene kann sehr groß werden.

3.2. Robustheit gegenüber oberflächenstruktureller Variation

Eines der wesentlichsten Ergebnisse der USL-Evaluierungen war, daß ein Überschreiten der Systemgrenzen durch den Benutzer schwere Störungen der Mensch-Maschine-Interaktion verursachen oder relativ unproblematisch sein kann; zur ersteren Gruppe gehören oberflächenstrukturelle Restriktionen (z.B. Wortstellung, syntaktische Variation), zur letzteren die benutzerabhängige Wortsemantik (Krause 1982: 278). Bei oberflächenstrukturellen Lücken in der Grammatik von USL gelang es den Benutzern nicht (oder nur sehr schwer), den Fehler zu lokalisieren und durch eine zugelassene Paraphrasierung doch noch die gewünschte Antwort zu erhalten. Die USL-Entwicklungsgruppe zog aus diesen Ergebnissen die Konsequenz, die Syntax zu stärken, um eine möglichst hohe Abdeckung der Oberflächenvariationen einer Anfrage zu erreichen. Daraus ließe sich folgern, daß die USL-Evaluierung ein historisch gesehen längst obsoletes syntaxorientiertes Analysekonzept stützt.

Q&A zeigt, daß man dem empirisch ermittelten Ergebnis, daß oberflächenstrukturelle Variationen des Benutzers relativ fehlerfrei handhabbar sein müssen, auch ganz anders gerecht werden kann. Q&A sieht offensichtlich von Regularitäten wie der Wortstellung ab; eine syntaktische Komponente gibt es, wenn überhaupt, nur sehr rudimentär. Dies führt dann ohne weiteren zusätzlichen Analyseaufwand dazu, daß z.B. auch unakzeptable Sätze nicht abgelehnt werden.

Mißt man dieses Vorgehen *nur* in bezug auf obige empirisch motivierte Forderung, wird Q&A ihr gerecht. Die Forderung nach oberflächenstruktureller Robustheit läßt sich durch eine starke Syntax genauso erfüllen wie durch eine vorwiegend semantisch orientierte Analysestrategie. Entscheidend ist das Ergebnis; oberflächenstrukturelle Variationen dürfen nicht zu einer Rückweisung der Anfrage führen, da der Benutzer in diesen Fällen starke Schwierigkeiten hat, den Fehler zu lokalisieren. Beide Systeme, USL und Q&A, erfüllen diese Anforderung, wenn auch mit ganz anderen Mitteln.

3.3. Umfang der Antwort

Bereits die TA-Feldstudie mit USL (cf. Krause 1982: Kapitel 5) hatte gezeigt, daß der Umfang der Antwort, d.h. welcher Tabellenausschnitt dem Benutzer gezeigt wird, ein nur schwer zu lösendes Problem darstellt. So ist es bei der Anfrage (1) klar, daß die Gehaltsspalte ausgegeben werden muß.

(1) `Show me all the secretaries and their salaries`

Schwieriger ist die Entscheidung darüber, welche zusätzliche Informationen sinnvoll sind. Soll nur der Name allein oder zusammen mit der Geschäftsadresse ausgegeben werden, oder sollte auch die Privatadresse ergänzt werden?

Die Festlegung des Umfangs der Antwort ist ein ernsthaftes Problem für jedes natürlichsprachliche FAS. Die TA-Feldstudie (Krause 1982: 209-232) scheiterte nicht zuletzt an dieser Schwierigkeit.

Die Problematik wird auch in der Künstlichen Intelligenz behandelt. Stichworte sind Partnermodellierung und kooperativer Dialog (cf. z.B. Morik 1985). Das System muß sich während des Dialogs ein Bild machen vom übergeordneten Informationsziel des Fragenden, vom Verwendungszweck der Antwort, seinem Kenntnisstand, aus dem Vorwissen des Anfragenden heraus und auch aus dem Dialogverlauf. Das führt dann zum sog. dynamischen Dialog, der dadurch gekennzeichnet ist, daß die gleiche Anfrage an verschiedenen Stellen im Dialog zu verschiedenen Antworten führen kann. Wenn z.B. die Geschäftsadresse im Anschluß an eine Antwort auf (1) zweimal nachgefragt wird, sollte das System sie im weiteren Verlauf des Dialogs bei Anfragen nach dem Muster von (1) hinzufügen.

Informationen dieser Art sind in einem Benutzermodell abzuspeichern; der Umfang der bei der Antwort zu gebenden Information ist aus diesem dynamisch sich aufbauenden Hintergrundwissen abzuleiten. Hierzu gibt es in der Künstlichen Intelligenz eine Reihe von Beispielen, z.B. in HAM-ANS (Hoeppner/Morik 1983).

So weit, so gut. Nur, sollen solche Lösungen in Softwareprodukte integriert werden, stellt sich rasch heraus, daß unser Wissen um Vorgänge dieser Art noch viel zu gering ist, um eine über Einzelbeispiele hinausgehende effiziente Partnermodellierung zu realisieren. Partnermodellierung für natürlichsprachliche FAS ist ein deutliches Beispiel für einen Bereich der Grundlagenforschung. Somit bleibt bei der Produktentwicklung gar nichts anderes übrig als auszuweichen, diese Informationsmechanismen auszuklammern, sie durch andere Techniken, z.B. durch formalsprachliche Ergänzungen, zu ersetzen, was dann zu einer Mischform des Dialoges führt.

Es könnte natürlich auch sein, daß Regeln zur Partnermodellierung auch dann durch formalsprachliche Alternativen ersetzt werden, wenn wir eines Tages über einen ausreichenden Kenntnisstand verfügen und eine effiziente Partnermodellierung möglich wäre, einfach weil die Subsetlösung zufriedenstellend arbeitet und schnellere Antworten mit weniger Aufwand liefert.

Aber sehen wir uns erst einmal an, wie Q&A das Problem löst. Q&A verfügt über eine Reihe von globalen Voreinstellungen und lokalen Zusatzangaben, die den Spaltenumfang der Antwort steuern:

a) Die Grundregel ist, daß alle Spalten, die explizit in der Anfrage genannt werden, in der Antwort erscheinen.

b) Zusätzlich lassen sich global (d.h. für *alle* folgenden Fragen) Spalten als sog. "identification columns" definieren, die dann unabhängig von der Frageformulierung in der bei der Definition angegebenen Reihenfolge mitausgegeben werden (bei (1) z.B. "Fullname" und "Department").

c) Die Ausgabe der "identification columns" kann durch den Zusatz "WNIC" oder die Phrase "with no identification column" lokal (d.h. nur für die betroffene Frage) wieder aufgehoben werden.

d) Bei *where*-Fragen werden alle in der Definitionsphase als "location" definierte Felder ausgegeben, und zwar stehen diese Spalten in der Antwort nach den "identification columns".

e) Bei *where*-Fragen lassen sich Lokalspalten auch explizit durch die Angabe einzelner als "location" definierter Spalten ersetzen. Erleichtert wird diese explizite Listenangabe durch eine globale "Define"-Klausel.

(2) `Define home as address, city, state, zip`
(3) `Where is Scribble`
[Antwort: identification columns und alle als "location" definierte Felder der Tabelle].

(4) `Where is Scribble's home`
[Antwort: Statt alle "location" – Spalten nur die unter (2) definierten].

f) Neben "WNIC" gibt es den Zusatz "WNRC" oder "with no restriction column". Er bewirkt, daß Einschränkungsspalten fehlen.

(5) `List the departments and salaries of people with bonuses over $ 1000 WNRC`
[Mit WNRC: die "bonus – Spalte" fehlt, ohne WNRC wird sie mit ausgedruckt].

g) "WNRC" und "WNIC" lassen sich als "WNEC" oder "with no extra columns" zu einer Angabe zusammenfassen.

h) Ja/Nein – Felder, die nur den Eintrag "Y" oder "N" enthalten, werden nicht mitausgegeben, auch wenn sie explizit in der Frage genannt werden.

(6) `Show the salaries and eligibles`
[Antwort ohne die Ja/Nein – Spalte "eligible"].

Ergänzt man die Bezeichnung des Ja/Nein – Feldes in der Frage durch den Zusatz "fields", erscheint die Ja/Nein – Spalte trotzdem.

(7) `Show the salaries and eligible fields.`
[Antwort mit dem Ja/Nein – Feld "eligible"].

i) Die Verwendung des Ausdrucks *form* führt zur vollständigen Ausgabe aller zutreffenden Formulare.

(8) `Give me the forms of all employees.`

Die Aufstellung a) – i) zeigt, daß Q&A in diesem Leistungsausschnitt zumindest alle Nachteile einer formalen Anfragesprache enthält, wenn nicht noch mehr. Die Liste muß regelrecht gelernt werden, will der Benutzer die Kontextinformationen steuern, und auch das wird ihm so schwer wie möglich gemacht. So sind obige Informationen im Benutzerhandbuch verstreut über das 98 – seitige Kapitel "Intelligenter Assistent", das die natürlichsprachlichen Abfragemöglichkeiten erklärt.

Die Handlungsanweisungen sind zudem viel zu wenig durchsichtig und zu kompliziert, als daß sie sich leicht einprägen würden. Meines Erachtens versagt Q&A bei der Modellierung der Umfangsbestimmung einer Antwort völlig, obwohl dieses Problem typisch für die Forschung der Künstlichen Intelligenz ist.

Dies zeigt, daß auch Systeme, die aus dem Paradigma der sprachorientierten Künstlichen Intelligenz heraus entwickelt werden, um Subsetfragestellungen nicht herumkommen. Es geht darum, eine unverzichtbare Funktion aus der zwischenmenschlichen Kommunikation durch formalsprachliche Zusätze möglichst effektiv zu ersetzen, womit wir im Bereich der Eigengesetzlichkeiten der Mensch-Maschine-Interaktion wären.

3.4. Fehlende Einbettungstiefe

Dieser letzte Punkt läßt sich recht kurz abhandeln. Q&A kann Fragen wie (8) und (9) nicht beantworten (Symantec 1986: IA-72).

(8) `What's John's manager's age?`
(9) `What is the age of the manager of John?`

Der Benutzer muß sie durch die aufeinanderfolgenden Fragen (10) und (11) ersetzen.

(10) `Who is John's manager?`
[Antwort: Sarah]
(11) `What's Sarah's age?`

Die Einschränkung widerspricht jeglicher Plausibilität. Fragen wie (8) oder (9) müssen beantwortbar sein. Diese Strukturen aus dem Subset auszuklammern, widerspricht auch dem bisher gesammelten empirischen Material zu natürlich-sprachlichen FAS. Es ist weiter nicht vorstellbar, daß sich die Zergliederung des Anfragetyps (8) in (10) und (11) problemlos erlernen läßt. Aber auch wenn dies möglich wäre, bliebe der erhöhte Abfrageaufwand.

3.5. Reduzierung auf einfache Tabellenanfragen

Meines Erachtens hat Q&A in der jetzigen Form (Version 1.1) schon wegen der in Abschnitt 3.4 beschriebenen Restriktion keine Zukunft. Was machbar bleibt, sind einfachste Tabellenanfragen – und damit ergibt sich ein neues Problem, das sich z.B. mit Hilfe der Automaten zur Fahrzeugauskunft in einigen Bahnhöfen von Großstädten wie Frankfurt verdeutlichen läßt. Der Kunde will von einem bestimmten Ort zu einem anderen in einem bestimmten Zeitabschnitt fahren. Er drückt einige beschriftete Knöpfe und erhält eine Fahrplanauskunft. Es wäre widersinnig, für diesen Vorgang ein natürlichsprachliches System einzuführen; eine natürlichsprachliche Fahrplanauskunft wäre für den Benutzer wesentlich umständlicher als das formale, technisch völlig unproblematische System.

Es gibt deutlich Bereiche, in denen formalsprachliche Alternativen der natürlichsprachlichen überlegen sind. Wir wissen noch nicht, wo die Grenzen verlaufen. Sicher scheint nur, daß die Chancen bei sehr einfachen Problemstellungen für natürlichsprachliche Systeme gering sind. Diese Grenze wird derzeit durch Techniken wie die direkte Manipulation von elektronischen Objekten am Bildschirm (räumlich-visuelle Darstellung und Manipulation mit der Maus, cf. Shneidermann

1983, Hutchin et al. 1986) weiter zuungunsten natürlichsprachlicher Interfaces verschoben. So gibt z.B. Shneidermann 1986 ein gutes Beispiel für die Überlegenheit dieser Techniken gegenüber einem natürlichsprachlichen Dialogsystem für eine Flugplanauskunft.

4. Fazit

An Q&A wurden einige einfache Fragestellungen erprobt, die aus dem Forschungsfeld Subsetdefinition und Eigengesetzlichkeiten der Mensch-Maschine-Interaktion stammen. Es ließ sich zeigen, daß die dort aufgeworfenen Probleme, die sich in der Regel nur durch empirische Studien lösen lassen, für alle natürlichsprachlichen Interfaces relevant sind, also auch für Systeme wie Q&A, die dem Paradigma der sprachorientierten Künstlichen Intelligenz zugeschrieben werden. Es ließ sich weiter zeigen, daß Q&A *nicht* als Durchbruch oder wesentlicher Fortschritt im Bereich natürlichsprachlicher Systeme anzusehen ist. Zu offensichtlich sind einige Schwächen und falsch gesetzte Einschränkungen. So wird z.B. der Standard von USL nicht erreicht.

Daß Q&A kommerziell erfolgversprechend gestartet werden konnte, widerspricht diesem Fazit nicht unbedingt. Zum einen besitzt Q&A eine gute, leicht bedienbare formale Abfragemöglichkeit, in die problemlos übergewechselt werden kann; zum anderen macht das Spielen mit der natürlichsprachlichen Abfragemöglichkeit von Q&A Spaß. Es fasziniert und verschafft dem Käufer beim derzeitigen hohen Prestigewert von Werkzeugen der Künstlichen Intelligenz Anerkennung bei Geschäftspartnern und Freunden. Und warum sollen einem PC-Besitzer Spaß und Anerkennung nicht DM 1.700 wert sein, wenn er für sein Geld zusätzlich viele brauchbare Funktionen über das natürlichsprachliche Interface hinaus bekommt. Dies alles ist korrekt und erfreulich. Man darf es nur nicht als Qualitätsentscheidung des Marktes über den zugrundeliegenden Algorithmus zur natürlichsprachlichen Abfrage von Datenbanken interpretieren oder – noch schlimmer – Q&A als Beispiel für den heute erreichbaren Standard und Nutzen natürlichsprachlicher Komponenten von Informationssystemen ansehen.

Literatur

Blaser, A. / Alschwee, B. / Lehmann, He. / Lehmann, Hu. / Schönfeld, W. (1985): "Ein juristisches Expertensystem mit natürlichsprachlichem Dialog – ein Projektbericht." Brauer, W. / Radig, B.: Wissensbasierte Systeme. Berlin etc..

Carnegie Group Inc. (1985): The Language Craft Reference Manual. Pittsburg, PA.

COLING (1986): Proceedings of the 11th International Conference on Computational Linguistics. Bonn. August 25th-29th, 1986.

Dirks, H. (1986): "Test F&A. Software mit Vernunft." Chip 2. Februar 1986: 136–137.

Hoeppner, W. / Morik, K. (1983): "Das Dialogsystem HAM– ANS." Linguistische Berichte 88: 3–36.

Hutchin, E.L. et al. (1986): "Direct manipulation interfaces." Norman, D.A. / Draper, S.W. (eds.): User Centered System Design. Hillsdale–London: 87–124.

Jarke, M. / Krause, J. (1985a): "New empirical results of user studies with a domain–independent natural language query system." Bibel, W. / Pettkoff, B. (eds.): Artificial Intelligence Methodology Systems Applications. North–Holland: 153–159.

––– (1985b): "Konzeptualisierung und Training für natürlichsprachliche FAS." Endres–Niggemeyer, B. / Krause, J. (Hrsg.): Sprachverarbeitung in Information und Dokumentation. Berlin etc.: 56–66.

Jarke, M. / Krause, J. / Vassiliou, Y. (1986): "Studies in the evaluation of a domain–independent natural language query system." Bolc, L. / Jarke, M. (eds.): Cooperative Interactive Information Systems. Berlin etc.: 101–130.

Krause, J. (1982): Mensch–Maschine–Interaktion in natürlicher Sprache. Evaluierungsstudien zu praxisorientierten Frage–Antwort–Systemen und ihre Methodik. Tübingen.

––– (1984a): "Praxisorientierte natürlichsprachliche Frage–Antwort–Systeme: Zur Entwicklung vor allem in der Bundesrepublik Deutschland." Nachrichten für Dokumentation 34. 4/5: 188–194.

––– (1984b): "Linguistik, Linguistische Datenverarbeitung, Informationslinguistik und Linguistische Informationswissenschaft. Zur notwendigen Verselbständigung eines Fachgebietes." Eroms, H.–W. et al. (Hrsg.): Studia Linguistica et Philologica. Festschrift Klaus Matzel. Heidelberg: 51–60.

––– (1986): Künstliche Intelligenz – Eine Herausforderung an Lehre und Forschung. IBM Kongress '86. Technisch–wissenschaftliche Informationsverarbeitung in Hochschule, Forschung und Industrie. Düsseldorf, 16./17. Juli 1986. Vortragsmanuskript.

Lehmann, H. (1978): "Interpretation of natural language in an information system." IBM–Journal of research and development 5: 560–572.

––– (1985): "Ein juristisches Expertensystem auf der Grundlage von Linguistik und Logik." Endres–Niggemeyer, B. / Krause, J. (Hrsg.): Sprachverarbeitung in Information und Dokumentation. Berlin etc.: 92–100.

Morik, K. (1985): "Partnermodellierung in Beratungsdialogen." Endres–Niggemeyer, B. / Krause, J. (Hrsg.): Sprachverarbeitung in Information und Dokumentation. Berlin etc.: 80–91.

Ott, N. / Zoeppritz, M. (1979): "USL – An experimental information system based on natural language." Bolc, L. (ed.): Natural Communication with Computers. München etc.: 3–32.

Shneidermann, B. (1983): "Direct manipulation: A step beyond programming languages." IEEE 8: 57–69.

– – – (1986): "Direct Manipulation. An Object-Oriented Visual Programming Language." Tutorial 17 of CHI'86. Human Factors in Computing Systems. April 14, 1986. Boston (Mass.).

Symantec Corporation (1986): Benutzerhandbuch F&A. Version 1.1. München.

Tennant, H.R. et al. (1983): "Usable natural language interfaces through menu-based natural language understanding." Janda, A. (ed.) b: Human Factors in Computing Systems. CHI'83 Conference Proceedings, Dec. 12–15th Boston, England. Special Issue of the SIGCHI Bulletin.

Watt, W.C. (1968): "Habitability." American Documentation 3: 338–351.

Winograd, T. (1983): Language as a Cognitive Process. 1: Syntax. Reading.

Zoeppritz, M. (1983): "Human factors of a "natural language enduser system"." Blaser, A. / Zoeppritz, M. (eds.): End User Systems and their Human Factors. Berlin etc.: 62–93.

– – – (1984): Syntax for German in the User Specialty Languages System. Tübingen.

– – – (1985): "Computer talk?" IBM Heidelberg Scientific Center Technical Note 85.05. Heidelberg.

– – – (1987): " 'Kommunikation' mit der Maschine." In diesem Band.

'KOMMUNIKATION' MIT DER MASCHINE

Magdalena Zoeppritz

Zusammenfassung

Der Aufsatz diskutiert spezielle Formen der Kommunikation, die insofern als 'technisiert' betrachtet werden können, als der Adressat der Kommunikation ein Computer ist. Als Kommunikationsmedien stehen verschiedene Kommando-, Programmier- und Abfragesprachen zur Verfügung. Besonders diskutiert werden Beobachtungen, die bei der Verwendung eingeschränkter natürlicher Sprache zur Datenabfrage gemacht wurden.

1. Verständigung über Begriffe

Kommunikation: Kommunikation ist ein Prozeß bei dem mindestens folgende Elemente vorhanden sind: eine *Mitteilung* wird von einer *sendenden* Instanz an eine *empfangende* gerichtet, wobei die Mitteilung durch *Symbole* in einem *Medium* ausgedrückt und durch einen *Kanal* übermittelt wird. Erfolgreiche Kommunikation ist möglich, wenn die Symbole beiden Instanzen zugänglich sind.

Bei der Kommunikation zwischen Menschen sind Mitteilungen Ausdruck menschlicher *Intentionen*, Informationen, Wünsche, Aufforderungen usw., die im gewählten Medium formuliert werden. Menschliches *Verständnis* versucht, aus den Formulierungen, die sie mehr oder weniger genau ausdrücken, die zugrundeliegenden Intentionen, das *Gemeinte*, zu erschließen.

Mit dem Ausdruck *Medium* wird heute oft Medium und Kanal zusammen gemeint, womit die wechselseitige Abhängigkeit zwischen beiden betont wird. Die Unterscheidung von Medium und Kanal erscheint mir aber trotzdem wichtig, weil sie die Beschreibung eben dieser wechselseitigen Abhängigkeit erleichtert. So können die verschiedenen Arten, denselben Spielfilm zu sehen: im normalen Kino, im Autokino, im Fernsehen oder von der Videokassette, als bedingt durch die verschiedenen *Kanäle* beschrieben werden (Bildgröße, zeitliches und räumliches Verhältnis zu anderen Zuschauern), während die verschiedenen Arten einen Film zu machen: fürs Fernsehen, fürs Kino, für den Vertrieb auf Kassette oder für den privaten Gebrauch (Format, Schnitt, Farbe usw.), von den Möglichkeiten der Geräte unter dem Aspekt des *Mediums* Gebrauch machen können.

Der Gebrauch von Symbolen unterscheidet Kommunikationshandlungen von anderen Handlungen mit ähnlichen Zielen und Wirkungen. Soll jemand still sein, kann man die Person darum bitten oder sie anzischen, oder man kann ihr den Mund fest zuhalten. Im letzten Fall wird der Wunsch nicht mehr kommunikativ übermittelt, sondern durch 'Handhabung' direkt in die Tat umgesetzt, selbst wenn nebenbei auch etwas über die handelnde Person und ihr Verhältnis zum Objekt der Handlung kommuniziert wird. Ebenso kann willkürliches wie unwillkürliches Gähnen der Gastgeber die Gäste veranlassen, nach Hause zu gehen, doch nur das erstere ist Kommunikation.

Kommunikation kann wechselseitig sein: die Kommunikationspartner spielen abwechselnd die Rolle der mitteilenden und der empfangenden Instanz, sie kann aber auch einseitig oder vorwiegend einseitig sein. Der Wechsel kann symmetrisch sein: die zunächst empfangende Instanz kann und darf das Gespräch fortsetzen, das Thema wechseln, das Gespräch abbrechen usw., aber andere Formen des Wechsels gibt es auch: nur Verständnisfragen sind erlaubt, der Empfang der Mitteilung muß bestätigt werden, d.h. der Empfänger darf oder muß reagieren, eigene Initiative kann oder darf er nicht ergreifen.

Technisierte Kommunikation: Technisiert im Sinne von 'von Technik affiziert' kann jede Art von Kommunikation genannt werden, bei der Technik eine wesentliche Rolle spielt. Das ist bestimmt dann der Fall, wenn eines der oben genannten Elemente des Kommunikationsprozesses ein technisches ist. Dabei ergeben sich folgende Möglichkeiten:

- eine Maschine spielt die Rolle des Senders, dann ist auch der Kanal ein Produkt der Technik (Öllampe beim Auto).
- eine Maschine spielt die Rolle des Empfängers, dann ist sowohl der Kanal ein technischer als auch das Medium technisch bestimmt (Programmierung).
- Sender und Empfänger sind beides Maschinen, dann sind Medium und Kanal technische Produkte, Gegenstand der Mitteilungen sind technische Daten (Zustandsanzeigen von einer Maschine an die andere).
- Menschen sprechen über technische Fragen, d.h. Technisches ist Gegenstand der Mitteilungen (Fachgespräch; gemeinsamer Versuch, eine Gebrauchsanweisung zu verstehen).
- Menschen kommunizieren über einen technischen Kanal (Vortrag mit Diskussion über Mikrophone).
- Menschen kommunizieren in einem technischen Medium (Morsen, Austausch von Programmen).
- Menschen kommunizieren in einem technischen Medium über einen technischen Kanal (Telefonieren, Botschaften über ein Computernetz).

Darüber hinaus gibt es eine Variante technisierter Kommunikation, die nicht durch die Rolle technischer Elemente im Kommunikationsprozess selbst bedingt ist, sondern durch bestimmte Formen eines Denkens über die Welt, das sich in der Wahl technischer Vergleiche und Metaphern äußert, von: *da muß ich mich noch mit Maria rückkoppeln*, statt *einigen* oder *verständigen*, bis zum verbreiteten – und oft durchaus nicht metaphorisch gemeinten – *das Gehirn ist eigentlich ein Großcomputer*. In dieser Metaphorik sehe ich eine Technisierung mindestens des Mediums Sprache, wenn nicht gar des Denkens.

Weil diese Metaphorik existiert, ist die umgekehrte Metaphorik, die Verwendung von Wörtern für menschliche Fähigkeiten zur Beschreibung maschineller Vorgänge, in einigen Bereichen nicht ungefährlich. Bei Ausdrücken wie *die Ma-*

schine läuft ist die Entsprechung und gleichzeitig die Verschiedenheit der Vorgänge jedermann selbstverständlich. Bei Ausdrücken wie *die Maschine versteht* kann der metaphorische Gebrauch zur Zeit nicht ohne weiteres mit einem metaphorischen Verständnis rechnen, und umgekehrt, sondern es muß auch die Möglichkeit berücksichtigt werden, daß so ein Ausdruck real gemeint oder real verstanden wird.

Der Begriff der technisierten Kommunikation, im oben gemeinten Sinn als 'von Technik affizierte Kommunikation', faßt zwar etwas zusammen, was allen diesen Kommunikationsformen gemeinsam ist, reicht aber m.E. nicht aus, um die Verschiedenartigkeit der Wirkung unterschiedlicher 'Technisierungen' zu beschreiben oder gar zu werten. Ohne zusätzliche Differenzierung liegt es nahe, Sinnvolles und Unsinniges in einen Topf zu werfen. Nicht zu erwarten, daß ein Auto fliegt, ist sicherlich eine 'technisierte' Vorstellung, im Sinne von 'über technische Möglichkeiten informiert', während eine andere 'technisierte' Vorstellung, nämlich daß zwischenmenschliche Kommunikation über das Medium einer Computersprache viel effizienter verlaufen würde, jedenfalls in meinem Wertsystem, den Gegenpol dazu bietet, 'technisiert' im Sinne von 'durch technische Phantasien irregeführt'.

Kommunikation mit einer Maschine: Von den oben genannten Möglichkeiten technisierter Kommunikation soll hier diejenige näher dargestellt werden, bei der einer der Kommunikationspartner ein Mensch, der andere ein Computer ist. Von den besonderen Eigenschaften dieser Art von Kommunikation wird im weiteren die Rede sein. Dabei wird kurz über die Entwicklung der formalen Interaktionssprachen gesprochen, die immer noch das eigentliche Kommunikationsmedium mit Computern sind. Dann wird über Erfahrungen mit eingeschränkter geschriebener natürlicher Sprache berichtet.

Methodisches: Die Diskussion der Kommunikation in eingeschränkter natürlicher Sprache stützt sich auf Analysen von Protokollen aus mehreren Benutzerstudien, die mit dem System User Specialty Languages (Lehmann/Ott/Zoeppritz 1985) gemacht wurden, auf die Ergebnisse der Analysen (Krause 1982, Zoeppritz 1983, Jarke/Krause/Vassiliou 1986, Zoeppritz 1985b) und Folgerungen daraus (Zoeppritz 1985a, 1986). Es handelt sich dabei im wesentlichen um die linguistische Analyse sprachlicher Daten, von denen der weitaus größte Teil in geschriebener Form vorlag (schriftliche Eingaben und mündliche Kommentare der Benutzer). Untersucht wurden die sprachliche Form der einzelnen Eingaben, Zusammenhänge zwischen Fragefolgen (Strategien, Korrekturversuche usw.) und Zusammenhänge zwischen Eingabeformen und Benutzerkommentaren nach verschiedenen Gesichtspunkten. Schreibgeschwindigkeit, Zögern, Korrektur beim Tippen wurden nicht berücksichtigt, insofern handelt es sich zwar um detaillierte Untersuchungen des sprachlichen Materials, aber nicht um Interaktionsanalysen im eigentlichen Sinn.

2. Kommunikation mit der Maschine

Computer sind Maschinen, die nicht direkt, sondern symbolisch manipuliert werden. Kommunikationsmittel mit diesen Maschinen sind die Programmiersprachen. Als 'Sprechakte' gibt es nur die Anweisung, den Befehl. Programmiersprachen sind Sprachen nach ihren formalen Eigenschaften und nach ihrer Funktion. Sie haben Syntax (was sie von Zeichensystemen unterscheidet, die keine Sprachen sind), und sie dienen dazu, etwas Spezifisches mitzuteilen (was sie von beliebigen interpretierbaren oder sinnlosen Erscheinungen unterscheidet). Programmiersprachen dienen der Übermittlung menschlicher Intentionen an die Maschine, in ihnen wird vorgeschrieben, was die Maschine tun soll.

Kommunikation mit einer Maschine ist immer asymmetrisch: Der Mensch stößt einen Ablauf in der Maschine an, Teil dieses Ablaufs kann eine Äußerung der Maschine sein, als Rückmeldung, Frage, Aufforderung zu weiterer Eingabe. So dialogähnlich eine Sequenz von menschlichen Eingaben und Ausgaben der Maschine auch aussehen mag, das 'turn-taking' ist nur scheinbar. Initiative, Themenwechsel, durchdachte Rückfrage von Seiten der Maschine gibt es nicht.

2.1 Sprachen für Programmierer

Die Begrifflichkeit, die sich in den frühen Programmiersprachen niederschlug, entsprach zunächst den Bedürfnissen der Programmierer und den Gegebenheiten der zu programmierenden Maschine. Aktionen, Speicherungsplätze und Speicherungsformen mußten im Detail benannt und von anderen solchen unterschieden werden. Zunächst wurden Zustände und Zustandsveränderungen angegeben: Maschinencode ohne mnemonische Funktion. Dann konnten diese Angaben symbolisch gemacht werden, es wurden 'Wörter' für Operationen und 'Namen' für Speicherplätze verwendet. Allerdings war Speicherplatz kostbar, die Ökonomie der Speicherung hatte Vorrang vor der Lesbarkeit der Programme. Codes und Abkürzungen sparen Platz, sind aber schwer lernbar, die Programme sind schwer zu lesen und zu warten. Später faßten sogenannte höhere Programmiersprachen Gruppen von Detailoperationen zusammen, Speicherplätze wurden symbolisch benannt und von gesonderten Programmen verwaltet, die Begrifflichkeit bewegte sich fort von der Einzeloperation zur Benennung der Zwecke, denen ganze Gruppen von Operationen dienen sollten (vgl. Sammet 1969). Die Namen für solche höheren Einheiten wurden aus natürlichen Sprachen (zuerst und immer noch überwiegend aus dem Englischen) entlehnt. Damit wurden die Programme leichter lesbar und konnten besser gewartet werden. Abfragesprachen wurden leichter gelernt und konnten besser behalten werden.

Entlehnt wurden Wörter. Ihre Bedeutung wurde reduziert und die natürlichsprachliche Syntax durch eine andere, formale ersetzt. Zum Beispiel verwendet die Abfragesprache SQL (Chamberlin et al. 1981) u.a. die englischen Wörter *select* 'wähle aus', *from* 'aus' und *where*, *and*, *or* 'wobei, und, oder' zur Konstruktion von Ausdrücken wie:

```
SELECT Adresse                Syntax: SELECT Feldname
FROM Mitarbeiter                      FROM Relationsname
WHERE Name = 'Maier'                  WHERE Bedingung
      OR Name = 'Schmidt'                AND/OR Bedingung
```

Ein Vergleich mit einer Paraphrase dieser Abfrage in natürlicher Sprache (auf Englisch wegen der Einheitlichkeit) macht die Reduktion der Wortbedeutung und die geänderte Syntax deutlich: *Select the addresses of the employees whose names are Maier or Schmidt.*

Andererseits kann gerade die Nähe zur natürlichen Sprache problematisch werden. Gleiche Wörter mit eingeschränkter Bedeutung können zu Interferenzen zwischen natürlicher Sprache und formaler Sprache führen. Erst durch Übung lernen die Benutzer von den Wörtern im System nicht die ganze Breite der natürlichsprachlichen Bedeutungen zu erwarten (weitere Arten von Interferenz schildern Lewis/Mack 1982). Ein typisches Beispiel – das auch für andere formale Sprachen gilt – ist die Bedeutung von logischem gegenüber natürlichsprachlichem *und* und *oder* (vgl. Lehmann 1978). Die Frage oben hätte auch so paraphrasiert werden können: *Select the addresses of the employees whose names are Maier and Schmidt.* bzw. 'Suche die Adressen der Mitarbeiter namens Maier und Schmidt.' Die Formulierung würde auch dann nicht so verstanden, daß jeder der Mitarbeiter beide Namen haben sollte. Das wäre die Interpretation, wenn man in der Abfrage oben 'OR Name = Schmidt' durch 'AND Name = Schmidt' ersetzt hätte.

2.2 Sprachen für andere Berufsgruppen

Mit der wachsenden Verbreitung von Computern ergeben sich zwei Entwicklungen, deren Probleme zur Zeit noch nicht wirklich zufriedenstellend gelöst sind.

Einerseits entwickelt man Programme mit parametrisierter Eingabe. Das sind fertige Programme, in die die Benutzenden nur noch die Daten eingeben, mit denen die Programme arbeiten sollen. Solche Programme können sehr praktisch sein, man kann z.B. Rechnungen schreiben, ohne sich um die Rechnerei und das Layout kümmern zu müssen, in anderen Arbeitssituationen kann aber auch ein Rollentausch stattfinden, infolge dessen das Programm nicht mehr als Werkzeug, sondern als beherrschend, z.B. als verlängerter Arm der Arbeitsvorbereitung, empfunden wird. Dieses Problem kann ich hier nicht weiter ausführen, es sollte aber wenigstens erwähnt werden.

Andererseits wird mehr und mehr von den Benutzern selber programmiert, d.h. von Menschen, deren Interesse nicht das Programmiertechnische, sondern ihr Fachgebiet ist. Damit wird es immer wichtiger, daß sich die Begrifflichkeit der verwendeten Sprache an der Begrifflichkeit der Benutzer orientiert, für die die Maschinen Werkzeuge sein sollen, die sie bei ihrer Arbeit unterstützen, nicht von ihr ablenken.

Während die Begrifflichkeit der Programmiersprachen für Programmierer durchaus zweckentsprechend und den Kommunikationsbedürfnissen in der Programmiersituation angepaßt ist, ergeben sich in den Anwendungsgebieten und beim Gebrauch durch andere Berufsgruppen deutliche Diskrepanzen.

Im folgenden Beispiel wird die Frage nach den Mitarbeitern, die kein Auto haben, in einer relationalen Abfragesprache formuliert. Dabei wird die gesuchte Menge als Mengendifferenz zwischen den Mitarbeitern und den ein Auto besitzenden Mitarbeitern beschrieben, was ein, wenn auch geringes, Maß an Umdenken des Problems in andere Kategorien voraussetzt.

```
Welche Mitarbeiter haben kein Auto?

SELECT Name
FROM Mitarbeiter
WHERE Name NOT IN (SELECT Mitarbeiter.Name
                     FROM Mitarbeiter.Auto
               WHERE Mitarbeiter.Name = Auto.Besitzer)
```

Den hier aufgeworfenen Problemen nachzugehen, hat sich die Software-Ergonomie zur Aufgabe gemacht. So wird versucht, dem Rollentausch, der bei parametrisierten Programmen auftreten kann, durch verstärkte Information der Benutzenden und Beteiligung an der Entwicklung entgegenzuwirken.

In bezug auf die Sprachen betrachtet man Eigenschaften wie Lernbarkeit, Merkbarkeit (recall), Fehlerhäufigkeit (unter dem Gesichtspunkt der Produktivität) und Begrifflichkeit (beschränkt auf die verwendeten Wörter) allerdings noch weitgehend ohne Beteiligung der Linguisten. Wie ich an anderer Stelle (Zoeppritz 1985a, 1986) zu zeigen versuchte, sind die Untersuchungen über Programmiersprachen linguistisch oft zu undifferenziert, um den eigentlichen Problemen auf die Spur zu kommen.

Die Annäherung an die Begrifflichkeit der Anwender beschränkt sich zur Zeit vornehmlich darauf, natürlichsprachliche Wörter zu verwenden. Dahinter steht oft die Annahme, es liege an den mangelnden Fähigkeiten der Benutzer, wenn sie die Syntaktosemantik einer Programmiersprache unnatürlich und schwierig finden. Natürlichsprachliche Wörter könnten die eigentlich notwendige Einarbeitung in die Begrifflichkeit der Programmierung erleichtern. Eine konzeptuelle Annäherung auf der syntaktosemantischen Ebene findet nicht statt. Selbst einige unter dem Stichwort 'künstliche Intelligenz' mit großem Anspruch angekündigte Frage-Antwort-Systeme gehen in diese Richtung insofern, als sie 'freie Formulierung' zulassen, aber statt einer syntaktosemantischen Analyse der Eingabe nur bestimmte (Schlüssel)-Wörter erkennen und verknüpfen.

Erst im Ansatz wird das wichtigere Problem, die Einarbeitung natürlichsprachlicher Syntaktosemantik, in Angriff genommen. Dabei läge dort die eigentliche Annäherung an die sprachlichen Kategorien der Benutzer. Wie schon Habel/Schmidt/Schweppe (1977) betonen, stellen die natürlichen Sprachen mächtige Ausdrucksmittel zur Verfügung, deren Gebrauch zudem jedermann geläufig ist. Im oben erwähnten Beispiel stellen Wörter wie *welche*, *haben* und *kein* und Satzteile wie 'Subjekt' und 'Objekt eines transitiven Verbs' solche Ausdrucksmittel dar, deren Komplexität uns erst bei der Übersetzung in eine weniger mächtige formale Sprache richtig zum Bewußtsein kommt.

Ein Beispiel, wie so etwas aussehen kann, findet sich in Abbildung 1.

Abb. 1: Datenabfrage in natürlicher Sprache

```
wieviele schueler haben welche englischnote in quarta?
   NOTE   ANZAHL
   -----------------
   1       22
   .        .
   .        .
  ?
welche schueler haben lateinnote kleiner 3 und deutschnote
kleiner 3 in der Klasse k08al?
   SCHUELER
   ----------------
   S1101
   .
   .
  ?
welche schueler, die nicht die sexta repetieren,
besuchen eine quinta?
   SCHUELER
   ----------------
   S1101
   .
   .
  ?
sl2=schueler mit lateinnote 2 in den klassen sextal
   OK
  ?
welche sl2 gehen aus welcher klasse ab?
   SCHUELER  KLASSE
   ----------------
   S1113     K102A
   .         .
   .         .
```

Voraussetzung dafür ist eine kompositionelle Analyse der syntaktischen Strukturen und ihrer Bedeutung, wie sie in Abbildung 2 dargestellt ist. In Abbildung 2 sind die syntaktischen Strukturen durch Großbuchstaben, die zugehörigen Interpretationsfunktionen und deren Parameter (die Interpretationsfunktionen der unteren Knoten) durch Kleinbuchstaben gekennzeichnet. Ergebnis der Interpretation ist eine relationale Struktur, die dann rekursiv in die Abfragesprache der Datenbank übersetzt werden kann. Hier wird das 'Umdenken des Problems' aus der natürlichen Sprache in die Kategorien der relationalen Sprache vom System geleistet.

Wie man in Abbildung 2 sieht, wird hier ein anderer Weg beschritten als bei der sogenannten 'freien Formulierung'. Nicht *Schüler*, *Englischnote* und *Quinta* sind Objekte der Analyse – sie bezeichnen hier nur die Namen der Relationen –, sondern die für die strukturelle Bedeutung wesentlichen Wörter und Konstruktionen *welche*, *haben*, *in* und Subjekte, Objekte und Präpositionalphrasen.

Abb. 2: Verarbeitung einer Frage

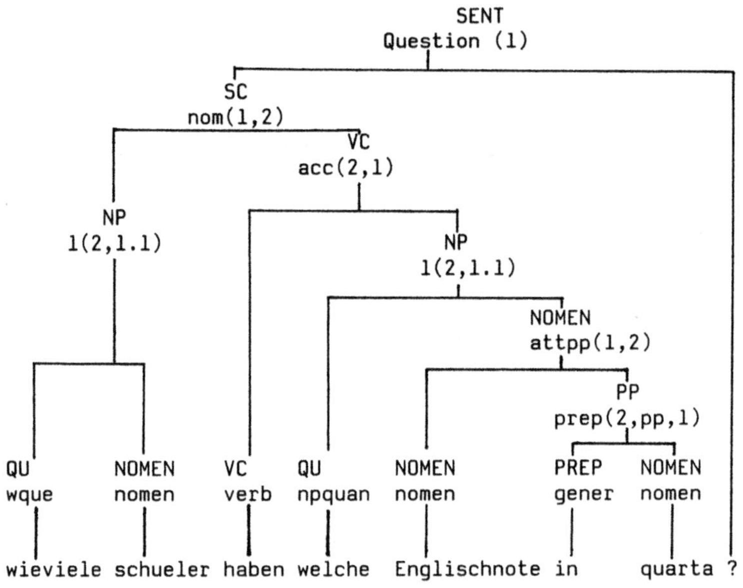


```
R: haben
   A(NOM): R: Schüler                 quantor: 'wieviel'
   A(ACC): R: Englischnote
              A(NOM): ?
              A(IN): R: quarta
```

```
SELECT COUNT (UNIQUE XO2.WNOM_SCHUELER)
FROM SCHUELER XO2, ENGLISCHNOTE XO3, QUARTA XO4
WHERE XO2.NOM_SCHUELER = XO3.WVON_SCHUELER
AND XO4.NOM_KLASSE = XO3.IN_KLASSE
GROUP BY XO3.NOM_NOTE
```

Ein solches System kann auch anders als hier beschrieben gemacht werden. Wenn man außer der strukturellen auch die lexikalische Bedeutung mitbehandelt, kann es schwierig werden, das System ohne großen Aufwand für andere Daten zu verwenden (sog. Portabilität).

Mit der Einbeziehung der natürlichsprachlichen Syntaktosemantik ist aber auch eine Verstärkung des oben angesprochenen Problems der Interferenz zu erwarten. Die Reduktion wird leicht nicht mehr wahrgenommen und der Maschine zunächst ein 'Verständnis' zugeschrieben, was sie nicht hat. Die Benutzenden sind dann verwundert, wenn nicht das Gemeinte, sondern das Gesagte (und in der Programmierung festgelegte) ausgeführt wird. Dazu kommt ein Element der Unsicherheit, weil nicht mehr so einfach zu überschauen ist, was das System verarbeiten kann und wo es mit einer Fehlermeldung reagieren wird. Allerdings hat die Fehlermeldung eine neue Bedeutung, sie meldet nicht mehr, daß die Benutzer etwas falsch gemacht haben, sondern daß das System etwas nicht kann. Die Benutzer können ihre Sprache immer besser als das System.

Andererseits kann man erwarten, daß Menschen der Maschine gegenüber spezielle Formen des Ausdrucks finden, daß sich ein adressatenspezifisches Register, etwas wie 'Computertalk' (in Anlehnung an 'babytalk' und 'foreigner talk' vgl. Ferguson 1971) herausbildet. Schon Brecht/Lutz/Lau (1976) haben so vermutet, entsprechende Beobachtungen finden sich in Simulationsexperimenten bei Zoltan/Weeks/Ford (1982), und ich habe versucht, die Eigenschaften dieses sich entwickelnden Registers aufgrund der vorhandenen Daten näher zu beschreiben (Zoeppritz 1985b). Dabei scheinen die Erfahrungen mit einem bestimmten System eine geringere Rolle zu spielen als Annahmen über Computer im allgemeinen. Dafür spricht, daß ähnliche sprachliche Formen unter verschiedenen Bedingungen (Benutzung, Simulation, Papier- und Bleistifttest) und in zwei Sprachen (Englisch und Deutsch) auftreten und daß bestimmte Formen auch dort mehrfach verwendet werden, wo das System sie nicht behandeln kann. Diesen allgemeinen Annahmen über Computer wird durch die sprachliche Formulierung Rechnung getragen, wobei Elemente aus existierenden Registern (formale Stile, Telegramm, Befehlston) und neue Elemente (Gebrauch von Klammern, Allquantor) sich zu einem neuen Register zu verbinden scheinen:

- Systeme sind Befehlsempfänger: Fragen werden als Befehlssätze formuliert, etwa *Liste die ...*, statt *wer ist*.
- Systeme behandeln nicht alles, was in der Eingabe steht, Unwichtiges kann weggelassen werden. Ausgelassen wird nach den Konventionen des 'Befehltons'. Das äußert sich darin, daß die meisten Artikel, seltener Präpositionen und Verben ausgelassen werden, z.B.

  Liste Schüler...
  Liste Noten Untersekunda...
  Noten Untersekunda...
- Systeme sind präzise, mathematisch und logisch. Das führt zu relativ sorgfältiger Eingabe, aber auch manchmal zu Überspezifizierung oder zu literarischen bzw. hyperkorrekten Formen wie *wie lautet der Name...*, statt *wie heißt*. Hierher gehört auch der häufig redundante Gebrauch von *alle* und die Verwendung von Klammern innerhalb natürlichsprachlicher Ausdrücke in ad-hoc festgelegten Bedeutungen.

- Systeme haben beschränkte Fähigkeiten, deshalb muß man es ihnen einfach machen: In einigen Fällen wurden Nomina mit *nicht* statt *kein* negiert, und Anreihungen enthielten *und* zwischen allen Elementen statt nur vor dem letzten Element. In einzelnen Fällen wurden sogar grammatische Regeln verletzt, um einer vermuteten Arbeitsweise des Systems entgegenzukommen.

Wenn sich ein adressatenspezifisches Register 'Computertalk' in der Richtung entwickeln sollte, wie sie sich aus den vorhandenen Daten ablesen läßt, könnte man von einem 'technisierten' Register innerhalb des Mediums Sprache sprechen. Mit Technisierung der Sprache selbst hätte man es jedoch erst zu tun, wenn sich die Konventionen dieses Registers unabhängig von Adressat und Kontext allgemein durchsetzen würden. Das setzt aber Wertvorstellungen voraus, die solche Übernahmen, und nicht nur auf sprachlicher Ebene, unterstützen. Davon soll zum Schluß kurz die Rede sein.

3. 'Technisierte' Vorstellungen

Relativ losgelöst von den Computern selber gibt es eine Reihe von zumindest fragwürdigen Vorstellungen von Präzision, Objektivität und Eindeutigkeit, die ich deswegen als 'technisiert' betrachte, weil sich in ihnen eine Tendenz ausdrückt, technische Bedingungen als die eigentlich richtigen, menschliche Gegebenheiten demgegenüber als unvollkommen zu betrachten. Dazu einige Beispiele:

Eindeutigkeit: Man soll sagen, was man meint. Jedem Linguisten sollte klar sein, daß das entweder geschieht, wobei es sicher glücklichere und weniger glückliche Formulierungen gibt, oder bewußt nicht geschieht: in Lüge und Verschleierung. Was aber keinesfalls möglich ist: das Gemeinte so zu sagen, daß es nicht auch immer der aktiven Bereitschaft der Zuhörenden bedarf, das Gesagte auch zu verstehen. Wo diese Bereitschaft fehlt, sind Worteklaubereien und gezielte Mißverständnisse immer möglich.

Präzision und Objektivität: Was heißt es, sich präzise auszudrücken? Zahlen gelten als präzise und objektiv, relationale Ausdrücke gelten als unpräzise und vage. Die folgenden Fragenpaare zeigen, daß das nicht so ist.

Es waren viele Leute bei der Versammlung.
Vage Angabe, also
Rückfrage: *Wieviele?* *235*

Es waren 235 Leute bei der Versammlung.
Genaue Zahl, aber was bedeutet sie?
Rückfrage: *Ist das viel oder wenig?* *Wenig*

Von den beiden Angaben ist nicht die eine vage, die andere präzis, sondern es handelt sich um Präzision auf verschiedenen Ebenen: Interessiert die Zahl (zur Berechnung des Erlöses) oder interessiert das Verhältnis zu anderen entsprechenden Veranstaltungen. Maschinen verlangen oft eine Präzision, die im menschlichen Bereich höchst irrelevant ist und deshalb nicht zum Maßstab taugt. Analog dazu kann man sich vorstellen, man solle die durchaus präzise Angabe: *eine Prise Salz* 'objektiv' in Gramm ausdrücken. Was kann man aber genaueres sagen für: *2–4 Gramm, je nach Daumengröße, dann abschmecken*, als eben *eine Prise*?

Eindeutig Ja oder Nein: Antworten mit *Ja* oder *Nein* sind oft unrealistisch, nicht nur in dem berühmten Beispiel:

Haben Sie aufgehört, Ihre Frau zu schlagen?

Auf Ja/Nein – Antworten zu bestehen, gehört zu den wirkungsvollen Techniken des Verhörs und des böswilligen Examinierens. Qualifizierende Antworten lassen sich dann als Ausrede oder Beweis der Unkenntnis des Redepartners darstellen, während sich aus Ja/Nein der Strick drehen läßt. Natürlich lassen sich solche Fragen auflösen in Teile, die jeweils mit *ja* oder mit *nein* beantwortbar sind. Der Witz des Beispieles ist, daß eindeutige Antworten nur mit Ja/Nein unrealistisch sind, und damit das Denken in den Kategorien 'Ja' oder 'Nein'. Entsprechendes gilt für die Kategorien 'Wenn – Dann – Sonst'.

Formale Bedeutungen: Eine oberflächliche Identifizierung der logischen Operation AND und OR mit natürlichsprachlichem *und* und *oder*, und des Allquantors mit natürlichsprachlichem *alle* verleitet einige Leute dazu, ihren Mitmenschen die Fähigkeit zum korrekten Ausdruck abzusprechen, wenn sie diese Wörter nicht im logischen Sinn verwenden. Dagegen wandte sich schon Thomas (1976), aber dieses Vorurteil taucht immer wieder auf (z.B. Shneidermann 1981).

Solche Vorstellungen können nur zum Teil auf die Arbeit mit Maschinen selbst zurückgeführt werden, dafür ist Kommunikation mit der Maschine noch zu wenig verbreitet, und die Vorstellungen existieren auch gerade bei Leuten, die wenig oder keine Erfahrung mit komplexen technischen Geräten haben. In diesen Vorstellungen spiegeln sich Phantasien über Maschinen, die durch unerklärte und entsprechend irreführende Vergleiche in der Fachterminologie (Dialog mit der Maschine, Mensch – Maschine – Kommunikation, Initiative der Maschine) gestützt und weiter verbreitet werden. Deswegen bemühen sich Informatikerinnen und Informatiker, die solche Vorstellungen für falsch halten, schon seit einigen Jahren um eine vorsichtigere Ausdrucksweise.

Literatur

Brecht, Werner / Lau, Gerhard / Lutz, Hans Dieter (1976): "Deutsch als Interaktionssprache in einem Informationssystem auf linguistischer Basis (ISLIB) – syntaktische, semantische und pragmatische Einschränkungen". Nickel, Gerhard (ed.): Proceedings of the Fourth International Congress of Applied Linguistics I. Stuttgart: Hochschulverlag: 285–296.

Chamberlin, Don D. / Astrahan, M.M. / King, Walter F. / Lorie, Raymond A. / Mehr, J.W. / Price, G.T. / Schkolnick, M. / Selinger, Patricia G. / Slutz, D.R. / Wade, B.W. / Jost, R.A. (1981): "Support for repetitive transactions and ad hoc queries". ACM Transactions on Data Base Systems 6: 70–94.

Ferguson, Charles A. (1971): "Absence of copula and the notion of simplicity: A study of normal speech, baby talk, foreigner talk and pidgins". Hymes, Dell (ed.): Pidginization and creolization of language. Cambridge: Cambridge University Press: 141–150.

Habel, Christopher / Schmidt, Arno / Schweppe, Heinz (1977): BEAST – Ein Übersetzungssystem zur natürlichsprachlichen Kommunikation mit Datenbasen. Semantic Network Project Report 4. Berlin: TU Fachbereich Informatik.

Jarke, Matthias / Krause, Jürgen / Vassiliou, Yannis (1986): "Studies in the evaluation of a domain-independent natural language query system". Bolc, Leonard / Jarke, Matthias (eds.): Cooperative Interfaces to Information Systems. Berlin etc.: Springer: 101–129.

Krause, Jürgen (1982): Mensch-Maschine-Interaktion in natürlicher Sprache. Tübingen: Niemeyer.

Lehmann, Hubert (1978): "Interpretation of natural language in an information system". IBM Journal of Research and Development 22: 560–572.

– – –/ Ott, Nikolaus / Zoeppritz, Magdalena (1985): "A multilingual interface to databases". IEEE Database Engineering Bulletin 8.3.

Lewis, Clayton / Mack, Richard (1982): "The role of abduction in learning to use a computer system". IBM Research Report RC 9433. Yorktown Heights, NY: IBM.

Sammet, Jean E. (1969): Programming languages: History and fundamentals. Englewood Cliffs, NJ: Prentice Hall.

Sebeok, Thomas A. (1967): "Tierkommunikation". Beiträge zur Linguistik und Informationsverarbeitung 10: 7–26.

Shneidermann, Ben (1981): "A note on human factors issues of natural language interaction with database systems". Informations Systems 6.1: 125–129.

Thomas, John C. (1976): Quantifiers and question-asking. IBM Research Report RC 5866.

Zoeppritz, Magdalena (1983): "Human factors of a 'natural language' enduser system". Blaser, Albrecht / Zoeppritz, Magdalena (eds.): Enduser systems and their human factors. Lecture Notes in Computer Science 150. Heidelberg: Springer: 62–93.

– – –(1984): "Datenbankabfrage in natürlicher Sprache: Diskussion von Eigenschaften der natürlichen Sprache aufgrund von Beobachtungsdaten". Ockl, Albin (ed.): ONLINE 84 Proceedings, Berlin, February 1984. Velbert: ONLINE 84, 3: 3M1–3M16.

– – –(1985a): "Ein Sprachmodell für die Softwareergonomie". Endres-Niggemeyer, Brigitte / Krause, Jürgen (Hrsg.): Sprachverarbeitung in Information und Dokumentation: Jahrestagung der Gesellschaft für Linguistische Datenverarbeitung (GLDV) in Kooperation mit der Fachgruppe 3 'Natürlichsprachliche Systeme' im FA 1.2 der Gesellschaft für Informatik (GI). Hannover, 5.–7. März 1985 Proceedings. Berlin etc.: Springer: 67–79.

– – –(1985b): Computer talk? Heidelberg Scientific Center TN 85.05.

– – –(1986): "Investigating human factors in natural language data base query". Mey, Jacob L. (ed.): Language and discourse: Test and protest. A Festschrift for Petr Sgall. Amsterdam: Benjamins: 585–605.

Zoltan, Elisabeth / Weeks, G.D. / Ford, W.R. (1982): "Natural language communication with computers: A comparison of voice and keyboard input". Johannsen, G. / Rijsdorp J. E. (eds.): Analysis, Design, and Evaluation of Man-Machine Systems, IFAC/IFIP/IFORS/IEA Conference, Baden-Baden, Federal Republic of Germany, September 27–28, 1982.

"WIDERSTAND" GEGEN TECHNISIERUNG DER KOMMUNIKATION

Franz Januschek

"Technisierung der Kommunikation" – das ist für mich zunächst einmal ein Stichwort, das Ängste provoziert, das an George Orwell, den "gläsernen Menschen", Verdatung und Verkabelung erinnert und die Entmenschlichung unserer Beziehungen und den Herrschaftsantritt der von Menschen nicht mehr durchschaubaren Computer signalisieren soll. Am Beispiel der gegenwärtigen Diskussion über Datensammlung, -speicherung, -schutz und der damit verbundenen politischen Fragen soll hier zuerst einmal dargestellt werden, inwiefern es sich dabei um sprachliche Probleme handelt. Unter "Daten" will ich im folgenden ganz unspezifisch jegliche Aussagen über einen oder mehrere Gegenstände verstehen, also sowohl elementare wie *Sokrates ist ein Mensch* als auch komplexe wie *Josef K. hat 1984 in einem Aufsatz in den Linguistischen Beiträgen Nr. 22 behauptet, daß Sprache ein Prozeß sei.* Je komplexer die Daten, desto schwieriger ist natürlich das Problem, unter was für welche und unter wieviele Kategorien sie sinnvollerweise abzuspeichern sind.

Der Prozeß der Datensammlung und Datenabfrage kann schematisch vereinfacht werden wie in der folgenden Abbildung:

Abb. 1: Verlaufsschema zur dateigestützten Kommunikation[1]

1. Motiv zur Datengewinnung
2. Entwicklung von Kategorien für die Datensammlung
3. Datensammlung (Abfragen, Beobachten ...)
4. Subsumtion der Daten unter die Kategorien
5. Einspeichern der Daten unter die Kategorien

---

6. Motiv zur Datenabfrage
7. Entwicklung von Kategorien zur Datenabfrage
8. Eingabe der Kategorien
9. Suchprogramm: die unter den eingegebenen Kategorien gespeicherten Daten werden zusammengestellt
10. Ausgabe der zusammengestellten Daten
11. Interpretation der ausgegebenen Daten

Konstitutiv für diesen Prozeß ist, daß er in zwei Teile zerfällt: die Informationseingabe und die Informationsentnahme. Daß diese beiden Teile nicht zusammenfallen, ist überhaupt Sinn des Ganzen: Die Daten werden nicht erst erhoben, wenn sie gebraucht werden, sondern früher; und sie werden aufbewahrt, weil man sie später einmal benötigen könnte. Im Prinzip funktioniert schon jeder Karteikasten auf diese Weise. Die technische Entwicklung, die zu den gegenwärtigen Besorgnissen geführt hat, berührt im wesentlichen die Punkte 5, 8, 9 und 10: Die EDV ermöglicht

- beliebig viele Daten auf kleinstem Raum zu speichern;
- örtlich verstreute Dateien aneinander zu koppeln, so daß sie wie eine zentrale Datei fungieren;
- Datenein- und -ausgabe an beliebigen Orten vorzunehmen;
- Suchen, Sortieren und Kombinieren von Daten automatisch durchzuführen.

Diese Unabhängigkeit von Raum und Zeit hat schwerwiegende Folgen: Wenn ich z.B. einen Kredit nicht zurückzahlen kann, so erfährt dies nicht nur *meine* Bank, sondern binnen kürzester Frist *sämtliche* Banken; und wenn ein Polizist anläßlich eines Verkehrsunfalls meinen maschinenlesbaren Personalausweis kontrolliert, so stehen ihm in Sekundenschnelle sämtliche polizeirelevanten Informationen über mich zur Verfügung. Eines phantasievollen Kommissars, dem während umständlichen Aktenstudiums einfällt, er habe in seinem letztjährigen Urlaub einen Kollegen getroffen, der ihm von einem Fall erzählte, in dem ein Mensch meines Namens sich aus dem Staube gemacht hatte, bedarf es nicht mehr. Darüber hinaus ist die EDV auch in der Lage, von sich aus gespeicherte Daten zu kombinieren und auf diese Weise neue Informationen zu produzieren, die in dieser Form nicht eingespeichert worden sind. So wurde z.B. ein Hamburger Versicherungssachbearbeiter als mutmaßlicher Spion verhaftet, weil im Laufe der Jahre über ihn mehrfach DDR- und Berlin-Besuche sowie einige andere - je für sich unverdächtige - Tatsachen datenmäßig festgehalten wurden, obwohl keinerlei konkrete Vorwürfe oder Verdachtsmomente gegen ihn vorgebracht werden konnten (Frankfurter Rundschau, 25.6.77, S.3).

Diese Revolutionierung der Datenverarbeitung durch den Computer scheint mit Sprache nur am Rande etwas zu tun zu haben, nämlich bei dem Problem, wie die Eingabe und Abfrage zu formieren sind, damit sie in Maschinenkommandos übersetzt werden können, und wie die Ausgabe wiederum in für Menschen verständliche Sprache zu übersetzen ist (die sog. "Mensch-Maschine-Kommunikation").

Das eigentliche Sprachproblem bei der Datenspeicherung liegt aber bei den Punkten 1-4, 6, 7 und 11 des obigen Schemas. Dieses Problem ist von der Computerisierung überhaupt nicht betroffen oder gelöst worden; es wird durch sie im Gegenteil erst richtig deutlich. Es besteht darin, daß die Informationen in einem anderen Tätigkeitszusammenhang abgefragt werden, als sie gesammelt werden. Die Motive stimmen nicht notwendigerweise überein. Das Datenspeichern hat nur Sinn unter der Voraussetzung, daß von dieser Verschiedenheit der Motive abstrahiert werden kann (und von dem gesamten Erfahrungshintergrund, aus dem sie entstehen), daß es also für die zu speichernden Daten gleichgültig ist, welche Motive diejenigen im Kopf haben, die sie sammeln bzw. abfragen. Diese Voraussetzung ist eine Fiktion. Inwieweit diese Fiktion gerechtfertigt ist, ist ein entscheidendes sprachtheoretisches Problem, das offensichtlich für die politische Beurteilung der computerisierten Datenverarbeitung bedeutsam ist.

Ich möchte dies anhand von fiktiven, aber auf authentischen Ereignissen beruhenden Beispielen diskutieren (vgl. zum folgenden Cobler 1981).

Angenommen A wird der Lohn gepfändet, weil er mit der Rückzahlung eines größeren Kredites in Verzug geraten ist. Die Gläubigerin, eine Bank, wird dies der "Schufa" (Schutzgemeinschaft für allgemeine Kreditsicherung) melden, die dem "Datenschatten" As daraufhin ein "LP" hinzufügt. Das hat zur Folge, daß A eine für ihn günstige Wohnung nicht mieten kann, weil die Gesellschaft, der die Wohnung gehört, sich über die Bonität ihrer Mieter-in-spe zuvor bei der Schufa erkundigt. Ein, wie es scheint, sprachlich unproblematischer Vorgang: Die Gläubigerin läßt bei der Schufa das unbestreitbare Faktum der Lohnpfändung einspeichern, die Wohnungsbaugesellschaft nimmt dies zur Kenntnis und schließt daraus – und das ist natürlich auch der Zweck dieser Dateneintragung –, daß A seine Miete nicht würde zahlen können. Betrachten wir nun jedoch die Motive der am Informationseingabe- und am -entnahmeprozeß Beteiligten: Die Angestellte B der Gläubigerbank ist verpflichtet, die ihr bekanntgewordene Tatsache der Lohnpfändung As an die Schufa weiterzuleiten; täte sie dies nicht, müßte sie mit der Kündigung ihres Jobs rechnen. Die Manager der Bank haben B hierzu verpflichtet, weil sie sich ihrerseits der Schufa gegenüber zur Weitergabe solcher Informationen verpflichtet haben, um umgekehrt Zugang zu sämtlichen bei der Schufa gespeicherten Daten zu haben, was für sie aus naheliegendem Grund eine ökonomische Notwendigkeit ist. Diese Motive sind in der Eintragung "LP" in As Schufa-Datenschatten aufgehoben. Auf der anderen Seite haben wir die Angestellte C der Wohnungsbaufirma, die routinemäßig bei der Schufa Informationen über neue Mieter einholen muß, und die Firmenleitung, die keine Störungen im Verzinsungsprozeß ihres Immobilien-Kapitals hinnehmen kann, um ihre Kreditwürdigkeit für weitere Investitionen nicht zu gefährden. Diese Motive bestimmen die Interpretation des "LP" aus den abgefragten Daten.

Nun kann es durchaus sein, daß A die Lohnpfändung nur deshalb hingenommen hat, weil er seinen Sohn, dem er zur Familiengründung von dem Kredit eine Wohnungseinrichtung gekauft hat, nicht mit seiner momentanen hochzinsbedingten Insolvenz belasten (und die Möbel zum Wiederverkauf zurückfordern) wollte; und es kann sein, daß er gerade deshalb eine mietgünstigere Wohnung gesucht hat. Es ist durchaus wahrscheinlich, daß B dies weiß, weil A es ihr erzählt hat. (Überhaupt dürften unter Lohngepfändeten mehr "arme Schweine" als gerissene "Schlitzohren" zu finden sein.) Es besteht also für die Wohnungsbaugesellschaft auch kein wirklicher Grund, A die Wohnung nicht zu vermieten, im Gegenteil: wer sich so fürsorglich und moralisch seinen Kindern gegenüber verhält, dürfte auf die Dauer auch ein pünktlich zahlender und auch sonst angenehmer Mieter sein. Dies kann jedoch C aus dem von B eingegebenen "LP" nicht entnehmen. Insofern liegt hier durchaus ein sprachliches Problem vor: Im konkreten Tätigkeitszusammenhang der Wohnungsfirma und ihrer Angestellten C erhält das "LP" einen Sinn, den es im konkreten Tätigkeitszusammenhang von B und ihrer Bank nicht hatte.

Wäre es das Motiv der Bank gewesen, die Wohnungsfirma vor ökonomischem Schaden zu bewahren, so hätte sie ihr in diesem Fall die Tatsache der Lohnpfändung gar nicht oder nur mit den nötigen Hintergrundinformationen mitgeteilt. Da jedoch die Kommunikation zwischen beiden nicht direkt erfolgt, sondern über eine

Datenbank, an die 30.000 Unternehmen verschiedener Art angeschlossen sind, können derart konkrete und besondere Motive nicht in die Daten eingehen. Aus diesem System folgt, daß die Bedeutung des eingespeicherten Datums "LP" – und das gilt für alle Eintragungen entsprechend – so allgemein ist, daß in ihr keine Spur von den je besonderen Motiven übrigbleibt, die mit der je konkreten Verwendung eines solchen Zeichens verbunden sind, und daß damit die Wahrscheinlichkeit von Mißverständnissen wächst. Der Computer hat also zwar – durch seine Unabhängigkeit von Raum und Zeit – mehr Menschen die Informationen über Kreditwürdigkeit zugänglich gemacht, aber die Fähigkeit, diese Informationen so zu verstehen, wie sie je konkret gemeint sind, schwindet im umgekehrten Verhältnis dazu. – In dem geschilderten Fall hat den Schaden davon hauptsächlich A; aber das liegt nur daran, daß es gegenwärtig reichlich Wohnungssuchende günstiger Wohnungen gibt, sonst wäre es umgekehrt – aber das ist unter sprachtheoretischem Gesichtspunkt irrelevant.

Ein extremeres Beispiel: Ein Reiseveranstalter kauft (zum einmaligen Gebrauch) bei einer Adressenhandels-Agentur die Adressen aller Menschen, die durch folgende Merkmale gekennzeichnet sind: Wohnhaft innerhalb einer bestimmten Region, ledig, Alter zwischen 20 und 40 Jahren. Dieser Gruppe schickt er seinen Prospekt über "Single-Reisen" zu. Ohne weitere Analyse ist klar, daß die Vorstellung, die sich der Reiseveranstalter von 20-40jährigen Ledigen macht, nichts mit den fiskalischen und polizeilichen Interessen zu tun hat, die den Staatsapparat dazu bewegen, von bestimmten Beamten derartige Merkmale ins Melderegister eintragen zu lassen (von woher sich der Adressenhändler die Daten auf nicht ganz legale Weise besorgt). Dies wird auch von Adressenhändlern klar so gesehen: Sie rechnen mit einer Erfolgsquote von 3-5% der angeschriebenen Adressen (vgl. Stern Nr. 11/1981: 127). Die Bedeutung des Wortes *ledig* in dieser datenvermittelten "Kommunikation" zwischen Meldebehörde und Reiseveranstalter ist damit auf eine Bezeichnung des (geringen) Grades der Wahrscheinlichkeit reduziert, daß ein so bezeichneter Mensch für das betreffende Reiseangebot aufnahmebereit ist. Offensichtlich wird hier nicht einmal mehr der Anspruch erhoben, daß hier so etwas wie das Verstehen der Bedeutung von Äußerungen stattfindet.

Man kann natürlich versuchen, diesen Mangel auszugleichen durch eine größere Anzahl von über die einzelne Person zu speichernden Merkmalen. Dies geschieht z.B. in den Personaldateien großer Unternehmen, die in ihren Eignungstests den Mitarbeitern nicht nur Fragen zu ihren Kenntnissen und Fähigkeiten stellen, sondern auch zu Charakter und Privatleben – bis hin zu solchen Fragen, die nur von geschulten Psychologen auszuwerten sind, wie "Träumen Sie oft von Dingen, die man am besten für sich behält?" (vgl. Stern Nr. 10/1981). Aber die Speicherung derartiger Persönlichkeitsprofile vermittelt weder dem Firmenmanagement die nötigen Informationen, um die Mitarbeiter "als Menschen und nicht als bloße bezahlte Arbeitskräfte" zu behandeln (so ein IBM-Systemberater lt. Stern, a.a.O.: 126), noch führt sie zu der Horrorvision vom "Großen Bruder", der Verhalten, Gedanken und Wünsche genau kennt und dem einzelnen so die letzten privaten Freiräume raubt. Denn das Motiv des Mitarbeiters, der einen solchen Fragebogen zu beantworten gezwungen wird, ist natürlich *nicht*, der Firma getreulich Auskunft über seine Persönlichkeit zu liefern, sondern vielmehr solche Auskünfte, die ihm möglichst viel nützen und wenig schaden. Und dabei stellt er mehr oder weniger geschickt in Rechnung, welche Charakterzüge von der Firma als positiv bewertet werden, und auch, was passiert, wenn er eine falsche Auskunft gibt und dies nachher entdeckt wird.

Es ist eine Binsenweisheit, daß standardisierte Einstellungs- und Eignungstests und -fragebögen problematische Mittel der Psychodiagnostik sind: Sie setzen die Persönlichkeitsmerkmale ahistorisch konstant und machen sie an einem fiktiv autonomen Individuum fest, ohne die soziale Situation und Geschichte, in der es steht, zu berücksichtigen. Änderungen und Schwankungen der Eigenschaften kommen nur als Zufallsprodukt in Betracht (vgl. dazu im Datenschutzzusammenhang Tietze 1975). Zumal in einer Testsituation, wo es darum geht, ob man einen Arbeitsplatz behält bzw. erhält, dürfte es um Validität, Reliabilität und vor allem Objektivität der Auskünfte im Sinne der zu "messenden" Persönlichkeit schlecht bestellt sein.

Der Einwand, solche Befragungen seien zwar ungenau, vermittelten aber doch eine halbwegs treffende Information über die befragte Person, und die Treffsicherheit lasse sich durch die Menge der erfaßten Merkmale auch steigern, verfängt nicht. Denn wenn z.B. ein als "pflichtbewußt" beschriebener Mitarbeiter plötzlich anfängt, das Unternehmen nach Kräften – aber auf nicht strafbare Weise – zu schädigen durch Krankfeiern, Bildungsurlaubsanträge, Arbeit nach Vorschrift, Ablehnung von Überstunden usw., dann erscheint dies als bloß *zufällige* Abweichung vom zu erwartenden Verhalten, die bei einer in Kauf zu nehmenden Quote von vielleicht 10% der so beschriebenen Mitarbeiter eintritt. Solange aber die hinter der Psychodiagnostik stehende Theorie nicht erklären kann, wieso dieser Zufall bloß bei 10% auftritt, kann sie auch dem Unternehmer/der Unternehmerin nicht die Sorge (und uns nicht die Hoffnung) nehmen, daß dieser Zufall irgendwann einmal bei einer gesamten Belegschaft eintritt.

Datei-gestützte Kommunikation fördert einen Sprachbegriff und setzt ihn voraus, für den die Motive der Sprechenden und daher das Verstehen der Äußerungen gleichgültig sind. Daß dies nicht schon – wie man meinen könnte – eine Folge der Schriftform von Äußerungen ist, wird deutlich, wenn man betrachtet, wie die Auswertung von Fragebögen, selbst wenn sie standardisiert sind, auch vonstatten gehen kann. Ein Arzt oder Psychotherapeut beispielsweise kann die papierenen Auskünfte eines Patienten auf dem Hintergrund seiner situativ und interaktiv gewonnenen Kenntnis der Persönlichkeit interpretieren. Was er versteht, sind nicht die losgelösten schriftlichen Zeichen auf dem Fragebogen, sondern diese als schriftsprachliche Äußerungen in einer je konkret als gemeinsam unterstellten Kommunikationssituation. Werden die Test-/Fragebogen-Ergebnisse hingegen in einer Personaldatei gespeichert, so entfällt dies: Die Motive des auskunftgebenden befragten Mitarbeiters und die des die Daten interpretierenden Personalchefs einer anderen Abteilung bzw. anderen Firma sind den gespeicherten Daten äußerlich, eine diese Motive einbeziehende kommunikative Interaktion findet nicht statt. Verstehen bzw. Mißverstehen werden daher zum Zufallsprodukt, das sich nur noch statistisch zu berechnen lassen scheint.

Natürlich *kann* bereits eine traditionelle schriftliche Datei so gehandhabt werden, daß diejenigen, die ihr die Informationen entnehmen, sich einbilden, auf den motivationalen Hintergrund der Dateneingabe keine Gedanken verschwenden zu müssen und sich stattdessen vollständig auf die allgemeine Bedeutung der schriftlich fixierten Ausdrucksformen verlassen zu können. (Vgl. zur darauf aufbauenden Kritik an Schriftlichkeit im Computer-Zusammenhang Schmitz 1985.) Aber ein solcher Umgang mit schriftförmigen Dateien scheint mir ein eher dummer und unangemessener zu sein, weil er sich nicht die Mühe macht, die gespeicherten *Ausdrucksformen* auch als Anregungen zu verstehen, phantasievoll nach den je konkreten Hintergründen der Information zu fragen. (Wer 10 Jahre alte selbstgeschriebene Karteikarten lesen will, kennt das Problem.) – Die Computerisierung der Datenverarbeitung entfaltet hingegen gerade dann ihre größte Potenz, wenn systematisch auf derartige Phantasie verzichtet wird: Ein Programm, das von sich aus eingegebene Daten kombiniert und so neue "Informationen" *erzeugt*, wäre ja gar nicht denkbar, wenn für dieses Kombinieren nicht systematisch von den Motiven der Eingabe der zu kombinierenden Daten abstrahiert werden könnte. Und obwohl es im Prinzip noch denkbar ist, daß jemand auch bei der Interpretation solcher von der EDV erst kombinierter Daten sehr vorsichtig und phantasievoll verfährt, so ist doch deutlich, daß ein solcher Umgang hier in aller Regel dysfunktional wäre: Denn die Informationen werden hier eben nicht mehr in der Form entnommen, in der sie eingegeben worden sind; die Spuren, die allenfalls auf den Kontext der Eingabe schließen lassen könnten, sind durch den programminternen Weiterverarbeitungsprozeß gelöscht. So muß die bloße Form der ausgegebenen Informationen hinreichen, um beim Rezipienten unter festgelegten Bedingungen eine festgelegte Handlungsweise auszulösen. Vorsicht und Phantasie sind überflüssig, wenn nicht gar schädlich.

Nicht deshalb also ist die Computerisierung der Datenverarbeitung gefährlich, weil sie den Herrschenden zu viele Informationen über die einzelnen Bürger ermöglichte[2], sondern weil durch sie *Information* zu etwas qualitativ anderem wird. Wo Information nicht mehr als Produkt von Verständigungsprozessen aufgefaßt werden kann und wo die *Wahrheit* von Informationen nur noch als zu kalkulierende *Wahrscheinlichkeit* in Betracht kommt, da sind auch fehlerhafte oder mehrdeutige Informationen nicht mehr als Resultate mißlungener Verständigung aufzufassen, die als Voreingenommenheit vorwerfbar / durch Aufklärung behebbar / durch Hintergrundanalyse erklärbar wären, sondern sie sind als bereits vorher einkalkulierte Fehlerquote einer solchen moralischen Würdigung unzugänglich.

Ich bin in meiner Darstellung von einer unexplizierten Vorstellung von Alltagskommunikation ausgegangen, die die Frage provozieren könnte, ob denn überhaupt das Bemühen um das Verstehen der Motive der Sprechenden oder die Einklagbarkeit von Wahrhaftigkeitsverpflichtungen wesentliche Charakteristika menschlichen sprachlichen Handelns sind und ob sie nicht vielmehr unter den gegenwärtigen Verhältnissen zu einer ideologischen Fiktion geworden sind (oder dies gar immer schon waren). Ohne hier auf die philosophischen Traditionen eingehen zu können, die sich mit dieser Frage auseinandergesetzt haben, möchte ich doch zumindest feststellen, daß es wohl kaum einen *Sinn* hätte, über sie zu diskutieren, wenn Diskutieren *bloß* das Bewirken von Veränderungen in den gegenseitigen Köpfen sein sollte und Sprache bloß von beiden Seiten als ein für diesen Zweck besonders effizientes Mittel aufgefaßt würde. – Eine Reduktion von Sprechen auf instrumentelles Handeln, wie sie der obigen Argumentation die Pointe rauben würde, sollte also nicht vorschnell vertreten werden.

In diesem Sinne gehen sowohl die Computerisierung der Datenverarbeitung als auch die verbreitete Angst vor ihr (in der Regel) von einer problematischen Voraussetzung aus: der nämlich, daß die in Verständigungsprozessen verwendeten sprachlichen Ausdrucksformen vom Motiv- und Erfahrungshintergrund der Beteiligten isoliert werden können, ohne dabei zugleich ihre Bedeutung zu verlieren. Dies entspricht einer wissenschaftlichen Abstraktion, einem Sprachbegriff, der von jeher kontrovers war, weil nie geklärt werden konnte, ob, inwieweit und unter welchem Aspekt dasjenige, was bei dieser Abstraktion übrigbleibt, überhaupt noch "Sprache" genannt zu werden verdient.

Dieser "formorientierte" Sprachbegriff (vgl. zum folgenden Januschek 1976 u. 1986) ist vor allem gekennzeichnet durch die Dichotomisierung von Struktur und Prozeß: Es wird die Existenz eines "Systems" von "Zeichen" oder "Regeln" angenommen, die 1. von der Veränderung und 2. von der Anwendung dieses Systems im logischen (nicht zeitlichen oder kausalen) Sinne unabhängig ist. Dem liegt etwa folgender Gedanke zugrunde: Wenn ein Gegenstand sich auch im Laufe der Zeit ändern mag, so *ist* er doch zu jedem bestimmten Zeitpunkt auch etwas und läßt sich unabhängig von dieser Veränderung beschreiben: Ein Messer z.B. (die Werkzeugmetapher taucht nicht bloß zufällig so häufig in sprachtheoretischen Konzeptionen auf) mag mit der Zeit stumpf werden, verrosten und zerbrechen; aber idealiter, ohne äußere Einflüsse, bleibt es so, wie es einmal ist, und es gibt Konservierungsmethoden, die dies annähernd ermöglichen. Desgleichen mag das Messer zwar angewandt werden, um andere Gegenstände zu verarbeiten, aber dabei verändern sich idealiter nur diese Gegenstände, und das Messer selbst bleibt, wie es ist. Es mag also zwar zum Begriff des Messers gehören, daß man damit schneiden *kann*, nicht aber, daß man damit schneidet. – An der Übertragung dieses Modells auf Sprache ist zu kritisieren, daß dadurch ausgeschlossen wird, daß Sprache überhaupt erst existiert, *indem* sie sich wandelt und von Menschen gesprochen wird, daß also Praxis und historischer Wandel die Existenzweise von Sprache sind.

Der formorientierte Sprachbegriff ist bekanntlich nicht für Zwecke der EDV erfunden worden; vielmehr hat er eine sehr lange Geschichte – nicht bloß Geistesgeschichte, wie ich meine –, die auch erklärt, wieso er zwar immer wieder kritisiert, nie aber überwunden werden konnte, bis heute nicht. Eine Reflexion dieser Geschichte kann die Frage klären helfen, ob und inwiefern "Widerstand" gegen Technisierung von Kommunikation heute sinnvoll ist.

Eine notwendige Bedingung für diesen Sprachbegriff ist die *gesellschaftliche Scheidung von geistiger und körperlicher Arbeit*, und zwar nicht nur in dem trivialen Sinn, daß diejenigen, die sich alltäglich um ihre materielle Reproduktion kümmern müssen, schwerlich überhaupt einen Sprachbegriff entwickeln werden, sondern auch in dem Sinne, daß erst die Privilegierung von Kopfarbeitern, ihre Freistellung von den Zwängen der materiellen Reproduktion, ihnen das Sprechen der Menschen als etwas nicht Selbstverständliches erscheinen lassen kann: Sie können es sich *leisten*, mal zu sprechen und mal nicht, ohne daß sie deswegen gleich verhungern oder die Kooperation mit anderen durcheinanderbringen. Ihre eigene Sprachpraxis kann ihnen den Eindruck vermitteln, daß Sprechen nicht notwendigerweise ein Handeln ist. So ist es nicht verwunderlich, daß die frühesten überlieferten Grammatiken aus dem Bereich von Priesterschaften stammen, die die heiligen Texte zu tradieren, interpretieren und analysieren hatten (Panini, vgl. Maas 1976).

Eine weitere, trivialerweise notwendige, in ihrer Wirkung jedoch sehr entscheidende Bedingung für unseren Sprachbegriff ist die Entwicklung der *Schrift*. Dies aus mindestens zwei Gründen: Zum einen machte es erstmals die Entwicklung von Schrift möglich, sich Sprache als etwas Fixierbares, Nicht-Flüchtiges vorzustellen, etwas das man anschauen und auch "betrachten" im kontemplativ-wissenschaftlichen Sinne kann. Zum anderen setzt die Entwicklung der Schrift eine Analyse des Redestroms in wiederkehrende Elemente (Wörter, Silben oder Phoneme) voraus, die in den jeweiligen Äußerungen in je verschiedener Weise kombiniert werden – und das ist bereits der Anfang einer formorientierten Grammatik; denn die wiederkehrenden Elemente sind ja als solche standardisiert und damit gegenüber den wechselnden in die Äußerungen eingehenden Erfahrungen und Motiven als konstant gesetzt.[3]

Entscheidend für die Entwicklung des formorientierten Sprachbegriffs dürfte nach meiner Auffassung aber die *Entfaltung der Warenwirtschaft* mit der Erfindung des Geldes gewesen sein. Auf die Bedeutung des Geldes für die Entwicklung des Denkens ist mehrfach hingewiesen worden (vgl. Sohn-Rethel 1970, Müller 1977, Paul 1978). Insbesondere Sohn-Rethels Argumentationen zur Abstraktheit des Warentausches "als bloße Bewegung in Raum und Zeit (als leerer Kontinua) von abstrakten Substanzen, welche dadurch keine materielle Veränderung erleiden und keiner anderen als quantitativen Differenzierung fähig sind" (a.a.O.: 62) lassen sich sprachtheoretisch wenden: Denn in dem Maße, wie Warentausch, vermittelt über das Geld, das jede/r in der Tasche hat, den gesellschaftlichen Zusammenhang allererst stiftet, wird das, wovon in diesem gesellschaftlich grundlegenden Vorgang abstrahiert wird, zu etwas Unwesentlichem, über das sich keine Aussagen mit dem Anspruch auf allgemeine Zustimmung mehr machen lassen. Anders herum: Allgemein konsensfähige Aussagen können nur über solche Gegenstände gemacht werden, bei denen eine Abstraktion von ihrer auf die subjektive Sinnlichkeit bezogenen "Gebrauchswertseite" vorgenommen wird. Auch der Gegenstand der Sprachwissenschaft muß diesen Anforderungen entsprechend modelliert werden; und das heißt, daß sie – allen historischen Gegenbewegungen zum Trotz (wie sie Paul 1978 auf die mit der Etablierung des Geldes als allgemeiner Äquivalentform gesetzten Dialektik zwischen dem wertmäßig Gleichen und dabei doch notwendigerweise gebrauchsmäßig Verschiedenen zurückführt) – immer wieder zu einer Wissenschaft über Geschriebenes, nicht aber Gemeintes, oder allgemeiner: über Ausdrucksformen, nicht aber Inhalte tendiert.

Diese Erklärung, die ich an dieser Stelle nicht weiter ausführen kann, kann nun zwar für die Formorientiertheit des für Computer-Sprachverarbeitung und Künstliche Intelligenz konstitutiven Sprachbegriffs aufkommen, nicht aber für die Kalkülisierung der Grammatik und die Algorithmisierung des Modells der Sprachproduktion und –perzeption. Hier möchte ich auf die Arbeit "Sprache ohne Herrschaft" (Sobetzko 1984) verweisen, in der über die eben dargestellten Zusammenhänge hinaus auch versucht wird, die Entwicklung formaler, künstlicher Sprachen zum Paradigma für "Sprache" überhaupt zu erklären, und zwar aus der immer weiter fortschreitenden Subsumtion der gesellschaftlichen Arbeitsprozesse unter das Kapital: Maschinenvorgänge werden als Algorithmen begriffen, die sich abstrakt mit Hilfe eines Schaltungscodes darstellen lassen, wobei die zunehmende Automation des Arbeitsprozesses an die zunehmende Komplexität der formalen Mittel zur Darstellung von abstrakten Automaten geknüpft ist. Die so erfolgende totale "Versprachlichung" des gesamtgesellschaftlichen Arbeitsprozesses läßt natürlich den Prozeß der Sprachproduktion und –perzeption als einen algorithmischen erscheinen. Für Sobetzko ist dies lediglich die letzte Transformation des in den Epochen der Geschichte je herrschenden Sprach–Paradigmas, dessen Anfang seiner Meinung nach in der Konstitution der universalen Syntax bei der symbolischen Lösung des Aneignungskonflikts um das in der menschlichen Phylogenese erstmals erwirtschaftete Mehrprodukt liegt – wobei der Sprache das Charakteristikum von Herrschaft sozusagen als "Erbsünde" mit auf den Weg gegeben worden sei.

Daß der Begriff des Algorithmus für die wissenschaftliche Erklärung von Vorgängen eine quasi transzendentale Rolle spielt, hat – für die Sprachwissenschaft – auch Siegfried Kanngießer (Kanngießer 1984) demonstriert – allerdings phänomenologisch, nicht historisch.

Es wäre natürlich spannend, hier die Möglichkeiten der Überwindung des formorientierten Begriffs von Sprache zu erörtern. Interessant wäre dies auch unter dem Gesichtspunkt, daß es ja immer nur bestimmte Persönlichkeiten mit je besonderen Biographien sind, die sich in aller Konsequenz, entsagungsvoll oder aber zwanghaft, dem Diktat des geldgeformten wissenschaftlichen Begriffs unterwerfen (vgl. dazu Gloy 1984 u. Stölting 1984). An dieser Stelle geht es aber um die Aufhebung einer gesellschaftlichen *Praxis*, nicht bloß eines Begriffs, der sie zwar organisiert und interpretiert, aber nicht fundiert. Die Diskussion des formorientierten Sprachbegriffs sollte Aufschluß über die historische Bedingtheit und Widersprüchlichkeit der mit ihm verbundenen Praxis und damit über die Bedingungen für deren Aufhebung liefern.

Dies ist auch der Anspruch Sobetzkos. Wenn durch die Verkabelung des Landes und das Vordringen von Computern in die Wohnstuben das Sprachverhalten immer mehr dem Terminal angepaßt werden müsse, wird für ihn die Herrschaft durch Sprache totalitär: "Denn als Problem gilt dann nur noch das, was widerspruchsfrei formal formuliert werden kann, und als Sprache, was klar formal ausgedrückt werden kann. Alles andere ist dann ein Scheinproblem oder aber ungrammatisch." (a.a.O.: 420). Sobetzkos strategische Überlegungen gegen diesen "Totalitarismus" sind deswegen bemerkenswert, weil er im Computer und dessen Vordringen in alle gesellschaftlichen Bereiche nicht schon die auszurottende Wurzel des Übels sieht. Andererseits verfällt er auch nicht dem Fehler, bloß die Abschaffung der syntaktischen Universalien zu fordern, die ja seiner Meinung nach überhaupt erst die Bedingung dafür liefern, daß Sprache zu einer Form von Herrschaft wird. – Sobetzko stellt Forderungen nach der bewußten Wiederaneignung der Geschichte der Sprach-"Paradigmen" durch alle Gesellschaftsmitglieder, darauf aufbauend der Einschränkung des Geltungsbereichs der neueren Paradigmen (insbesondere des letzten: "Sprache" = "Kunstsprache") bis hin zur Schaffung "sprachfreier Räume", Forderungen nach der Schaffung von Gegenstrukturen, die z.B. im Sozialisationsbereich die Zurichtung der Kommunikation nach dem Computermodell verhindern sollen, den Aufruf zum Kampf gegen die fortschreitende reelle Subsumtion aller Lebensbereiche unters Kapital, zuletzt auch zur "Erarbeitung eines Paradigmas für eine 'alternative Sprache' – einer Allianzsprache, in der die 'Geburtsfehler' von Herrschaftsgebundenheit gesellschaftlich aufgehoben sind." (a.a.O.: 428).

Wie Sobetzko zu Recht bemerkt, können derartige Strategien lediglich Anregungen für die emanzipatorische Bewegung liefern, nicht aber – in einem erneuten Akt von Herrschaft – dieser das zu erarbeitende sprachliche Paradigma im einzelnen vorschreiben.

Der entscheidende Mangel besteht jedoch darin, daß Sobetzko nicht an den in der heutigen sozialen Wirklichkeit vorfindlichen Widersprüchen ansetzt. Er versucht nicht, Phänomene wie etwa Computer-Vandalismus, Randale in Sportstadien, Aussteiger- und Alternativ-Bewegung u.ä. als Widerstände zu begreifen, die mit *ökonomischer* Notwendigkeit mit dem Vordringen der reellen Subsumtion der Arbeit unters Kapital entstehen und dieser Grenzen setzen; und er versucht vor allem nicht, das Sprechen der konkret heute lebenden Menschen (einschließlich der Computer-Freaks) daraufhin zu untersuchen, inwieweit sich in ihm bloße *Anpassung* an das mit Computern und modernen Medien etablierte Kunstsprach-Modell zeigt, und nicht vielmehr auch und gerade *Aneignung*, etwa in Form von verfremdenden Übernahmen von Ausdrucksmitteln der "Mensch-Maschine-Interaktion" in die Alltags-"face-to-face-Kommunikation". So bleiben seine Strategien voluntaristisch.[4]

Ich möchte dies anhand eines Beispiels diskutieren, das zwar fiktiv, aber doch wohl realistisch ist. Angenommen ein Mann und eine Frau, beide beruflich oder privat an textverarbeitenden Computern tätig, verlieben sich ineinander und drükken ihre Zuneigung, ihre Gefühle und Wünsche mit Hilfe von Begriffen aus, die dem Kontext der Arbeit am Terminal entstammen. Wir alle kennen solche Geschichten aus den Satirespalten der Presse, so daß ich mir die phantasievolle Ausgestaltung eines solchen Dialogs hier ersparen kann. Was zeigt sich daran? Sicher hat hier die Kunstsprache einen Einfluß auf die natürliche Sprache ausgeübt. Man könnte das Beispiel sogar so extrem konstruieren, daß die folgende Behauptung gerechtfertigt wäre: Es gelingt den beiden nicht, Liebe anders als in Analogie zur computergerechten Formulierung algorithmisch zu lösender Probleme auszudrücken. Aber selbst wenn dies zuträfe, wäre es doch – auch *für* die beiden – wohl bloß eine *Analogie*. Wer könnte denn angeben, wie Liebe "eigentlich" ausgedrückt werden müßte? Es ist doch geradezu ein Charakteristikum für alles mit Sexualität Zusammenhängende, daß niemand weiß, wie man es angemessen zur Sprache bringen kann. Insofern handelt es sich bei der Ausdrucksweise der beiden Personen um eine sprachkreative Leistung, und der erhobene sprach- und kulturkritische Zeigefinger verweist nur darauf, daß für seinen Träger in Sachen Liebe wohl schon alles gelaufen ist.

Das Beispiel ist natürlich extrem: erstens weil es sich um ein Thema handelt, für das traditionell nur unzureichende Ausdrucksmittel zur Verfügung stehen (vgl. Januschek/Vogt 1986), zweitens weil das Thema paradigmatisch für all dasjenige gilt, was sich gegen eine computermäßige Bearbeitung sperrt. Deshalb auch ist hier die Behauptung unmittelbar plausibel, daß es sich hier nicht um *Anpassung* an künstliche Sprache, sondern um deren und des Themas kreative *Aneignung* handelt. Es handelt sich hier also nicht bloß um mehr oder weniger angemessene Metaphorik, sondern um eine Art *Ironie*, bei der man sich von dem, was man sagt, gleichzeitig distanziert.

Nun lassen sich aus diesem fiktiven Beispiel sicherlich keine weitreichenden Schlüsse ziehen. Aber immerhin läßt es doch die Frage als gerechtfertigt erscheinen, ob nicht dieses Element des Ironischen mehr oder minder stark ausgeprägt auch in anderen Sprachpraxen enthalten ist, die wir leicht vorschnell als Anpassung an den Computer einordnen würden. Ich plädiere deshalb für dreierlei:

1. Es sollte *empirisch* untersucht werden, inwieweit dieses Moment des Ironischen in Äußerungen enthalten ist, die oberflächlich als Anpassung an das Modell von Kunstsprachen erscheinen.
2. Es sollte *theoretisch* geklärt werden, worin die gesellschaftlichen Ursachen für solcherart sprachliche Distanzierung gegenüber der Technisierung der Kommunikation bestehen könnten.
3. Es sollte *praktisch* überlegt werden, wie sich solche relativ spontanen Reaktionen auf gesellschaftliche Entwicklungen auf ein bewußteres und organisierteres Niveau bringen lassen.

Ein solches dreischrittiges Verfahren wäre nicht voluntaristisch. Es bezöge seine Begründung nicht bloß aus moralisch–politischem Engagement. Es ließe deshalb die Wissenschaftler/innen, die es durchführen, auch nicht als die entscheidenden Vordenker erscheinen, von deren Arbeit der Bestand der Zivilisation abhängt. Und es ließe umgekehrt auch nicht all diejenigen, die sich in ihrem Alltag arbeitend, lernend oder spielend mit Computern und computerisierten Kommunikationsvorgängen auseinandersetzen (müssen), als dumm und manipuliert erscheinen, bloß weil sie die Realität, mit der sie es zu tun haben, zu einem Stück von sich selbst machen.

Anmerkungen

1 Das Schema ist starr und berücksichtigt weder die Möglichkeit der Rückkopplung z.B. zwischen Schritt 2 und 4 oder 7 und 11, noch die Tatsache, daß man es meist mit Software zu tun hat, die das Kategoriensystem für die zu speichernden Daten bereits weitgehend vorgibt. Das ist aber für die folgende Argumentation nicht entscheidend.

2 In einem in der "Frankfurter Rundschau" vom 7.3.1986 dokumentierten Vortrag vertritt der ehemalige Präsident des Bundeskriminalamts, Horst Herold, die in dieser Hinsicht interessante These, daß die Computerisierung der Polizei wahrscheinlich hauptsächlich diejenigen unangenehm treffen würde, denen es bisher immer gelungen ist, sich der Bestrafung für ihr sozialschädliches Verhalten zu entziehen (durch interessenbestimmte Rechtsnormen, durch Käuflichkeit guter Anwälte, durch Bildung und Intelligenz, durch Zugehörigkeit zum gutbürgerlichen Milieu usw.), wohingegen die immer schon als "typisch" angesehenen Unterschicht-Kriminellen in der Regel allenfalls eine Objektivierung der Ermittlungen und der richterlichen Beweiswürdigkeit zu erwarten hätten, die *bei ihnen* (in der Regel) gerade *nicht* zu härteren Strafen führen würde.

3 Damit ist nicht bestritten, daß es auch vor-schriftkulturelle Sprachreflexion gibt; aber deren Charakteristikum ist gerade, daß in ihr Explikationen von Regeln oder Normen immer nur in bezug auf eine je konkrete Situation (z.B. Sprachfehler eines/r Fremden) erfolgen – vgl. Heeschen 1978.

4 Dies zeigt sich z.B. deutlich an seiner Forderung, daß die reelle Subsumtion bekämpft werden müsse, *bevor* sie "die für sie selbst kritische Obergrenze der 'bloßen Naturschranke'" erreiche (a.a.O.: 428). Er bemerkt nicht, daß das Erreichen dieser kritischen Obergrenze bereits dadurch indiziert ist, daß er selbst sich zum Kampf gezwungen fühlt.

Literatur

Cobler, Sebastian (1981). "Bürger im Würgegriff der Computer". Stern Nr. 8: 1o9-119.

Gloy, Klaus (1984): "Unbehagen an der Linguistik". Osnabrücker Beiträge zur Sprachtheorie 29: 97-117.

Heeschen, Volker (1978): "The metalinguistic vocabulary of a speech community in the highlands of Irian Jaya (West New Guinea)". Sinclair, A. / Jarvella, R.J. / Levelt, W.J.M. (eds.): The Child's Conception of Language. Berlin etc.: Springer.

Januschek, Franz (1976): Sprache als Objekt. "Sprechhandlungen" in Werbung, Kunst und Linguistik. Kronberg: Scriptor.

– – –(1986): Arbeit an Sprache. Konzept für die Empirie einer politischen Sprachwissenschaft. Opladen: Westdeutscher Verlag.

– – –/ Vogt, Rüdiger (Hrsg.) (1986): Sexualität und Sprache (=Osnabrücker Beiträge zur Sprachtheorie 35).

Kanngießer, Siegfried (1984): "Deduktion der Sprecher-Hörer-Maschine". Osnabrücker Beiträge zur Sprachtheorie 29: 37-77.

Maas, Utz (1976): Kann man Sprache lehren? Für einen anderen Sprachunterricht. Frankfurt: Syndikat.

Müller, Rudolf W. (1977): Geld und Geist. Zur Entstehungsgeschichte von Identitätsbewußtsein und Rationalität seit der Antike. Frankfurt / New York: Campus.

Paul, Lothar (1978): Geschichte der Grammatik im Grundriß. Sprachdidaktik als angewandte Erkenntnistheorie und Wissenschaftskritik. Weinheim / Basel: Beltz.

Schmitz, Ulrich (1985): "Die Maschine als Oberlehrer". Diskussion Deutsch 84: 448-453.

Sobetzko, Johannes (1984): Sprache ohne Herrschaft. Gesellschaftliche Entfaltung der Grammatik als strukturelle Gewalt. Frankfurt / New York: Campus.

Sohn-Rethel, Alfred (1970): Geistige und körperliche Arbeit. Zur Theorie der gesellschaftlichen Synthesis. Frankfurt: Suhrkamp.

Stölting, Wilfried (1984): "Ein Fall von introspektiver Sprachwissenschaft". Osnabrücker Beiträge zur Sprachtheorie 29: 78-96.

Tietze, Barbara (1975): "Eignungsdiagnostik und Verhaltensdokumentation. Zur Anthropologie psychologischer Meßinstrumente". Hoffmann, G. / Tietze, B. / Podlech, A. (Hrsg.): Numerierte Bürger. Wuppertal: Hammer.

TELEMATISIERUNG, SPRACHLICHER WANDEL UND TECHNISIERUNG DES WISSENS

Einige Beobachtungen und Hypothesen

Hans-Dieter Kübler

> "Die Gefahr besteht für uns nicht so sehr in dem Aufkommen superintelligenter Maschinen wie vielmehr in dem subintelligenter Menschen"
> (Dreyfus 1985: 233)

0. Vorbemerkung

Wer sich fragt, welche nachweislichen und potentiellen Veränderungen der sämtliche Industriegesellschaften erfassende technologische Wandel, angestoßen vor allem von den sog. neuen Informations- und Kommunikationstechniken mit dem Computer als universeller Basistechnologie, für Kommunikation und Sprache zeitigt oder zeitigen wird, stößt in der Öffentlichkeit und Populärpublizistik unweigerlich auf Beobachtungen, wenn nicht Klagen über anhaltenden Sprachverfall – so allfällig und unverwüstlich die gewählten Metaphern seit jeher ausfallen. Indizien dafür lassen sich in den elektronisierten Sprachformen ohne weiteres, vielleicht mehr als früher, finden, besonders als semantische Fehlleistungen oder bei 'unsachlicher' Verwendung der elektronischen Gerätschaften. Dennoch – und darin verbirgt sich vermutlich ein Hinweis auf strukturelle Verschiebungen – reichen solch nachlässige oder dilettantische Umgangsweisen für die Zwecke alltagspraktischer Kommunikation aus. Mit bloß phänomenologischer Spurensuche und -deutung (so der erste Zugang) lassen sie sich in ihrer elementaren Reichweite nicht erschließen.

Sondiert man nach kategorialen und kulturgeschichtlich tragfähigen Koordinaten für die apostrophierte Technisierung der Kommunikation, wird man es ebenfalls nicht bei der üblichen, oberflächlichen Beschreibung des sich ohnehin technisch Vollziehenden belassen können: Vervielfältigung, Polyfunktionalität und fast beliebige Wandelbarkeit der Kommunikationsformen, soweit sie zweckrationalen Kriterien gehorchen, scheinen sowohl Ziel als auch Formqualität des Wandels zu sein; Entgegenständlichung und Entsinnlichung menschlicher Wahrnehmung fürchten Technikkritiker als verheerende subjektive Folgen. Aber zu fragen wird sein nach strukturellen Kontinuitäten der Wissensentwicklung und der Kommunikationsgeschichte, denn erst deren Identifikation und Analyse lassen qualitative Umbrüche und ihre strukturellen Konsequenzen in ihrer grundsätzlichen Tragweite erkennen. Fast unausweichlich treffen solche Rekonstruktionen auf die Veränderungen von Wissen und Sprache durch die Schrift und die

Schriftlichkeit. Sie sind erst ansatzweise entdeckt – vor allem in ihren erst in diesem Jahrhundert anfallenden, nachfolgenden Mediatisierungen durch die elektronischen Medien einerseits, durch die nun anstehenden Telematisierungen andererseits.

Konturen und Konsequenzen telematisierter Kommunikation entbehren noch weithin des analytischen, kategorialen Zugriffs, der sich auf solch strukturgeschichtliche Vorarbeiten stützen könnte. Mit der Kategorie der unbegrenzten Reproduzierbarkeit ist von W. Benjamin bereits im Vorfeld der fortschreitenden Mediatisierung eine erste kulturgeschichtliche Heuristik erfolgt. Unbedingte Zeitdetermination als Folge der Immaterialisierung könnte eine weitere, noch zu untersuchende Konsequenz sein. Noch visionär mag es anmuten, das Ende der Schriftkultur zu beschwören (wie es gleichfalls in populärwissenschaftlichen Kassandrarufen unermüdlich geschieht). Denn zunächst werden die telematischen Geräte die Schriftflut steigern, gerade auch als Folge der prinzipiellen Flexibilität und Veränderbarkeit sprachlicher Formen. Doch ein Ziel fesselt die Medien- und Kommunikationstechniker schon seit jeher: andere als schriftliche Verkehrs- und Speicherformen menschlicher Kommunikation zu entwicklen, so leistungsfähig, vielseitig und zur Präzision zwingend wie die Schrift, aber am Ende bequemer, weiterreichend, ökonomischer. Es könnte sein, daß nicht nur die vielberufene Maschinen-Maschinen-Kommunikation diesem Ziel entgegenkommt, sondern auch eine neuerliche Entfaltung elektronisch vermittelter, oraler Kommunikation.

Der vorliegende Beitrag will dazu einige Sondierungen und Überlegungen beisteuern – wohl seiner Vorläufigkeit und gelegentlichen Inkonsistenz bewußt. Die Universalität und Tiefe der mehr erahnten, denn validierten Veränderungen bedürfte intensivster analytischer Beobachtung, sozial verträglicher noch: Kontrolle und Korrektur; doch es gehört wohl zu den (interessengeleiteten) Spielregeln solchen gesellschaftlichen Wandels, erst einmal faktische Umwälzungen, verbrämt als vermeintliche technologische Sachzwänge, zu vollziehen und hernach sozial verantwortliche oder verantwortungsbereite Begutachtungen zuzulassen. So scheint der technologisch-gesellschaftliche Wandel immer krasser auch das strukturelle Dilemma wissenschaftlichen Selbstverständnisses zuzuspitzen und zu offenbaren: die allfälligen Selbstdeutungen und -vergewisserungen, derzeit gefaßt in die konvertible Metapher der Postmoderne, signalisieren die gleichwohl verbal überbordende Ratlosigkeit.

1. Kasuistische Spurensicherung

Andersdenkende "fahren ein total falsches Programm", Vorgestrige oder Dummköpfe haben einen "veralteten Prozessor", einen "Schaltfehler" oder einen "leeren Speicher", Mißerfolge gleichen "Programmabstürzen" oder "Chipinfarkten", mit Besuchen bei den Eltern wird "ein bißchen Heimat abgerufen", dabei "speichert man Essen ab", und abends "listet man die Disco" – der Computer, so entdeckten Sprachbeobachter (z.B. Horx 1984, Müller-Thurau 1985) kürzlich, graviert offenbar seine terminologischen Spuren mindestens in die Sprache der Jugendlichen ein, womöglich als symptomatischer Ausdruck der vielerorts heraufdämmernden Computerkultur (Turkle 1984, Eurich 1985, Volpert 1985).

Unentwegt besorgte "Sprach- und Bildungsexperten" sehen in solchen provokanten Neuschöpfungen sogleich wieder "Verarmungen sprachlicher Kommunikation" wie überhaupt "emotionale Verkümmerungen" (Neue Westfälische, 7.3.1985), gelassenere Zeitgenossen mögen allenfalls aus sämtlichen Jugendkulturen bekannte Erscheinungen wiedererkennen: Dafür kreiert und geeignet, daß sich Jugendliche einerseits von den üblichen, den Erwachsenen gehörenden Standards (nicht nur sprachlich) als Generation, heute oft schon als Gruppe mehr oder weniger demonstrativ, mitunter auch schockierend abgrenzen, aber auch in ihren sozialen Binnenbeziehungen profilieren und bestätigen. Andererseits verarbeiten sie mit solchen Normabweichungen ihre eigenen Erfahrungswelten auf sprachspielerische, möglicherweise auch (unbedacht) ironisierende Weise (Henne 1984).

Solche Jargons, "subkulturelle Sprachvarietäten" nach der wissenschaftlichen Terminologie (Hartig 1981: 109), sind meist nur von kurzer Dauer, mithin soziokulturellen Moden unterlegen und oft nur auf kleine, jedenfalls kaum tonangebende Bevölkerungsgruppen begrenzt. (Erst ihre Publizierung, heute besonders durch vielzählige auf Jugendliche gemünzte Medien, definiert, wenn nicht stilisiert sie als aktuell und typisch und verleiht ihnen vorbildhafte oder gar normierende Attraktivität für die vielen anderen, die nicht zu der originären Ingroup zählen, nun aber sich auf vermittelte Weise zugehörig fühlen. Insofern erzeugen solche gruppensprachlichen Registraturen zu einem Gutteil ihre sozialen Repräsentanzen mit.) Freilich: immer noch bedarf es vielfältiger, unwägbarer Vermittlungen, bis und wie solche ohnehin nur metaphorischen Auffüllungen eines subkulturellen Lexikons in den wie immer definierten gemeinsprachlichen Korpus gelangen und von ihm anerkannt werden, mithin in lexikalischer Hinsicht sprachlichen Wandel bewirken.

Veränderungen ganz anderer Art, nämlich Regelverletzungen in der Schriftsprache, genauer: Verletzungen der (mühsam erlernten, weil nicht immer logischen) Silbentrennregeln, begegnen einem in Gedrucktem derzeit zuhauf – gleichfalls zu verantworten vom Computer, soll heißen: von nicht genug dezisionistisch verfahrenden oder nur nachlässigen Silbentrenn-Programmen: "Köstlichste und kindischste Fehler" unterlaufen ihnen, die die Leser mit "herrlichem Sprachquatsch erfreuen, der manchmal indessen zu Tiefsinn wird: Winterspor-torte", spottet ZEIT-Redakteur H. Kühnert (1985).

> "Die meisten Fehlleistungen sind irreführender Unsinn mit dem leichten Charme des Inkorrekten: sam-stägliche Sonde-raufträge, Schrif-tarten, Den-kanstöße, Kno-blauch, ... auch Adjektive wie sen-krecht und er-z-wungen. Aber hinter manchen faux-pas des Computers lassen sich merkwürdige Sinnverwandlungen ausmachen: Die Gra-binschrift ist nicht mehr unheimlich, aber die Leich-tathleten sind es plötzlich. Gebirg-sorte und Bet-troste haben überwältigende neue Bedeutungen, während der Schu-labschluß seine angenehme Seite überraschend sprachlich zur Schau stellt. Der Computer kann sich auch ins Poetische vertun, aus gängigen Wörtern macht er unversehens Spirituelles: Wel-traum, Ka-minnische, Auslöseele-ment, Autoren-nen. Der solcherart vergeistigte Seele-opard wurde bereits von

Jochen Hölzer im 'Sprachdienst' der Gesellschaft für deutsche Sprache vorgestellt.

Noch andere kuriose Trennungen hat Hölzer aufgetan: die Gassi-cherung, den Nachteil-zug, die Galauni-form, die wunderbare Talent-wässerung und die Spargel-der. Bei seinen Schöpfungen Eheide-al und Gehörner-ven wiehert der Computer vor Lust, während ihm der (alte) Urin-stinkt und die (neuen) Anal-phabeten zu wüst sind. Es gibt brave deutsche Wörter, die der Rechner zu Ausländern macht: Die Beat-mung zielt ins Englische, das Nichtita des Nichtita-lieners Johannes Paul II. ins Lateinische (Hölzer). Der Vati-kan wird wärmer, das Wort men-schlich kälter. Witzig ist auch, was der Computer aus fremder Sprache machen kann: die Fre-aks, den bedauernswerten Ro-usseau und den unkenntlich gewordenen So-und. Eine liebliche Höchstleistung ist die Schöpfung Seinein-sel. Überhaupt, zufällig krei-erte Diphthonge wie das gute alte bein-halten wirken besonders wunderlich: Hun-deurin, Werbein-teressenten.

Das schönste Wort, das ich fand, ist Mattsch-eibe: zeitgemäß, aber doch einer Morgensternschen Metamorphose sich beugend."

Freilich: solch schriftsprachliche Mißgriffe und Regelverletzungen hier nicht ohne empfindsame Süffisanz aufgespießt, sind gewiß nicht auf die Mängel eines Computerprogramms begrenzt. Wer Kinder beim Lernen von Lesen und Schreiben beobachtet, wird ihnen mindestens in oberflächlicher Analogie immer wieder begegnen; sie erproben und verinnerlichen dabei jenen schmalen Grat zwischen Regelerkenntnis und intuitiver Sinnerfassung, der für natürliche Sprachen nun einmal konstitutiv ist (Szagun 1980).

Schadenfrohe Lust zur interpretatorischen Imagination wie gleichermaßen zur normenstrengen Inkrimination reizt den Journalisten wohl nicht zuletzt deshalb, weil er die allgewaltige, vorgeblich perfekte und sicherlich nicht immer begrüßte Technik bei den simpelsten, eben "kindlichsten" Fehlern ertappt, bei solchen Schnitzern, die der schulische Drill einem unerbittlich austreibt und deren souveräne Beherrschung nicht zum geringsten das professionelle Prädikat des berufsmäßigen Schreibers ausmacht. Vielleicht mögen auch Befürchtungen über eine schleichende "Wissensenteignung" (Volpert 1984, 1985: 28ff.), besser: über eine sukzessive Entwertung menschlicher Kompetenzen durch maschinelle Konkurrenten, unterschwellig bohren, von denen professionelle Schreiber, Journalisten namentlich (Weischenberg 1982, 1985), nicht unbetroffen bleiben, da "inzwischen fast alle Zeitungen von Computern mit Buchstaben und Wörtern versorgt" werden (Kühnert 1985).

Großenteils dürften die angeprangerten Normwidrigkeiten indes anfänglichen Unzulänglichkeiten geschuldet sein, teilweise sind sie nicht einmal irregulär, sondern nur mißverständlich und karikierend hervorgehoben. Schwerwiegender und grundsätzlicher fallen deshalb Fragen danach aus, welche Fehler lediglich pragmatischer und welche prinzipieller Provenienz sein könnten; m.a.W.: welche orthographischen Prinzipien sich logisch-technischen Formalisierungen unterwerfen, auch wenn die erforderliche Systemkomplexität derzeit noch aussteht, und welche ausschließlich kontingenter Natur sind, die sich allenfalls als lexikalische Einheiten abspeichern lassen. Dann bedürfte es zwischen beiden Systemen zusätzlicher vermittelnder Erkennungs- und Entscheidungsregeln, mithin jener kontextreferentiellen und dadurch sinnkonstituierenden Meta-Kompetenzen (oder erst eigentlich: Kompetenzen), die auf absehbare Zeit (oder immer) allein dem natürlichen Sprecher und Korrektor zueigen sind. Unweigerlich mündet diese Problemstellung in jene kontroverse Diskussion, die derzeit um die Potentiale und Grenzen der "maschinellen Sprachverarbeitung" geführt wird (Dreyfus 1985, Hellwig 1983, Winograd 1984).

Freilich: entschieden, zumal in praktischer Hinsicht, wird sie wohl kaum nur mit theoretisch-analytischen Einsichten; vielmehr muß ihre operative Realisierung, d.h. die breite, alltägliche Verwendung solcher Programme, auch ökonomischen Maximen gehorchen. Nicht alles was theoretisch möglich ist, so wird künftig die Devise angesichts exponentiell steigender Investitionskosten für die Konstruktion und Entwicklung tauglicher Software immer stärker lauten, wird sich in marktgängigen Kosten-Nutzen-Relationen absetzen lassen, mithin rentabel sein. Daher wird es ebenso entscheidend wie aufschlußreich sein, ob nicht ganz hartnäckige kontingente Fälle allmählich der systematischen Ökonomie geopfert werden, soweit sie nicht zu Verständnisschwierigkeiten oder Mißverständnissen führen und noch genügend diskriminierbar sind. Ein gewisser Normwandel würde damit eingeleitet (der sich obendrein angeblich mit einer, schon beobachtbaren Norm-Nachlässigkeit verbinden könnte). Die Befolgung unverrückbarer Normen wiche technischer Pragmatik und beförderte so eine begrenzte Regeltoleranz. Bereits heute erfahren Kinder wiederholt solche Diskrepanzen: Schulische Zensoren ahnden Regelverletzungen gemeinhin strenger (und beeinflussen dadurch Karriere-, wenn nicht Lebenschancen), als es die öffentliche, sanktionierte Sprache tut.

Vorderhand Ungeschicklichkeiten in der praktischen Anwendung einfacher Registrierprogramme verrät die folgende Restaurantrechnung. Das Lokal hatte unter seinen neuem Besitzer noch nicht lange eröffnet, und offensichtlich waren er oder seine Buchhaltung noch nicht dazu gekommen, sämtliche Angebote der Speisekarte hinreichend treffend und eindeutig in dem Programm aufzulisten:

```
TISCH/GAST-NR.361 DATUM 26-05-86 SEITE 1

        1   FRASCA      *5.00
        1   ZU-POM      *4.50
        1   LASAGN      *9.50
        1   PILS        *2.50
        1   DIVERS      *2.00
        1   PEPSI       *2.00
        1   IN-MIS      *4.50
        1   IN-T-F      *7.00
        1   RI-SPE     *10.50
        1   KÜCHE       *6.00
        1   GELATO      *3.50
        1   KAFFEE      *2.00
            ZWS        *59.00

            BAR-TL     *59.00

       WIR DANKEN IHNEN
       FÜR IHREN BESUCH
```

Nachträglich ist es daher kaum mehr möglich, anhand mancher willkürlich gewählter Platzhalter die genossenen Speisen und Getränke zu identifizieren (obwohl bei der aktuellen Bezahlung natürlich konkrete, nachweisliche 'Interpretationen' vorgeführt wurden). Die angestrebte Transparenz der Rechnungslegung – sofern nicht nur die Rationalisierung des Bedienungsaufwandes beabsichtigt ist, die allerdings durch die eingeforderten Übersetzungen teilweise wieder konterkariert wird – wird dadurch jedenfalls hinfällig, sie erweist sich zumindest als nicht größer als bei manuellen, oft ebenso undurchsichtigen Berechnungen. Pikant, für manche Sprachpuristen wohl schon bedenklich mutet zudem der verballhornende Mischmasch aus italienischen und deutschen Bezeichnungen an, der sich überdies der Ökonomie des Computers unterwirft.

Eine allmähliche Verluderung des alltäglichen Sprachgebrauchs mag solch amputiertes Kauderwelsch womöglich ankündigen. Nicht nur praktische Unbeholfenheit, sondern strukturelle Deformationen, nämlich eine anhaltende systematische "Verstümmelung" der Sprache (Volpert 1985: 79ff., Eurich 1985: 16ff., Kubicek/Rolf 1985: 258ff.), argwöhnen Informatikkritiker in dem grassierenden Hang zu semantisch indifferenten Abkürzungen. Sie trifft man derzeit in allen Computerausdrucken, und auch das vorgeführte Beispiel ist voll davon.

Offensichtlich hält die computerisierte Registrierkasse nur sechs Stellen vor, auf die hin alle Bezeichnungen der offerierten Speisen und Getränke justiert werden. Bei der begrenzten Anzahl bzw. Auswahl scheint eine derart willkürliche, unaufwendige Auflistung zu genügen, um eine eindeutige, wenn auch für Außenstehende unverständliche Identifizierung zu gewährleisten. In der Regel beschränkt sich das Programm auf die Anfangsbuchstaben und bricht nach der Auffüllung der verfügbaren Stellen schonungslos ab; nur bei fälligen Spezifizierungen wie hier den verschiedenen Salaten ("In" = Insalada) werden zusätzliche Attribuierungen hinzugefügt.

Ärgerlich, wenn nicht verunglimpfend sind solche Verunstaltungen bei Namensspeicherungen: "DR. WALTER VOLPE" (Volpert 1985: 85) ist eben eine nicht mehr hinnehmbare, weil potentiell irreführende Abkürzung – wenngleich sie als markantes Indiz für die wachsende "Sprach-Verrohung" wohl überbewertet ist. Als Maßstab systematischer Kritik genügt sie jedenfalls nicht. Analytisch betrachtet handelt es sich primär um das vergleichsweise überschaubare, für partielle "Mikrowelten" (Kontexte) voraussichtlich lösbare Problem der semantischen Relevanz (Winograd 1984). Deren weiterreichende, gar generelle Formalisierung scheint aus gegenwärtiger Sicht freilich unerreichbar.

Vom kompetenten Sprecher/Schreiber werden Abkürzungen hingegen nach morphologisch-etymologischen Kriterien, mithin nach qualitativen, bedeutungsrelevanten Einheiten, wenngleich gemeinhin intuitiv vorgenommen, jedenfalls nicht nur schematisch und linear-quantitativ. Darin verbirgt sich eine intuitiv befolgte Kompetenz semantisch-klassifikatorischer Hierarchisierung, die Raum- (oder auch Zeit-)Vorgaben und Bedeutungen (oft auch ausschließlich individuellen Zuschnitts) aufeinander bezieht, ohne eine der Variablen absolut zu setzen. Abkürzungen und Kontraktionen sind ja nur dann sinnvoll und nützlich, wenn sie die Bedeutung der Ursprungswörter bewahren bzw. wiedererkennen lassen; andernfalls müssen sie als neue (synoyme) Einheiten memoriert werden, begünstigen jedenfalls nicht die kognitive Ökonomie, wie Kürzelfetischisten immer wieder erfahren müssen. Allenfalls dienen sie noch der Binnenverständigung eingeweihter Gruppen und gewinnen gegenüber Außenstehenden leicht Herrschaftsfunktionen.

Gemeinhin wird ein flexibles System ohne starre Regeln überwiegen. Jeweils wird man die kommunikative Funktionalität und morphologische Beschaffenheit unterscheiden müssen, je nachdem ob es nur dem persönlichen Gebrauch des Urhebers dient oder sich an andere, Eingeweihte oder Fremde, richtet. Jeweils stellen sich die Proportionen zwischen Sprachökonomie und Verständlichkeit anders.

Bei der abkürzenden Speicherung von Personennamen wird der normale Sprecher/Schreiber zuerst den am stiktesten unterscheidenden Nachnamen auswählen (bei häufig vorkommenden müssen noch zusätzliche Merkmale, etwa der Herkunftsort, hinzugefügt werden); Vornamen spezifizieren nur noch Mitglieder einer bestimmten Namensgruppe bzw. Familie, akademische Titel tragen in den seltensten Fällen zur Personenkennzeichnung bei. Namensspeicherungen des Computers folgen hingegen linearen Entitäten, sie brechen dann ab, wenn die verfügbaren Speicherplätze aufgefüllt sind, ohne Rücksicht auf die Dignität und Bedeutung des Namens (wobei freilich gesondert geprüft werden müßte, ob nicht die monierte Amputation 'lediglich' der beschränkten Kapazität des Druckers anzulasten ist. Anzunehmen ist, daß im Speicher der vollständige Name archiviert ist). Gleichviel: VOLPERT, W. (DR.) entspräche der bisher üblichen Abspeicherung und erwiese sich obendrein als kürzer, sprich: ökonomischer.

Strukturelle Deformationen oder nur vorübergehende Unausgegorenheiten? Erneut stellt sich die Frage nach dem sprachlichen Wandel, verursacht von der um sich greifenden Computerisierung der Alltagskommunikation, zumal sprachliche Erscheinungsformen und basale, tiefgreifende Veränderungen analytisch-empirisch kaum voneinander zu unterscheiden sind und sich zudem wechselseitig beeinflussen.

Rationalisierungen des Sprachgebrauchs, etwas suggestiv sogleich als wachsende "Mathematisierung unseres Schriftbildes" apostrophiert, scheinen schließlich auch diesseits (oder schon jenseits) des Computers um sich zu greifen: "Wir waren schon 3x im Meer baden", verkündet etwa die obligatorische Urlaubskarte den Daheimgebliebenen. Schillers Tragödie seziert in der Sprache des beflissenen Abiturienten nicht nur "Marias 3ecks-Verhältnis", sie begnügt sich auch mit einem "08/15-Dramenbau mit retardierendem Moment". "Die Deutscharbeit wird nunmehr maschinenlesbar, die Korrekturarbeit für Lehrer weniger zeitaufwendig, Personaleinsparungen winken", orakelt ZEIT-Redakteurin Christine Richard (1985). Dabei müßten solche wohl nicht ganz üblichen Bequemlichkeiten des schriftlichen Umgangs eher nach verstärkter sprachlicher Förderung und Übung rufen; und ebensowenig dürften derart unkonventionelle 'Formatisierungen' für marktgängige Programme geeicht sein. Schließlich bleibt gleichfalls fraglich, ob sich die Abfassung knappster, immer schon stereotypisierter Feriengrüße - bei beengtem Raum und oft genug unter widrigen Schreibumständen - sogleich als Folge des Computers ahnden läßt.

So erweisen sich die phänomenologischen Spurensicherungen über die Konsequenzen der Mikroelektronik insgesamt, und besonders des Computers im alltäglichen Sprachgebrauch als noch recht wenig ergiebig und obendrein als oberflächlich überaus disparat. Skurrilitäten, vermeidbare Nachlässigkeiten und unbeholfene Usancen häufen sich gleichwohl. Wie nachhaltig sie sich verfestigen und wie weitreichend sie beeinflussen, läßt sich vermutlich nur rückblickend erkennen; der Verlauf und die Wirkkräfte des Sprachwandels sind insgesamt wenig transparent und berechenbar, und dies vielleicht auch nur, weil sie immer noch unzulänglich, vor allem unzureichend kontinuierlich erschlossen und empirisch registriert sind (Hartig 1981, 1985: 28ff.), so daß manche Neuheit oder Anomalie von heute, bewirkt durch Elektronik, morgen Standard werden könnte.

Im Lexikon gelingt dies schneller und reibungsloser als in den morphologischen und syntaktischen Dimensionen. Offenkundig erzeugen neue Gegenstände, Erkenntnisfelder und intellektuelle (Re-)Konstruktionen unentwegt veränderte Begriffe und semantische Nuancierungen; gänzlich neue Wortschöpfungen folgen recht zögernd und schwerfällig nach. Die aufgespießten Verkürzungen und "Kontaminationen" dürften daher noch länger ungebräuchlich, ärgerlich und regelwidrig bleiben; allenfalls für Minderheiten jeweils tolerabel, wenn nicht ausdrücklich schmückend, bis sie eventuell in ein sich Anerkennung verschaffendes System aufgenommen und von diesem verbreitet werden. Ausweisliche, vielleicht sogar schon unauslöschliche Indizien dafür, ob "wir die Sprache der Computer sprechen", konnte offenbar (die gehaltenen Referate sind noch nicht publiziert verfügbar) auch nicht eine im Frühjahr 1986 von der Deutschen Akadamie für Sprache und Dichtung geladene Runde illustrer Wissenschaftler (Pflaum 1986) identifizieren - wobei selbst mit gebotenem Respekt für metaphorische Titulierungen gefragt werden muß, ob die gewählte Wendung nicht jener Begriffsverwirrung, wenn nicht Gegenstandsverfälschung Vorschub leistet, der mit dieser Problemsicht und Konferenz eigentlich begegnet werden sollte -; vieleher reproduzierte und bekräftigte sie die eingespielten Apokryphen wissenschaftlichen Fachjargons, die ihrerseits der anhaltenden Verwissenschaftlichung und Rationalisierung menschlicher Erkenntnis und Begriffsbildung geschuldet sind. Generell werden die Schwellen zwischen diesen und den fortschreitenden Formalismen als Folge der Computerimplementation daher schwer, allenfalls vage auszumachen sein; auch darin erweist sich der Computer als materialisierte Konsequenz, vielleicht sogar Kulmination der gesamten Entwicklung (Weizenbaum 1978). Daher bedarf es wohl insgesamt gründlicherer Überlegungen und systematischer Untersuchungen, um plausible Erklärungen für historische Strukturveränderungen zu ergründen, die allerdings auch hier nur in einigen skizzenartigen Schlaglichtern beleuchtet werden können.

2. Technisierte Kommunikation. Einige kategoriale Sondierungen

Gleichviel: technische Umwälzungen und gesellschaftliche Umbrüche sind sicherlich nie ohne Einflüsse auf den jeweiligen Sprachgebrauch geblieben (Hartig 1981, 1985), mehr noch vermutlich haben sie seit jeher die intellektuelle Wahrnehmung der Sprache bewegt und so eine lange Tradition der Sprachkritik heraufbeschworen, die sich oft genug mit (national-)politischen und ideologischen Intentionen alliierte. Namentlich die Heraufkunft und Verbreitung der Massenmedien versorgten solche Auguren freilich mit beiderlei konträren Akzentsetzungen. Denn mit den Massenmedien installierten sich erkenntlich und in ihrer unterstellten Wirkungsmacht beeindruckend kommunikative Instanzen, wie sie der bürgerlichen Öffentlichkeit zwar idealtypisch angesonnen wurden, aber kaum zur Verfügung standen (Habermas 1969[4], Sennett 1986): "In der totalen Hereinziehung der Kulturprodukte in die Warensphäre verzichtet das Radio überhaupt darauf, seine Kulturprodukte selber als Waren an den Mann zu bringen. Es erhebt in Amerika keine Gebühren vom Publikum. Dadurch gewinnt es die trügerische Form desinteressierter, überparteilicher Autorität, die für den Faschismus wie gegossen ist... Das menschliche Wort absolut zu setzen, das falsche Gebot, ist die immanente Tendenz des Radios. Empfehlung wird zum Befehl", diagnostizieren M. Horkheimer und Th.W. Adorno in ihren "philosophischen Fragmenten" während der amerikanischen Emigration (1969: 168) und postulieren die fatale, destruktive Verschmelzung der beiden Extremformen bürgerlicher Öffentlichkeit mindestens in ihren manifesten Funktionen: der der gänzlichen Kommerzialisierung und der totalitären Indoktrination.

Befürchtungen und Hoffnungen, daß und wie Sprache von den Massenmedien geprägt wird, liegen schon immer eng beieinander. So beauftragt beispielsweise die nationalsozialistische Reichsrundfunkkammer 1937/38 eine Professorengruppe, eine "umfassende Katalogisierung des deutschen Wörterschatzes unter dem Gesichtspunkte der Aussprache" vorzunehmen. Denn, so lautet die Begründung, "der Stil des Rundfunks, davon sind wir überzeugt, wird noch nachdrücklicher auf unser Volk einwirken als der Stil der Zeitung" (zit. nach Straßner 1978: 18). Noch 1975 ahndete etwa die "Gesellschaft für deutsche Sprache" akribisch die täglichen Sünden des "Journalesisch" wie "Stereotypen", "Manierismen", "preziöse

Affektiertheit", "anfechtbare Grammatik", "fragwürdige Aussprache", "Stilblüten", "schiefe Bilder", "Zeitungsdeutsch-Entgleisungen" u.v.a.m. Nahezu gleichlautend läßt sich die Reihe fortsetzen etwa bis zu W. Leonhardts Philippika während der 13. Mainzer Tage der Fernsehkritik (Hermann/Heygster 1981) oder der kürzlichen Nachrichtenschelte von F.R. Raddatz (1985) (Kübler 1982, 1985). Wie weit sie auch gezogen wird (Schwenger 1983[2]) – nunmehr bis zu den Thesen und Erkenntnissen der Akademie-Tagung und voraussichtlich auch darüber hinaus –, sie beschränkt Perspektive und Fragehaltung unweigerlich auf einen, zudem vornehmlich lexikalischen Aspekt, der obendrein einseitige Wirkungsmechanismen annimmt: die auf die Sprache (ohne deren bzw. deren Nutzer eigenständiges Zutun).

Aber der Sprache selbst ist etwas Technisches, Instrumentelles inhärent, mindestens seit ihrer Verschriftlichung (und deren ebenfalls nicht völlig erschlossenen Wechselwirkungen mit gesprochener Sprache). In einer übergreifenden kultur- und sprachengeschichtlichen Anamnese (Schlieben-Lange 1983) wären solche interdependenten Bedingungsverhältnisse auszuloten, mithin ließe sich fragen, wie sich der gegenwärtige Sprachgebrauch materialiter konstituiert und welche seiner Konstituenten sich auf welche Weise gebildet haben oder weiterhin bilden; es käme darauf an, ihre spezifischen Funktionen zu ergründen und ihre wesentlichen Anteile an üblichen Sprachstrukturen und -formen zu erschließen. Erst auf diese Weise ließen sich langfristig der fortschreitende, allgemeine Technisierungsgrad und seine Einflüsse auf Sprachfähigkeit wie -gebrauch in verschiedenen kulturellen Varietäten ermessen (wobei davon auszugehen ist, daß sich unterschiedliche Affinitäts- bzw. Betroffenheitsgrade in den sozialen Populationen herausschälen).

Dazu bedarf es wohl eines allgemeinen, strukturgenetischen Technikbegriffs wie auch eines jeweils speziellen: Zunächst beschreibt Technik sämtliche materialisierte Momente der Aneignung der Natur durch den Menschen – die dann als verdinglichte Strukturen, als "geschichtlich-gesellschaftliche Projekte" (Habermas 1969[2]: 50), gegen die Menschen, namentlich gegen einen sozial unterprivilegierten Teil, als ideologisch verbrämte, 'sachzwanghafte' Herrschaft zurückschlagen und dem ursprünglichen Ideal der fortschreitenden Emanzipation des Menschen hohnsprechen (ebd.; Bahr 1970, Ulrich 1977, Bammé u.a. 1983). Kommunikation als heuristischer wie analytischer Begriff birgt schon seit jeher, zumal in seiner informationstheoretischen Spielart als "Austausch von Information" oder gar von nachrichtentechnischen Signalen, aber auch in seinem bis heute noch dominanten behavioristischen Paradigma als Reiz-Reaktions-Schema, solch technische Implikationen, oft genug sogar in maßgeblicher Prägung (Graumann 1972, Merten 1977).

Potentiale solch technischer Vergegenständlichung ergeben sich für die Schrift zuvörderst als Konservierung bzw. Tradierung des Gesagten und damit zugleich als raumzeitlich separate Publikationsmöglichkeit bzw. Verfügbarhaltung für andere. Schrift bedeutet so die erste und wichtigste Übersetzung von Sprache in ein reproduzierbares, verfügbares Medium; die Schriftsprache entwickelte und konstituiert sich als weitgehend eigenständige Sprachvariante (Coulmas 1981, Feldbusch 1985). Weitere Varianten resultieren aus Kombinationen mit anderen medialen

Codes (Bild, Ton etc.), aber erst die nahezu ungehindert reproduzierende und aktualisierende Technik des 20. Jahrhunderts eröffnet der Kommunikation ungeahnte Variationsmöglichkeiten, und just diese Variabilität bzw. Modulationsfähigkeit mag als qualitativer Sprung der Technisierung apostrophiert werden. (Benjamin 1970). Dabei lassen sich u.a. folgende Funktionen unterscheiden:

- die simultane Übertragung identischer oder nur technisch veränderter Signale über unbegrenzte Entfernungen (z.B. Telefon);
- die simultane Umwandlung von Signalen in einen anderen Code (Modulation z.B. von Tönen in sichtbare elektrische Signale);
- die beliebige Reproduktion verschiedenartiger, gespeicherter Signale als zeitliche Überwindung, nur noch abhängig von den jeweils erforderlichen technischen Apparaturen;
- die (fast) ungehinderte Verbreitung simultaner (live) und gespeicherter Signale, sofern dafür geeignete Trägersysteme (terrestrische Wellen, Kabel, Satelliten) verfügbar sind;
- die mannigfache technische Kombination verschiedenartiger Signal- und Zeichensysteme als wechselseitige Ergänzung oder auch als tautologische Anreicherung.

All diese Vermittlungen und Mutationen erfolgen nach wie vor als mechanische Vorgänge und zunehmend von apparativen Automaten, auch wenn sie augenscheinlich kommunikative oder gar verstehensbezogene Prozesse suggerieren oder simulieren. Selbst bei den eindrucksvollen Programmen computergestützter Sprachbe- und verarbeitung, leichthin oftmals schon als intelligente, bedeutungskonstituierende Verstehensoperationen apostrophiert (Feigenbaum/McCorduck 1984, Haefner 1984, Schwabl 1985), handelt es sich ausschließlich um schematische Rechenprozesse, um hierarchisierte, letztlich mechanische Abgleichungen verschiedener Merkmalsmatrices, keineswegs um übertechnische Kompetenzen (Weizenbaum 1978, Aust 1983, Winograd 1984, Ulrich 1985, Dreyfus 1985): "Die Computersprache ist kein Symbolsystem, das seinerseits verstanden werden müßte - insofern ist das Wissen, über das das System verfügt, die Menge der Operationen, die das System ausführen kann" (Aust 1983: 184).

Aber die Erkenntnisse und erreichten Grenzen der Formalisierbarkeit, die sich bei der Entwicklung und Konstruktion elektronischer Systeme eröffnen, mögen die Einsicht in die unnachahmliche Kontingenz und nicht reproduzierbare Kompetenz menschlichen Sprachvermögens schärfen und fundieren; nachdem die euphorischen Visionen anfänglicher Überschätzung weithin verflogen sind, kristallisieren sich prinzipielle Schwellen zwischen Technik und Mensch eindeutiger und unüberwindlicher heraus (Weizenbaum 1978, Turkle 1984, Winograd 1984). Technisierung von Kommunikation im bereits skizzierten Sinn, so läßt sich tentativ verallgemeinern, erfolgt zunächst als strukturelle Auffächerung der ursprünglich (und auch jeweils rekonstruierbaren) ganzheitlichen Sprache und als sukzessive, funktionale Partikularisierung einzelner sprachlicher, gleichwohl noch bedeutungsstiftender Komponenten bis hin zur Konstitution einer weitgehend autonomen Varietät wie etwa der Schriftsprache. Dadurch veräußern und verselbständigen sich diese und ermöglichen so ihre technische Reproduzierbarkeit. Dem Menschen treten sie oftmals als verdinglichte Normengefüge gegenüber, die nicht mehr gänzlich seiner Disponibilität und Phantasie verfügbar sind, allenfalls um den Preis der Regelverletzung, wenn nicht der sozialen Sanktionsgefahr.

Schon die Schrift beschwor derart ambivalente Einschätzungen und sprachkritische Befürchtungen herauf: "Wer dies lernt", so argwöhnt in der (gleichnishaften) Erzählung von Sokrates Thamus, der König über das gesamte Ägypten, als ihm die Gottheit Theut stolz von der Entdeckung der Schrift kündete, "dem pflanzt es durch Vernachlässigung des Gedächtnisses Vergeßlichkeit in die Seele, weil er im Vertrauen auf die Schrift von außen her durch fremde Zeichen, nicht von innen her aus sich selbst die Erinnerung schöpft. Nicht also für das Gedächtnis, sondern für das Erinnern erfandest du ein Mittel. Von der Weisheit aber verleihst du deinen Schülern den Schein, nicht die Wahrheit. Denn wenn sie vieles von dir ohne Unterricht gehört haben, so dünken sie sich auch Vielwisser zu sein, da sie doch größtenteils Nichtwisser sind, und sie sind lästig im Umgang, da sie statt Weise Dünkelweise geworden sind" (Platon 1957, 1979: 87).

Offensichtlich: viele der heute (wieder) virulenten Gefahrenmetaphern (Eurich 1985, v. Hentig 1984, Postman 1982, 1985, Volpert 1985) erfreuen sich einer säkularen, gravitätischen Tradition (und dennoch feiern ihre Protagonisten ihre gesellschaftlichen und kognitiven Substrate als Voraussetzungen und Triebkräfte abendländischer Zivilisation und Wissenschaftsentwicklung). Beschworen werden – in heutigen Worten – die Gefahr wachsender Geschichtslosigkeit infolge technisch reproduzierbarer, beliebig verfügbarer Archivierungsmöglichkeiten, die daraus resultierende Entfremdung des Menschen von seiner eigenen (sortierten und reflektierten) Erfahrung sowie seine proportional steigende Manipulationsanfälligkeit, weil Erinnerungen nun ersatzweise als generalisierte, konfektionierte angeboten werden; ferner das Problem sich verbreitender "Verstehens-Illusionen" (Noelle-Neumann 1978: 90ff.), da Wirklichkeitserfahrungen, derart konditioniert, nicht mehr individuell erreichbar, geschweige denn eingehend zu durchdenken, abzuwägen und auf ihren Wahrheitsgehalt zu überprüfen sind; an ihre Stelle treten stereotype Muster, topische Verkürzungen und gelackte Scheinwelten; schließlich die Sorge um eine ungleichzeitige, akzelerierte Entwicklung der Kinder, die sie zu Halbwissen, unausgegorener Altklugheit, Selbstüberschätzung und imitierten Erwachsenenattitüden verleitet. Dadurch mögen Kinder und Jugendliche unbelehrbar, besserwisserisch, aufsässig und überheblich werden – Attribuierungen, die Lesern marktgängiger Erziehungsratgeber (Winn 1979, Postman 1982) durchaus vertraut sein dürften. Nur: in der Zwischenzeit sind die Schrift und vor allem ihre virtuose Beherrschung zu hochgeschätzten Kulturerrungenschaften avanciert; Sokrates' Ahnungen blieben ungehört, richtiger: sie haben sich auf weitere, entfremdendere Technisierungen menschlicher Kommunikation übertragen.

Gleichwohl: die "Kümmerlichkeit", das "Fragmentarische" der Schrift ist noch immer in Rede (Aust 1983: 22, 63f., 95f.): "Schriftlichkeit ist Selbstentfremdung" behauptet beispielsweise H.-G. Gadamer (1965^2: 368). "Ihre Überwindung, das Lesen des Textes, ist also die höchste Aufgabe des Verstehens." Denn Schrift duldet er nicht als Form der Sprache, sondern als bloßen Zeichenbestand, der der "Rückverwandlung in Rede und Sinn", mithin in äußeres oder auch inneres Sprechen (Lesen), bedarf. Verständigung gelingt nur, wo gesprochen wird.

Auch (noch) zeitgenössische Sichtweisen behalten mithin ihr fundamentales Mißtrauen gegenüber allem Technischen in der Sprache, selbst wenn es längst den kulturellen Sieg davon getragen hat und in seiner Funktion als Überlieferungsmedium längst für unentbehrlich gehalten wird. Gerade alles Philosophische kann anders kaum geschöpft und verbreitet werden. Doch als Moment, gar als kognitive Voraussetzung für Verständigung, Weltdeutung und Wirklichkeitserklärung, womöglich als Schulung des Denkens, ringt die Schrift, wiewohl unter didaktischen Vorzeichen darob uneingeschränkt gelobt, noch immer um ihre angemessene Anerkennung. Aber nicht die Potentiale und Implikationen der beiden Sprachvarianten stehen hier zur Debatte; vielmehr geht es um die geläufigen Argumentationsmuster (denen nur wenige empirische Fundierungen dienlich sind). Denn es würde kaum schwerfallen, ihren allfälligen Fortbestand aufzudecken und ihn auf weitere Technisierungen angewendet zu sehen (ohne daß deren Funktions- und Wirkweise begründeter erschlossen sind als die voraufgehenden).

Mit der Schrift ist gewiß die elementarste und bedeutsamste Partikularisierung und Verselbständigung von Sprache gelungen; was sie an kommunikativen Kapazitäten namentlich im paralingualen und interaktiven Dimensionen entbehrt, wird beredt beklagt, was ihr zusätzlich zugewachsen ist, wird nicht weniger eindrücklich hervorgehoben. Weitere Technisierungen menschlicher Kommunikation fügen sich erst in jüngster Vergangenheit als sekundäre und tertiäre Formierungen an (Beth/Pross 1976); ob sie vergleichbare Autonomie wie die Schrift erlangen, scheint fraglich (wenngleich manche ihrer Anhänger wie etwa Vertreter bildlicher 'Sprachen' längst davon überzeugt sind). Vollends unerklärlich bleibt, ob und wie sie nachhaltige Veränderungen in Bewußtsein und Wissen zeitigen werden. Auch wenn mittlerweile W. v. Humboldts These von der "Untrennbarkeit des menschlichen Bewußtseyns, und der menschlichen Sprache" (zit. nach Aust 1983: 98) weithin geteilt wird, trotz oder gerade wegen der einschlägigen langwierigen Diskussion (Wenzel/Hartig 1977, Wettler 1980), so wird man weiterhin sprachliche Kompetenz von diversen Sprachvarietäten unterscheiden (müssen) und nicht jede Verschiebung oder Ergänzung an den Erscheinungsformen als Resultate veränderter oder gar deformierter Bewußtseinsstrukturen interpretieren dürfen. Gleichwohl: solche spekulativen Weiterungen und Projektionen auf bewußtseinsmäßige und mentale Gegebenheiten sind in der linguistischen Forschung offenbar kaum zu unterbinden oder zumindest transparent einzugrenzen; viele Untersuchungen werden mit diesem ambitionierten theoretischen Anspruch explizit betrieben (Chomsky 1969, 1970) (wie umgekehrt etwa die Medienforschung ebenso selten ohne Rekurs auf Medienwirkungen auszukommen scheint (Kübler/Würzberg 1982)).

3. Konturen und Konsequenzen telematisierter Kommunikation

Solch eher phänomenologische und strukturalistische Zugänge zur gesellschaftlichen Kommunikation, hier vorzugsweise kursorisch skizziert, erfassen bestenfalls Teilausschnitte des Gesamtsystems; gleichwohl sind sie unabweislich und aufschlußreich, denn die anhaltende Transformation sämtlicher kommunikativer Strukturen infolge der telematischen Umwälzung, des allenthalben beschworenen Strukturwandels ("dritte industrielle Revolution"; Friedrichs/Schaff 1982), verlangt die Besinnung aufs und die Vergewisserung des Grundsätzlichen. Daher scheinen anthropologische, ahistorische Kategorien gegenwärtig wieder Konjunktur zu haben und verdrängen oft und voreilig genug die ehemals dominanten soziologischen, auch wenn sie ihre opportunistische, dem 'Zeitgeist' geschuldete Ambivalenz nicht verbergen können.

Universell, d.h. ubiquitär und allverwendbar, sind freilich nicht nur die sich verbreitenden, allerorts durchdringenden Informations- und Rechnerapparaturen, sie könnten eigentlich ebenfalls nur mit ganzheitlich, systemisch ausgreifenden Beschreibungs- und Erklärungsansätzen erfaßt werden. Dies verweigern jedoch die anhaltende Spezialisierung der wissenschaftlichen Disziplinen und die anachronistische Organisation des Forschungsbetriebs, namentlich in den gesellschaftlichen Reflexionswissenschaften. So öffnet sich die Schere immer weiter zwischen technischem Implementierungswissen, als eigentlicher Fortschritt ausgegeben, und sozialem Reflexions- und Steuerungswissen (Beck 1986, Jänicke 1986). Dem einzelnen Forscher, aber auch der üblichen, zeitlich limitierten Forschergruppe bleibt kaum mehr als das ephemere, fragmentarische Vorantreiben erkenntnistheoretischer Zirkularität, kaum überwindlich erscheint die Diskrepanz zwischen individuellen Erkenntnismöglichkeiten und objektiven Erkenntniserfordernissen. Das gesellschaftliche Reflexionswissen, zumal wenn es prognostische Dimensionen beansprucht, wird zunehmend dispensiert (was freilich nicht ausschließt, daß es zu politisch-ideologischen Zwecken in seiner nur mühsam verheimlichten Vorläufigkeit im wachsenden Maß instrumentiert wird).

Diagnosen, erst recht Prognosen über Veränderungen, zumal Beschränkungen menschlicher Kommunikation unterliegen jenen Obsoleszenzen nicht weniger. Deren Vielfalt, vor allem deren Erweiterungen und Schichtungen in Rändern und sozialen Nischen stellen sich (noch?) keine Grenzen; allerdings verändern sich deren materiale Strukturbedingungen, deren Analyse soziologischer Provenienz sein muß. Technisierungen, so wird generell immer offenkundiger, lassen sich seit geraumer Zeit nicht mehr nur als notwendiger, willkommener Fortschritt, als probate Strategien zur Lösung anfallender Probleme begreifen, vielmehr erweisen sie sich mit zunehmend schmerzlicher, bedrohlicher Signifikanz als immer weniger beherrschbare Ursachen für gesellschaftliche Problemlagen selbst, die in vielen Bereichen, zumal großtechnologisch konstituiert und 'versorgt', natur- und lebensgefährdende Potentiale erlangt haben. Technisierung birgt zunehmend selbstbewirkte Risiken, die wiederum mit weiterer Technik einigermaßen, meist vorläufig und unzureichend, unter Kontrolle gehalten werden; insofern entspringt die beschriebene analytische Zirkularität derzeit unaufhaltsamen Spiralen realtechnischer Potenzierung.

Als eine Art Metatechnik, als unabdingbare Steuer- und Kontrolltechnik fungiert und gilt inzwischen die gesamte Palette informationstechnischer Systeme und wird auch weiterhin so optimiert und implementiert. Daher sind die Potentiale für ihre weitere Entwicklung, Verbreitung und Installation ungleich mächtiger, daher forcieren sie gewaltige Kartelle aus Wirtschaft, Politik und Wissenschaft (initiiert zumeist vom militärischen Sektor), daher bleiben kritische Positionen weitgehend ungehört, gänzlich wirkungslos. Der einschneidende Formierungsprozeß sämtlicher involvierter Wissenschaften, auch obzwar weniger gravierend der Geisteswissenschaften, ist vorerst nicht aufzuhalten, solange und soweit die eingehandelten Risiken der anderen Großtechnologien dringend der informations- und kommunikationstechnologischen Vorbeugung und Steuerung bedürfen und die potentiellen Risiken der Informations- und Kommunikationstechnik selbst noch nicht gewahr, vor allem nicht selbst bedrohlich genug sind (Kubicek/Rolf 1985). Da es sich bei ihnen um die natürliche Umwelt nicht unmittelbar bedrohende, letzlich symbolische Technologien handelt, bedürfte es a priori anderer Erfassungs- und Bemessungsmethoden als der für die ohnehin nur schwach gerüsteten Technologiefolgeabschätzungen derzeit üblichen. So firmieren die Informations- und Kommunikationstechniken weithin als sekundäre, vermittelte Technologien - sieht man einmal von den für die Systemreproduktion vergleichsweise marginalen, für die ideologische Kompensation aber nicht unwichtigen Segmenten der sog. Massen- oder Programmkommunikation im engeren Sinne ab (auf die sich gleichwohl die kulturkritischen Mahner mit eminenter Verve stürzen).

Als breiter, tiefgreifender Prozeß technischer Reproduzierbarkeit kommunikativer, kultureller Äußerungen wurde die seit Beginn dieses Jahrhunderts expandierende Mediatisierung von W. Benjamin (1970[4]) schon in den 30er Jahren avisiert, damals übrigens nicht mit kulturkritischen Vorbehalten, sondern mit der politischen Zuversicht auf die Demokratisierung von Kunst unter Preisgabe ihrer überkommenen, vielfach elitären und solipsistischen Aura:

> "Die Reproduktionstechnik, so ließe sich allgemein formulieren, löst das Reproduzierte aus dem Bereich der Tradition ab. Indem sie die Reproduktion vervielfältigt, setzt sie an die Stelle seines einmaligen Vorkommens sein massenweises. Und indem sie der Reproduktion erlaubt, dem Aufnehmenden in seiner jeweiligen Situation entgegenzukommen, aktualisiert sie das Reproduzierte. Diese beiden Prozesse führen zu einer gewaltigen Erschütterung des Tradierten - einer Erschütterung der Tradition, die die Kehrseite der gegenwärtigen Krise und Erneuerung der Menschheit ist" (ebd.: 16)

Technische Reproduzierbarkeit impliziert mithin stets zweierlei: quantitative Vermehrung (bis hin zur Massen(re)produktion) und sukzessive subjektive Verfügbarmachung, vielleicht auch nur Verwertbarkeit für die Vielzahl von Konsumenten, faktisch die materiale Voraussetzung für die Kommerzialisierung, d.h. die Subordination unter die egalisierenden Marktgesetze. Diese unauflösliche Symbiose zwischen Technik und Ökonomie nötigen die obwaltenden Strukturen Kultur und Kommunikation unnachgiebig auf. Einstmals als conditio sine qua non für den historisch notwendigen Emanzipationsprozeß aus irrationalen Fesseln erkämpft und begriffen, blieb sie strukturell auf der Konsumtion, auf die vordergründige, scheinhafte Egalisierung der Konsumenten beschränkt – selbst dann, wenn sie sich mittels technischer Finessen und unter marktstrategischen Vorzeichen als Produzenten verstehen und betätigen dürfen. Der Erschließung und Erfindung jeweils neuester Marktsegmente und sinnlicher Reproduktionsformen drohen vorerst keine Beschränkungen, im Gegenteil: die Implementierung jeweils innovativer Informationstechniken eröffnet und animiert sinnfällig weitere Sekundärverwertungen.

Was diese nahezu universellen, grandiosen Reproduktionsmechanismen mit Kultur und Kunst, der orginären oder autochthonen zumal, wobei sich solche Attribute mehr oder weniger deklamatorisch bereits an irgendwelche tradierte, normativ postulierte, letzlich aber nicht weniger vermittelte Vorbilder klammern, insgesamt anstellen, darüber rätselt die Kulturkritik unermüdlich, mit disparaten, kontroversen Ergebnissen, meist jedoch in Parametern der Degression und Larmoyanz. Dabei erweist sie sich oft genug als Gefangene jener Fesseln, die sie so beredt anprangert. Mehr als Ambivalenzen, gegenläufige Tendenzen vermag sie, recht besehen, nicht zu apostrophieren: Denn der beschriebenen Zirkularität entgeht auch sie nicht, sie verwischt ihr immer wieder die so nachdrücklich eingeklagte Unterscheidung zwischen ästimierter Produktion, Originalität und geringgeschätzter Reproduktion.

Unter vornehmlich sprachstatistischen Kriterien wird man schwerlich ignorieren können, daß nicht nur die Zahl der Individuen mindestens in den westlichen Industriestaaten noch nie so hoch wie derzeit war, die sich artikulieren, d.h. mit der Produktion von Sprache, Texten, Bildern, Zeichen ihren Lebensunterhalt verdienen können (und dies in der Regel deutlich besser als der Bevölkerungsdurchschnitt); vielmehr auch daß der Ausstoß normierter, regelgeleiteter Sprachproduktion fortwährend steigt und damit wenigstens für die passive Sprachkompetenz wirksame Vorbilder ermöglicht. So gesehen, kann es um den allgemeinen sprachlichen Bestand nicht schlechter, mindestens nicht defizitärer bestellt sein als in früheren Epochen, aber stichhaltige empirische Belege, die über den Rekurs tradierter Textformen hinausreichen, fehlen.

In qualitativer Hinsicht drängt sich die Frage auf, ob und in welchen Formen die traditionsreiche, hochgeschätzte Monopolstellung der Sprache, zumal in ihrer schriftlichen Form, ganz allmählich, gleichsam in säkularen Horizonten (und nicht wie öffentlich vielfach unterstellt von einer Generation zu anderen), erodiert. Denn mit der technischen Reproduzierbarkeit von Kommunikation eröffnen sich mannigfaltige Chancen der variablen Erzeugung und Verwendung der einzelnen Zeichensysteme (Codes), namentlich der von textlicher, auditiver und bildlicher Übermittlung. Als heillose Visualisierung, als blinde Auslieferung an die Bilderwelt, wird sie gemeinhin moniert; dabei handelt es sich zunächst nur um die Erweiterung oder Duplizierung des sprachlichen Codes um den bildlichen, wobei zwischen ihnen eine angemessene, zweckmäßige Funktionsaufteilung austariert werden muß. In quantitativen Parametern ließe sich mithin als Kommunikationszuwachs verbuchen (und darauf rekurrieren sämtliche optimistischen Visionen), was von anderen vornehmlich als bedenkliche Konvertibilität und Nivellierung der Kommunikationscodes beargwöhnt wird. In pragmatischer, wenn nicht utilitaristischer Hinsicht werden diese Flexibilisierungs- und Transformierungsusancen sicherlich zunehmen: Der jeweils ökonomischste, bisweilen auch kommunikativ rationellste Transfermodus wird sich durchsetzen.

In der Textverarbeitung lassen sich solch semiotische Metamorphosen bereits sinnfällig erfahren (Stephan 1985, Zimmer 1985): Kein Wort und kein Satz können sich mehr erkühnen, endgültig, mindestens materiell unauslöschlich zu sein; Veränderung in Permanenz legt der Apparat unablässig nahe, solange nicht auf seine materialisierenden Komponenten (etwa Plotter) umgeschaltet wird. Und doch bleibt keine Äußerung mehr so intim und persönlich wie in handschriftlicher Form, schon die maschinenschriftliche war ein Schritt weg davon (Kübler 1985b). Mit dem Aufscheinen auf dem Bildschirm erheischt sie zugleich Momente von Öffentlichkeit, die das Formulierte nicht mehr ausschließlich als Eigenes und Privates bestehen läßt. Dennoch bleibt es unbegrenzt flexibel, animiert es zur Veränderung – und wirkt dergestalt in eine ebenso nicht mehr statuarische, ständig flottierende Öffentlichkeit hinein. So fließen sie unaufhaltsam ineinander, Öffentlichkeit und Privatheit, im Bewußtsein des einzelnen, aber auch in technisch erwirkten Potentialen, und entsubstantiieren sich wechselseitig mit bislang kaum bedachten Konsequenzen: Flüchtigkeit, Produktion im Übermaß und in kognitiver wie normativer Unverbindlichkeit – dies kennzeichnet technisierte Kommunikation mindestens oberflächlich, wohl aber auch folgenreicher als die ebenso angesonnenen Reglementierungen. Die allfällige Rede von der Informationsfülle gilt ja phänomenologisch zurecht, kaschiert aber ideologisch zugleich, daß in diesem Übermaß rigorose Strukturen der Privilegierung und Benachteiligung wirken, die die Kommunikationsforschung heuristisch, wenn nicht eher ratlos inzwischen mit der Metapher der "wachsenden Wissensklüfte" (Saxer 1985) umschreibt. Denn was im Überfluß vorhanden und obendrein noch das geschätzte Ideal des mündigen Bürgers kognitiv konstituiert, kann und darf eigentlich nicht kontingentiert und hierarchisch verteilt sein. Überdies divergieren Produktion und Konsumtion zunehmend deutlicher, womit bewährte Marktgesetze möglicherweise suspendiert werden, aber auch die Frage nach der Qualität und Breite der Produktion eskamotiert und der kognitiven Kompetenz der Rezipienten alle Verantwortung aufgebürdet wird. Wiederum offenbaren sich strukturelle Ambivalenzen: publike Geschwätzigkeit und grassierende Desinformation, desorientierender Mangel im kommunikativen Überfluß.

Mit der anhaltenden Elektronisierung ändert sich ferner die materiale Beschaffenheit der Information bzw. ihr qualitativ nicht unwirksames Substrat: Materialität besitzt eo ipso eine räumliche Ausdehnung, elektronisierte Immaterialität erstreckt sich tendenziell in zeitlicher Dimension. Diese kategoriale Formierung attestiert etwa dem Lesen unter strukturellen Gesichtspunkten seine individuelle Autonomie, wohingegen alle medial bezogenen Rezeptionsvorgänge dementsprechend der temporalen Abhängigkeit geziehen werden (Aust 1983, Kübler 1986). Wird die Sprache, zunächst insbesondere die Schrift, nun ebenfalls der telematischen Applikation und Verbreitung unterworfen, dann beherrscht auch sie weithin das Zeitdiktat, wie selbst nichtprofessionelle Nutzer bei Bildschirmtext oder Recherchen in Datenbanken erfahren. Der zeitlichen Ungebundenheit, der Beschaulichkeit muß dann auch das Lesen mindestens in dieser Form weitgehend entraten.

Zeitliche Strukturierungen, zumal in strikter Linearität, formieren die metrischen Voraussetzungen für durchgreifende Ökonomisierungsprozesse sämtlicher Entäußerungen und Tätigkeiten des Menschen. Als erste "autonome Maschine" identifizierte J. Weizenbaum (1978) die Uhr, weil sie eine abstrakte Wirklichkeit neben der unmittelbar erfahrbaren modelliert, die hernach auf diese zurückwirkt und sie verändert. Es ist zugleich eine sukzessiv ökonomisierte Wirklichkeit, die Schritt für Schritt ihre gesamte Reproduktion den Tauschprinzipien unterwirft und angleicht. Entsprechend denaturierte der Arbeitsbegriff zur abstrakten, zeitabhängigen Größe, wie er bis in modernste Konzepte der Arbeitsorganisation hinein maßgebend ist (Kern/Schumann 1984, Negt 1984, Offe 1984, Baethge/Oberbeck 1986) Als zweite autonome Maschine definierte J. Weizenbaum (1978) den Computer, und Schlußfolgerungen liegen durchaus nahe, daß aus der instrumentellen wie kognitiven Kombination beider Maschinen eine neue Qualität von Arbeit und damit von gesellschaftlicher Reproduktion resultieren: eine Qualität, die extensiv über bisher eingetretene Formierungen (in der Produktion) hinausreicht und in andere Lebensbereiche (Verwaltung, Dienstleistung, alltägliche Besorgungen, Kommunikation) vordringt, die vor allem aber intensiv ansetzt und bislang noch nicht vermessene Funktionen menschlicher Tätigkeiten erfaßt und verwertet (Briefs 1984). Einhergehen können damit durchaus begrenzte Autonomisierungen vor Ort, die für den einzelnen wie für neu zu bildende Arbeitsgruppen die Arbeit subjektiv befriedigender und abwechslungsreicher gestalten; oft genug sind sie sogar im Interesse der erwünschten Innovation und der betriebswirtschaftlichen Effizienz erforderlich. Gleichwohl wachsen das gesamtgesellschaftliche Maß und die Effektivität technischer Formierungen, in deren funktionalen Zusammenhängen Kommunikation, und zwar in jedweder Form, zunehmend relevanter und für den gesellschaftlichen Status quo existenzsichernd wird.

Ihr Gefüge und ihre funktionalen Veränderungspotentiale zu erkennen und zu analysieren, möglicherweise mit transparenten, an Emanzipation orientierten Zielen (noch) zu beeinflussen, bedürfte es nicht nur mehr eingehender, empirisch gehaltvoller Fallstudien, sondern auch – ungleich nachdrücklicher – fundierter, prospektiv ausgreifender makrostruktureller, systemischer Gesamtsichten, die den gravierenden Umwälzungen, in denen sich die modernen Industriegesellschaften zweifelsohne befinden, epistemologisch wie theoretisch gerecht werden.

Literatur

Aust, H. (1983): Lesen. Überlegungen zum sprachlichen Verstehen. Tübingen.

Baethge, M. / Oberbeck, H. (1986): Zukunft der Angestellten. Neue Technologien und berufliche Perspektiven in Büro und Verwaltung. Frankfurt/M.

Bahr, H.-D. (1970): Kritik der "Politischen Technologie". Frankfurt/M.

Bammé, A. u.a. (1983): Maschinen-Menschen, Mensch-Maschinen. Grundrisse einer sozialen Beziehung. Reinbek.

Beck, U. (1986): Risikogesellschaft. Auf dem Weg in eine andere Moderne. Frankfurt.

Benjamin, W. (1970^4): Das Kunstwerk im Zeitalter seiner technischen Reproduzierbarkeit. Frankfurt.

Beth, H. / Pross, H. (1976): Einführung in die Kommunikationsforschung. Stuttgart.

Briefs, U. (1984): Informationstechnologien und Zukunft der Arbeit. Köln.

Chomsky, N. (1969): Aspekte der Syntax-Theorie. Frankfurt.

Chomsky, N. (1970): Sprache und Geist. Frankfurt.

Coulmas, F. (1982): Über Schrift. Frankfurt.

Dreyfus, H.L. (1985): Die Grenzen künstlicher Intelligenz. Was Computer nicht können. Königstein/Ts.

Eurich, C. (1985): Computerkinder. Reinbek.

Feigenbaum, E.A. / McCorduck, P. (1984): Die fünfte Computer-Generation. Künstliche Intelligenz und die Herausforderung Japans an die Welt. Basel.

Feldbusch, E. (1985): Geschriebene Sprache. Untersuchungen zu ihrer Herausbildung und Grundlegung ihrer Theorie. Berlin.

Friedrichs, G. / Schaff, A. (Hg.)(1982): Auf Gedeih und Verderb. Mikroelektronik und Gesellschaft. Wien.

Gadamer, H.G. (1965^2): Wahrheit und Methode. Grundzüge einer philosophischen Hermeneutik. Tübingen.

Graumann, C.F. (1972): "Interkation und Kommunikation." Ders. (Hg.): Sozialpsychologie, 2. Halbband. Handbuch der Psychologie in 12 Bänden, hrsg. v. K. Gottschaldt u.a.. Göttingen: 1109 - 1262.

Habermas, J. (1969^4): Strukturwandel der Öffentlichkeit. Berlin/Neuwied.

Habermas, J. (1969^2): Technik und Wissenschaft als 'Ideologie'. Frankfurt.

Haefner, K. (1984): Mensch und Computer im Jahre 2000. Ökonomie und Politik für eine humane computerisierte Gesellschaft. Basel etc.

Hartig, M. (1981): Sprache und sozialer Wandel. Stuttgart.

Hartig, M. (1985): Soziolinguistik. Bern etc.

Hellwig, P. (1983): "Rechnen mit Sprache. Möglichkeiten und Probleme der maschinellen Sprachverarbeitung". Der Deutschunterricht 35. H.4: 17-38.

Hein, J. u.a. (Hg.)(1984): Das ICH als Schrift. Über privates und öffentliches Schreiben. Baltmannsweiler.

Henne, H. (1984): "Jugend und ihre Sprache". Die deutsche Sprache der Gegenwart, hg. v. der Joachim Jungius-Gesellschaft der Wissenschaftler. Hamburg/Göttingen: 59-72.

v. Hentig, H. (1984): Das allmähliche Verschwinden der Wirklichkeit. München.

Hermann, I. / Heygster, A.-L. (Hg.)(1981): Sprache im Fernsehen. 13. Mainzer Tage der Fernsehkritik. Mainz.

Horkheimer, M. / Adorno, Th.W. (1969): Dialektik der Aufklärung. Frankfurt.

Horx, M. (1984): Chip-Generation. Ein Trip durch die Computerszene. Reinbek.

Jänicke, M. (1986): Staatsversagen. Die Ohnmacht der Politik in der Industriegesellschaft. München.

Kern, H. / Schumann, M. (1985): Das Ende der Arbeitsteilung? Rationalisierung in der industriellen Produktion. München.

Kubicek, H. / Rolf, A. (1985): Mikropolis. Mit Computernetzen in die "Informationsgesellschaft". Hamburg.

Kübler, H.-D. (1982): "Nachrichtensendungen". Kreuzer, H. (Hg.): Sachwörterbuch des Fernsehens. Göttingen: 146-152.

Kübler, H.-D. (1985a): "Von der dokumentarischen Verkündigung zum Boulevardmagazin. Fernsehnachrichten unter öffentlich-rechtlicher und privater Verantwortung". Akademie für Lehrerfortbildung Dillingen (Hg.): Fernsehen als Unterrichtsgegenstand und medienpädagogische Aufgabe. Ein Modellversuch. Donauwörth: 190-218.

Kübler, H.-D. (1985b): "Von der Feder zur "Floppy Disk". Notizen über die Zukunft des Schreibens". Hein, J. u.a. (Hg.), a.a.O.: 150-164.

Kübler, H.-D. (1986): "Lesen - warum eigentlich? Eine Verteidigung gegen seine pharisäerhafte Vereinnahmung". medien praktisch 3/1986: 4-9.

Kübler, H.-D. / Würzburg, H.G. (1982): "Medienforschung". Kagelmann J. / Wenniger G. (Hg.): Medienpsychologie. Ein Handbuch in Schlüsselbegriffen. München etc.: 96-117.

Kühnert, H. (1985): "Nun trenn mal schön". DIE ZEIT Nr. 13, 22. März 1985: 84.

Merten, K. (1977): Kommunikation. Eine Begriffs- und Prozeßanalyse. Opladen

Müller-Thurau, C.P. (1985): Lexikon der Jugendsprache. Düsseldorf.

Negt, O. (1984): Lebendige Arbeit, enteignete Zeit. Politische und kulturelle Dimensionen des Kampfes um die Arbeitszeit. Frankfurt.

Noelle-Neumann, E. (1978): Werden wir alle Proletarier? Wertewandel in unserer Gesellschaft. Zürich.

Offe, C. (1984): Arbeitsgesellschaft. Strukturprobleme und Zukunftsperspektiven. Frankfurt.

Pflaum, H.G. (1986): "Wenn Wissen den Zweifel verdrängt. Die Deutsche Akademie für Sprache und Dichtung beschäftigte sich in München mit Computern". Süddeutsche Zeitung Nr. 112, 17.–19. Mai 1986: 15.

Platon (1979): Phaidros oder Vom Schönen. Stuttgart.

Postman, N. (1983): Das Verschwinden der Kindheit. Frankfurt.

Postman, N. (1985): Wir amüsieren uns zu Tode. Frankfurt.

Raddatz, F.J. (1985): "Nachrichten machen dumm. Über die totale Vergiftung der Ohren und das allabendliche Polit-Dalli-Dalli". DIE ZEIT Nr. 29, 12. Juli 1985: 37.

Richard, Ch. (1985): "Zeichensprache". DIE ZEIT Nr. 41, 4. Okt. 1985: 49.

Saxer, U. (Hg.) (1985): Gleichheit oder Ungleicheit durch Massenmedien? München.

Schlieben-Lange, B. (1983): Traditionen des Sprechens. Elemente einer pragmatischen Sprachgeschichtsschreibung. Stuttgart etc.

Schwabl, A. (1985): "Künstliche Intelligenz und Expertensysteme – Eine Terminologie und ihre Folgen". Die Neue Gesellschaft/Frankfurter Hefte 32. H.1: 24–28.

Schwenger, H. (1983[2]): Im Jahr des Großen Bruders. Orwells deutsche Wirklichkeit. München.

Sennett, R. (1986): Verfall und Ende des öffentlichen Lebens. Die Tyrannei der Intimität. Frankfurt.

Stephan, C. (1985): "Der Autor im Elysium. Auf dem Weg zum computerisierten Schriftsteller". Der Spiegel Nr. 29, 15. Juli 1985: 140–142.

Straßner, E. (1978): "Sprache in den Funkmedien". Studienkreis Rundfunk und Geschichte (Hg.): Mitteilungen 4. Nr. 1: 18–29.

Szagun, G. (1980): Sprachentwicklung beim Kind. Eine Einführung. München etc.

Turkle, S. (1984): Die Wunschmaschine. Vom Entstehen der Computerkultur. Reinbek.

Ulrich, O. (1977): Technik und Herrschaft. Vom Hand-werk zur verdinglichten Blockstruktur industrieller Produktion. Frankfurt.

Ulrich, O. (1985): "Informationstechnik und gesellschaftliche Zukünfte". aus politik und zeitgeschichte. Beilage zur wochenzeitung das parlament B 9/85 vom 2. März 1985: 41–54.

Volpert, W. (1984): "Die Computer der 5. Generation". Psychologie heute. Okt. u. Nov. 1984: 29–39 u. 60–68.

Volpert, W. (1985): Zauberlehrlinge. Die gefährliche Liebe zum Computer. Weinheim und Basel.

Weischenberg, S. (1982): Journalismus in der Computergesellschaft. Informatisierung, Medientechnik und die Rolle des Berufskommentatoren. München.

Weischenberg, S. (1985): "Die Zukunft des Journalismus". Frankfurter Rundschau Nr. 243, 19. Okt. 1985: 10.

Weizenbaum, J. (1978): Die Macht der Computer und die Ohnmacht der Vernunft. Frankfurt.

Wenzel, U. / Hartig M. (Hg.)(1977): Sprache – Persönlichkeit – Sozialstruktur. Frankfurt.

Wettler, M. (1980): Sprache, Gedächtnis, Verstehen. Berlin.

Winn, M. (1979): Die Droge im Wohnzimmer. Reinbek.

Winograd, T. (1984): "Software für Sprachverarbeitung". Spektrum der Wissenschaft 11/1984: 88–102.

Zimmer, D.E. (1985): "Das Ding, das Wörter prozessiert". DIE ZEIT Nr. 17 19. April 1985: 80.

MASCHINELLE OPERATIONEN ALS MENSCHLICHE HANDLUNGEN

Vom Sprechen über Computer und mit ihnen

Ulrich Schmitz

Zusammenfassung

Zwischen Menschen und Maschinen besteht ein grundsätzlicher Unterschied. Die kulturhistorische Unterscheidung von Handlung und Operation faßt ihn prägnanter und tiefer als die sonst üblichen Hinweise auf menschliche Intuition und Einbindung in Situationen. Die im Zusammenhang mit Computern gebräuchliche Redeweise verwischt nun in ihrer (funktional und geschichtlich gut begründeten) Metaphorik gerade den Unterschied zwischen menschlicher Handlung und maschineller Operation. Das wird anhand zweier Schemata für 'Dialoge' zwischen Mensch und Maschine exemplarisch diskutiert.

1. Einleitung: Maschinen können niemals Menschen und Menschen nicht Maschinen sein

Ein anonymer Brite schreibt 1839: "Wenn wir in der Postkutsche mit einer Geschwindigkeit von acht oder zehn Meilen pro Stunde reisen, so begreifen wir sehr wohl die Natur der Kraft, die das Fahrzeug in Bewegung setzt. [–] Reisen wir dagegen mit der Eisenbahn, so können wir nur selten sehen, welche wunderbare Kraft uns so schnell befördert. [–] wir spüren, daß wir uns in Bewegung gesetzt haben; die Bewegung nimmt schnell zu, und die in der Postkutsche so langwierige Reise ist beendet, bevor wir uns ihrer noch bewußt geworden sind. Der Passagier ist erstaunt über diese Schnelligkeit seiner Reise und wünscht sich oft, die Mittel, mit denen sie vollbracht wurde, zu betrachten und zu verstehen." (zit. nach Schivelbusch 1977: 18)

Um wieviel größer muß das Staunen sein, wenn nicht körperliche, sondern geistige Kräfte durch unbelebte Gegenstände ausgeübt werden. Sieht man bei Abakus und Rechenschieber noch, daß man selbst – sogar manuell – etwas tut, so schwindet dies Gefühl demjenigen Computernutzer, der vom Innenleben der Maschine nichts versteht. Die komplizierte Rechnung ist beendet, bevor wir uns ihrer noch bewußt geworden sind. Vollends verblüfft ist er, wenn er erfährt, daß Denkmaschinen auch andere geistige Operationen ausführen können, die bisher dem Menschen vorbehalten waren. Schließlich verkünden selbst Experten, eines Tages könnte alles, was als "Geist" den Mensch vom Tiere unterscheidet, maschinell nachgebaut, also ersetzt werden.[1]

Gegen allerlei Spekulationen aus Stammtisch, Feuilleton und Wissenschaft soll hier deshalb zunächst an den offenkundigen und unübersteigbaren Unterschied zwischen Mensch und Maschine erinnert werden, der für körperkraft- und geisteskraftersetzende Maschinen gleichermaßen gilt. Er kann auf verschiedene Weise formuliert werden, am prägnantesten vielleicht mit kulturhistorischer Begrifflichkeit.[2]

2. Handlung und Operation

Leontjew (1982: 101 – 110) unterscheidet Tätigkeit, Handlung und Operation. Jede Tätigkeit ist auf einen (stofflichen oder ideellen) Gegenstand gerichtet, der einem bestimmten, nicht unbedingt bewußten Bedürfnis des Subjekts entspricht. Sie setzt sich aus Handlungen zusammen. Eine Handlung ist einem bewußten Ziel untergeordnet. Durch Arbeitsteilung treten Gegenstand (Motiv) der Tätigkeit und Ziel der sie verwirklichenden Handlungen auseinander. Ziele werden nicht willkürlich aufgestellt, sondern sind in den objektiven Umständen gegeben; sie werden, wie Leontjew (ebd.: 105) sagt, durch die Handlung erprobt.

Wenngleich das Subjekt im Bewußtsein von der gegenständlichen Situation abstrahieren kann, kann es das nicht in seiner Handlung. "Daher hat die Handlung neben ihrem intentionalen Aspekt (*was* erreicht werden soll) auch ihren operationalen Aspekt (*wie*, auf welche Weise dies erreicht werden kann)" (ebd.: 105f). Handlungen werden dementsprechend durch Operationen verwirklicht. Operationen sind der technische Inhalt der Handlungen; sie sind nicht Zielen, sondern Bedingungen unterworfen. In diesem Sinne sind Handlungen subjektiv, Operationen aber objektiv.[3] Jede Operation war ursprünglich eine Handlung und wird auch als solche gelernt, bevor sie als Operation in andere Handlungen eingeht. Dabei "wird die früher relativ selbständige Handlung allmählich 'algorithmisiert' und 'automatisiert'." (Leontjew/Panow 1963: 17). So können Operationen (also nicht Ziele) in Werkzeugen vergegenständlicht und beispielsweise auch einem Automaten übertragen werden. "Überhaupt ist es das Schicksal der Operationen, daß sie früher oder später zu Funktionen von Maschinen werden." (Leontjew 1982: 107) Sie existieren freilich nicht selbständig, sondern nur als Bestandteil zielgerichteter Handlungen. Letztere können nicht maschinell, sondern eben nur mit maschineller Hilfe realisiert werden. Handlungen können also je nach den obwaltenden Umständen mit den entsprechenden Werkzeugen ausgeführt werden. Instrumentelle Ausführung von Operationen erlaubt dem Menschen die Entwicklung neuer Fähigkeiten.[4]

Die Besonderheit des kulturhistorischen Ansatzes besteht in der Annahme (und teilweise dem experimentellen Nachweis) einer engen Wechselbeziehung zwischen äußerlich-praktischen und innerlich-geistigen Handlungen und Operationen. Insbesondere gilt jede geistige Handlung und Operation als Ergebnis eines Prozesses der Interiorisation äußerer, gegenständlicher Handlungen (vgl. z.B. ebd.: 94 – 100). Da Maschinen nun aber nur vergegenständlichte Operationen enthalten und keinen Zugang zur Handlungsebene haben, können sie auch nicht interiorisieren.[5]

Insgesamt können also grundsätzlich alle geistigen Operationen Maschinen übertragen werden. Maschinen sind aber nicht in der Lage, Ziel und Sinn einer Handlung zu erkennen oder zu bestimmen (vgl. Leontjew/Panow 1963: 18). Das bleibt den Menschen vorbehalten. Indem sie Werkzeuge, etwa Computer, gebrauchen, ordnen sie ihrerseits ihre "Bewegungen dem gesellschaftlich entstandenen System von Operationen unter", das in diesen Werkzeugen niedergelegt ist.[6] "Das Werkzeug *ändert* das Verhalten des Menschen, es formt in ihm neue Fähigkeiten." (ebd.: 11)

3. Intuition und Situation

Die dargestellten Konsequenzen der Leontjewschen Unterscheidung von Handlung und Operation[7] scheinen mir die in anderen theoretischen Zusammenhängen formulierten Unterschiede zwischen menschlichen und maschinellen Fähigkeiten zu enthalten, schärfer zu fassen und tiefer zu begründen. Hier nur einige Hinweise dazu.

Turing (1950: 442 [dt.117]) hält die Frage, ob eine Maschine denken könne, für "belanglos", und zwar mit Recht, solange – wie auch in den von Turing widerlegten Positionen – nicht genügend klar ist, was mit 'denken' gemeint ist. Die Unterscheidung von geistiger Operation und geistiger Handlung bestimmt hingegen genau die Grenze der "rein intellektuellen Gebiete(n)", auf denen Maschinen gemäß Turings (1950: 460 [dt.137]) Hoffnung mit Menschen konkurrieren können.[8]

In *Holensteins* (1984: 6) Redeweise entsprechen die Operationen dem "Gebrauch der repräsentationalen Prozesse in Computern". Wenn er das System selbst für den primären Sprachgebraucher (Interpreten) hält (ebd.: 6f), schneidet er eben die Genese der Operationen aus Handlungen und ihre fortwährende Einbettung in sie ab. Die differentia specifica sieht er in der Tatsache, daß Computer nicht über Intuition[9] verfügen, während menschliche Erkenntnis durch "das Ineinander von Denken (Rechnen) und Anschauung" (Intuition) gekennzeichnet sei (ebd.: 11). Die kulturhistorische Auffassung würde jenseits des selbstgenügsamen common-sense-Begriffs von "Anschauung" die psychologische Geschichte des Anschauungsinhalts suchen, Anschauung also als ein psychologisches Produkt von Tätigkeit sehen, das sich in wechselseitiger Verbindung mit Sprache erst entwickelt.[10] Maschinen verfügen nicht über Intuition (und nicht über Sprache), weil sie nicht handeln.

Indem *Dreyfus* (1985) – gleichfalls in phänomenologischer Tradition – mehr auf "die körperliche Seite intelligenten Verhaltens" setzt (ebd.: 184; vgl. 204), steht er der kulturhistorischen Sichtweise näher.[11] Ihm zufolge existieren Computer in einer atomistischen Welt isolierter Tatsachen, wie der frühe Wittgenstein sie beschrieben hat, Menschen hingegen in selbsterzeugten und zusammenhängenden Lebenswelten nach Art des späten Wittgenstein. Der Mensch bringe "beim Verfolgen seiner Bedürfnisse durch eingeübte, körperliche Tätigkeiten seine Lebenswelt" selbst hervor (ebd.: 234) und erfahre "die Gegenstände der Welt als bereits zusammenhängend und sinnvoll" (ebd.: 221).[12] Da Computer im Gegensatz zu den Menschen "nicht in eine Situation verwickelt" seien, fehle ihnen "praktische Intelligenz", auch wenn sie "eine Form des theoretischen Verstehens simulieren" könnten (ebd.: 149). Dreyfus attestiert Computern also abstrakt-allgemeine Fertigkeiten, die sie nicht auf konkrete (immer wieder andere) Einzelfälle beziehen könnten. Kulturhistorisch formuliert: Computer verfügen über Operationen, nicht aber über deren Genese aus und Funktion in Handlungszusammenhängen.

Während Dreyfus sich mit der Tatsache begnügt, daß Situation und Bewußtsein einander entsprechen,[13] sucht die kulturhistorische Auffassung in den praktischen Tätigkeiten den Urheber beider. Dadurch entgeht sie auch Turings (1950: 446 [dt.121]) Einwand, daß, ob jemand wirklich denkt, nur von einem solipsistischen Standpunkt aus (also gar nicht) beurteilt werden könne. Absurderweise, doch unwiderleglich, könnte man ja behaupten, Computer lebten in einer eigenen, uns Menschen nicht zugänglichen Lebenswelt.[14]

Anders als Intuition, Situation und Bewußtsein in den oben vorgestellten Bedeutungen ist Tätigkeit (samt ihren Folgebegriffen wie Handlung, Operation und Sprache) jedoch ausschließlich intersubjektiv begründet. Computer verfügen nicht über Subjektivität (einschließlich Intuition, Körperlichkeit und zusammenhängender Erfahrungen), weil sie nicht intersubjektiv handeln. Im Gegensatz zu Computern können Menschen deshalb Computer und deren Produkte verstehen.[15]

4. Handlungsmetaphern

Im folgenden soll gezeigt werden, daß sich die übliche Redeweise innerhalb der Interaktion zwischen Menschen und 'intelligenten' Maschinen ebenso wie die Redeweise über diese Interaktion durchgängig bestimmter Metaphern bedient, welche den Unterschied zwischen menschlichen Handlungen und maschinellen Operationen zu verwischen geeignet sind. Solange man sich der darzustellenden Grundlagen dieser Äquivokation bewußt ist,[16] gibt es allerdings keinen Grund dafür, eine solche Redeweise aufzugeben.[17]

Man sagt zum Beispiel, die Maschine "erkenne" Programmierfehler oder "antworte" auf Fragen. In der Künstlichen-Intelligenz-Forschung werden Begriffe wie "Wissen, Dialog, Verstehen, Kommunikation", die sich umgangssprachlich auf die Handlungsebene beziehen, in einem anderen, fachsprachlichen Sinne verwendet, der sich auf die operationale Ebene bezieht.[18] Umgekehrt werden in der Anwendung informationswissenschaftlicher Ergebnisse fachsprachliche Begriffe wie umgangssprachliche aufgefaßt, oder die Maschine wird aus didaktischen ("ergonomischen") Gründen bewußt anthropomorph dargestellt. Weitere Beispiele folgen unten.

Young (1981: 51) weist (am Beispiel von Taschenrechnern) darauf hin, daß Menschen sich eine begriffliche Vorstellung ("conceptual model") von der Arbeitsweise interaktiver informationsverarbeitender Maschinen zurechtlegen und daß vermutlich "the user will adopt some more or less definite representation or metaphor which guides his actions and helps him interpret the device's behaviour".

Nun ist das sicherlich keine Besonderheit des menschlichen Verhaltens gegenüber Computern, sondern allen menschlichen Verhaltens: Menschen deuten ihr (belebtes oder unbelebtes) Gegenüber mithilfe symbolischer Welten.[19] Schütz (1974: 112) faßt "Deutung" als "Rückführung von Unbekanntem auf Bekanntes, von in Zuwendungen Erfaßtem auf Schemata der Erfahrung. [– Letztere] sind die fertigen in der Weise des Wissens (Vorwissens) jeweils vorrätigen Sinnzusammenhänge zwischen kategorial vorgeformten [sic] Material, auf welches das zu deutende Erlebnis in einem neuen synthetischen Akt rückgeführt wird."[20]

Metaphern sind nun gerade die sprachliche Form, um "Deutung" in diesem Sinne durch ein einziges Wort auszudrücken, also auch um Neuartiges auf psychologisch einfache und sprachlich ökonomische Weise mit hergebrachten sprachlichen Mitteln zu formulieren.[21] Im Gegensatz zum Vergleich ("wie") sieht man der Metaphernform, weil sie "ein kürzeres Gleichnis ist",[22] ihren analogischen Ursprung[23] nicht an. Dadurch ist sie, selbst wenn sie ursprünglich der Erfrischung[24] des Verstandes gedient haben mag, im alltäglich-gedankenlosen Umgang bestens dafür geeignet, hinterrücks eine bestimmte "Hinblicknahme auf die Lebenswelt" (Blumenberg 1979: 83) in das Bewußtsein der Sprecher einzuschmuggeln: verborgene Analogien werden leicht wörtlich (nicht-analogisch) verstanden.

Wo aber die sprachliche Form eine eigentliche Bedeutung verdeckt, treffen wir auf den rationalen Kern der Whorfschen Hypothese, derzufolge sprachliche Formen Wahrnehmung und Denken beeinflussen.[25] Whorf bringt u.a. auch Metaphern als Belege für seine vieldeutige Hypothese bei (ebd.: 76f, 86f, 96f). Metaphern liefern "Strukturschemata als Interpretationen der Erfahrung" – um die Whorfsche Terminologie (ebd.: 77) zu benutzen, die, wie man sieht, der phänomenologischen fast völlig entspricht.

Nun ist es natürlich interessant, die Art der "Hinblicknahme" zu betrachten, welche die (metaphorische) Redeweise über Computer durchzieht.[26] Sie ist anthropomorph: Maschinen treten in einen "Dialog" oder "kommunizieren" mit Menschen sowie untereinander, sie beherrschen "Sprachen", "übersetzen", "verstehen" Texte und Bilder, erwerben "Wissen" und verfügen darüber, sie "erkennen" Muster, "rechnen", "lernen", "deduzieren", sind "intelligent" und "kreativ".[27] Kurzum: die operationalen Fähigkeiten von Computern werden mit Vokabeln belegt, die bisher menschlichen intellektuellen Fähigkeiten vorbehalten waren. Zwar werden letztere auf Maschinen als mehr oder minder komplexe Operationen (nicht als Handlungen und schon gar nicht als Tätigkeiten) nur simuliert, doch die Rede darüber unterschlägt sparsamerweise, daß allein Teilaspekte lediglich simuliert werden.[28] Es ist wie in Aristoteles' Schulbeispiel[29]: aus "Er ist <in einer bestimmten Hinsicht> wie ein Löwe" wird "Er ist ein Löwe".

Freilich wird das Erste des Vergleichs (das, was verglichen wird) im Falle des Computers technisch hergestellt: Computer können ja wirklich jene geistigen Operationen (im Gegensatz zu Tätigkeiten) ausführen. Technisch Hergestelltes aber, jedes Werkzeug also, ist Ergebnis der Vergegenständlichung menschlicher Fähigkeiten, und deshalb redet man gern über sie wie über seinesgleichen.

Die Besonderheit des Computers gegenüber anderen Werkzeugen besteht nun allein darin, daß er intellektuelle Operationen auf Befehl selbst ausführt. Früher erfundene Hilfsmittel geistiger Tätigkeiten konnten das nicht, sondern dienten lediglich als materielle Stütze.[30] Beim Zählen mit den Fingern, beim Rechnen mit dem Abakus (digital) oder Rechenschieber (analog) führt man die geistige Operation und ihre materielle Entsprechung selbst aus.[31] Man sieht, was man tut.

Daß man im Falle von Computern nicht mehr sieht, wie etwas getan wird, ist die Grundlage für eine metaphorische Redeweise. Unbekanntes wird – um mit Schütz zu sprechen – auf vorrätige Sinnzusammenhänge zurückgeführt. Erinnern wir uns des anonymen Briten in der Eisenbahn: Der Wunsch, das Unbekannte, Unsichtbare zu verstehen, wird alltagssprachlich durch die in der Metapher vorgefertigte Hinblicknahme schneller erfüllt, als man ihn haben kann.

Daß Computer geistige Operationen selbst ausführen, die früher den Menschen vorbehalten waren, ist die Grundlage für die Art der Hinblicknahme, nämlich eine anthropomorphe Redeweise. Im Falle maschineller Modellierung körperlicher Operationen hat man sich längst daran gewöhnt. Selbst wenn die Strickliesel, in die doch eine Menge 'Intelligenz' eingebaut ist, elektrisch betrieben würde, hielte niemand sie für eine menschliche 'Liesel'. Man fragt, wann der Zug "fahre", wann der Bus "komme", ob der Motor "anspringe" (wie Aristoteles' Löwe), sogar wo "Du" (= Dein Auto) stehest, ohne daß jemand daran Anstoß nähme.[32] In der Uhr, die "richtig geht", sind zwar schon die "*Ordnungsformen*"[33] des menschlichen Bewußtseins materialisiert. Daß intellektuelle Operationen aber aus Interaktion hervorgehen, wird technisch erst im Computer dargestellt. Daher die Sprech- und Denkmetaphern beim Reden über Computer und mit ihnen.[34]

5. Mensch-Maschine-'Dialog' als Bindeglied zwischen menschlichen Handlungen und maschinellen Operationen

5.1. Die Maschine als Lehrer

Zur Illustration seien zwei Beispiele für den 'Dialog' zwischen Mensch und Maschine diskutiert: ein Fall künstlich-intelligenten Unterrichtens (intelligent tutoring) und ein einfaches Expertensystem mit natürlich-sprachlichem Zugang.

Der anspruchsvoll ausgearbeitete LISP-Tutor (Anderson/Reiser 1985) hat die Aufgabe, Studenten in diese KI-orientierte Programmiersprache einzuführen. Wie jedes andere entsprechende System modelliert es – um die oben eingeführte Terminologie aufzunehmen – die ideal gedachten Operationen eines menschlichen LISP-Lehrers, nicht aber einen solchen Lehrer selbst. Der Lerner macht sich diese Operationen zunutze, indem er aktiv zu lernen bereit ist. Nur dadurch, daß er lernen will, also einen zielgerichteten Handlungszusammenhang aufbaut, gewinnen jene algorithmisierten Operationen einen Sinn in einer Situation. Das Programm gibt den technischen Inhalt der Lernhandlungen vor (den Stoff und die Methode seiner Aneignung); der Schüler (oder eine Institution, die ihn zum Lernen zwingt) bestimmt das Ziel und den Sinn des Lernens. Im Vergleich zum herkömmlichen (für diesen Stoff angeblich aufwendigeren und umwegigeren) Unterricht sind Ziel und Ausführung also nicht in der Person des Lehrers, sondern nur noch im Lerner verkörpert, dem ein subjektfreies Lernwerkzeug zur freien Verfügung steht.[35] Die Verantwortung des Lerners (bzw. des institutionellen Rahmens) ist gestiegen, was vermutlich aber kaum jemandem bewußt ist.[36]

Um nun einerseits von dieser Verantwortung während des Lernaktes selber zu entlasten und um andererseits eine Lernbereitschaft zu verstärken, erzeugt eine im Programmdialog vorgesehene anthropomorphe Metaphorik die (grundsätzlich leicht zu durchschauende) Illusion eines 'Dialoges' zwischen zwei Subjekten.[37]

Der "Tutor" (selbst eine anthropomorphe Metapher für eine komplexe Menge stoff- und interaktionsbezogener Algorithmen) fordert beispielsweise in der vierten Unterrichtsstunde mit "Define rightp",[38] der Student solle eine bestimmte Funktion (Satz des Pythagoras) in LISP formulieren. Die Maschine erscheint als Subjekt dieser Forderung, obgleich sie nur die maschinell repräsentierte Aufgabe anonymer menschlicher Lehrer wiederholt. (Platonisch gesprochen: das Programm bringt Ideen zum Vorschein.) Auch die vom Studenten zu erzeugende Funktion wird wie ein selbständiges Subjekt dargestellt: "rightp tests whether[-]"[39]: nicht Lehrer oder Schüler prüfen mithilfe dieser Funktion, sondern die Funktion prüft selbst. Damit entsteht der Eindruck, daß der Schüler etwas Lebendiges erschaffen könne: er wird zum gottgleichen Komplizen des Programmsystems (letzten Endes der Erfinder dieses Tutors). Mangel an Subjektivität (Abwesenheit des Lehrers) wird durch eine vorgespiegelte Überfülle an Subjektivität wettgemacht.

Noch während der Schüler seine Antwort falsch beginnt, wird seine Absicht durch das Programmsystem 'kommentiert': "You want to code the amount [-] and you do *not* care [-]." Dazu hat das Programmsystem mehrere komplexe Operationen ausgeführt: die programmiersprachliche Bedeutung der naheliegenden Schülereingabe 'verstanden', mit der verlangten richtigen Bedeutung verglichen und die zutreffende Mitteilung über die Art des Mangels aus der Menge der programmierten Rückmeldungstextstücke zusammengestellt. Der Kommentar nutzt also die künstlich simulierte Intelligenz des Systems und gibt sich den Schein des Natürlichen. Der Zugang zur Technik ist menschlichen Umgangsformen angeglichen worden; das System von Operationen erscheint als in Handlungen eingebettet. Hier insbesondere 'interpretiert' das System die Intentionen des Schülers und erscheint dadurch selbst als intentionsbegabt.

Der nächste Satz nimmt diese vorgespiegelte Intersubjektivität von System und Benutzer auf und unterbreitet einen Vorschlag zur besseren Lösung des falschen Teils der Antwort: "So we want to take the absolute value [-]". Die Logik der Konjunktion und die Intentionalität des Hauptverbs bauen die Aura denkender Subjekte aus. Die erste Person Plural unterstreicht die Illusion partnerschaftlicher Gleichheit auf eine Weise, die schon im traditionellen Unterricht anbiedernd-autoritär wirkt. Tatsächlich spielt die Maschine ja nur taylorisierte Botschaften anonymer Lehrer vor, die möglichst alle denkbaren Schüler-Fehler und für sinnvoll erachteten Lehrerhilfen vorausbedacht haben.

Im weiteren Verlauf beantwortet das System eine Schülereingabe mit "I don't understand that, Rob. How are you going to [-]" und fügt eine Erinnerung an den bisher noch nicht gelösten Teil der Aufgabe hinzu. Der Schüler hatte einen im System nicht vorhergesehenen falschen Weg eingeschlagen, auf den es also nicht detailliert eingehen kann. Diese Unfähigkeit wird – ganz nach dem Vorbild eines menschlichen Lehrers – durch eine Überfülle an Subjektivitätsanzeigern verdeckt:

das System 'spricht' von 'sich' in der ersten Person, stellt sich gerade in der Negation als verstehensfähig hin und spricht den Schüler persönlich mit Namen an (den dieser natürlich zu Beginn eingeben mußte). Derartige Mißverständnisse erzeugen bei Menschen die Gefahr des Zusammenbruchs der Interaktion, bei Maschinen aber die Gefahr des Zusammenbruchs der anthropomorphen Illusion. Um diese Klippe zu umschiffen, fragt das System nicht nach der Absicht des Schülers (sucht also nicht die Ursachen des Fehlers), sondern übernimmt die Initiative und bestimmt die weitere Richtung des 'Dialogs'.

Das Problem ist damit aber noch nicht ausgeräumt, denn der Schüler versteht nicht, was jetzt von ihm verlangt wird. Für diesen Fall ist eine spezielle "Explain"-Taste vorgesehen, deren Betätigung mit weiteren Hinweisen zur Lösung der Aufgabe beantwortet wird. Diese werden eingeleitet mit "OK. I'll explain what I wanted." Bemerkenswerterweise wird also die Interaktionsfähigkeit des menschlichen Benutzers auf wenige Standardäußerungen reduziert (LISP-Text und Funktionstasten), während die Maschine sehr beredt wirkt. Was die Sprachbeherrschung angeht, tauschen Mensch und Maschine ihre Rollen. Die stark eingeschränkte Äußerungsfähigkeit des menschlichen Benutzers steigert natürlich die Illusion der Menschhaftigkeit der Maschine.

5.2. Die Maschine als Wissens-Diener

Im zweiten Beispiel wird umgekehrt die Maschine nicht als Lehrer, sondern als lernfähiger Wissens-Diener dargestellt, dem der Benutzer scheinbar seine Sprache und mehr Wissen beibringen kann. Q&A, ein Expertensystem für Mi-crocomputer,[40] erlaubt dem Benutzer eine entsprechend größere Bandbreite eigener Formulierungen. Das System übersetzt zunächst eine natürlich-sprachliche Anfrage ("Where can I get a room?") in eine ebenfalls natürlich-sprachliche, aber bald ermüdend stereotype Form, die dem Aufbau der gespeicherten relationalen Datenbank entspricht ("Shall I do the following? Create a report showing the address, city, state, zip, and bed from *all* the forms?"). Man kann nur mit "ja" oder "nein" antworten; letzteres macht die Anfrage ungültig. Wie man sieht, wird die langjährige Entwicklung weg vom Maschinencode hin zu mnemotechnischen Instruktionen (über höhere Programmiersprachen bis zu fertigen Programmsystemen mit Menüs, Fenstern und ikonischen Abbildern) einen Schritt weiter an die natürliche Sprache herangeführt, ohne daß deren Eigenschaften erreicht werden könnten und sollten. So wie etwa eine PASCAL-Anweisung aus der Sicht der Maschine eine barocke Umformulierung des viel einfacheren Maschinencodes darstellt, ist die natürlich-sprachliche Formulierung eine komplizierte und vollständige Übersetzung einer Folge programmiersprachlicher Ausdrücke. "Show me the forms for the units with between 2 and 5 baths." beispielsweise wird 'verstanden' als "Shall I: Select and view the forms on which the bath is >=2 and <=5?", was selbst natürlich nur eine halbumgangssprachliche Übersetzung eines kleinen Programms ist.

Die Bedeutung der natürlichen Sprache richtet sich nach der Bedeutung letzten Endes des Maschinencodes und nicht umgekehrt. "Show" etwa kann nur heißen: "auf dem Bildschirm darstellen" und nicht etwa, wie in einer natürlich-sprachlichen Umgebung, "zeig mir, wo sie liegen". Anders als in der natürlichen Sprache sind jedes Wort und jedenfalls jeder Satz eindeutig und kontextunabhängig, da es nur einen eindeutig definierten, standardisierten Kontext gibt. Wenn man sagt, das System 'verstehe natürliche Sprache', so umschreibt man damit auf anthropomorphe Weise die Tatsache, daß es natürlich-sprachliche Handlungen in die darin enthaltenen Operationen zerlegt, soweit sie maschinell modelliert sind, und in die Form der inneren Modellierung überträgt. Mit Sinn und Ziel der Handlung geht auch eine potentielle Vieldeutigkeit verloren: Subjektives wird objektiviert.

Diesem Verfahren unterwirft sich der Benutzer (bewußt oder unbewußt) von vornherein, indem er seine Anfragen sinnvollerweise schon im Hinblick auf seine Kenntnis dieser Modellierung formuliert. Sicher stellt man seinen Sprachgebrauch auch im zwischenmenschlichen Umgang auf die erwarteten Eigenarten des Gegenübers ab. Behandelte man freilich das maschinelle Gegenüber tatsächlich wie ein handlungsfähiges Subjekt (und nicht wie eine seelenlose Marionette mit menschlicher Maske), so könnte die Maschine nicht einmal eine gewünschte Operation ausführen.

Entsprechendes gilt für die Möglichkeit, dem System neue 'Vokabeln' beizubringen. Das geschieht durch Eins-zu-eins-Zuordnung von Synonymen für mehr oder minder komplizierte Relationen bereits 'bekannter' Ausdrücke: "For example, you could define 'young' as a low age, or 'rich' as a high income." (Edwards 1986: 122) Die in diesem Beispiel benutzten alten Substantive sind Namen der entsprechenden Datenbankfelder. 'Lernen' ist also keine Handlung, sondern die operationale Verknüpfung bereits implementierter Adressen oder Operationen.

6. Schluß

Wenn wir maschinelle Operationen benennen, benutzen wir gern Vokabeln, die traditionell dem Bereich menschlicher Handlungen vorbehalten waren. So kommt man ohne komplizierte fachsprachliche Neologismen aus, nimmt aber die Gefahr in Kauf, daß der metaphorische Sinn wörtlich verstanden und die maschinelle nicht mehr von der menschlichen Leistung unterschieden wird. Im Falle von Computern gilt das noch mehr als bei früheren Erfindungen, weil durch die Simulation geistiger Operationen Mensch und Maschine auf scheinbar gleicher Ebene nicht nur kooperieren, sondern auch kommunizieren können. Wir Menschen sind ohnehin schon jedesmal aufs Neue darüber erstaunt, daß wir unsere Fähigkeiten in Werkzeugen vergegenständlichen können (Pinocchio-Effekt)[41]. Wenn wir dann auch noch mit gleichen Worten über diese wie über jene reden und die Metaphorik wörtlich nehmen (Whorf-Effekt), gibt es Anlaß genug zur Fetischisierung der Technik, sei's in der Hoffnung, Computer könnten menschengleich, sei's in der Befürchtung, Menschen könnten computergleich werden. "Computer literacy", die vielfach geforderte Fähigkeit, mit dem Computer umzugehen, sollte demgegenüber die Fähigkeit heißen, maschinelle Operationen menschlichem Handeln bewußt unterzuordnen.

Anmerkungen

1 Z.B.: "Das Modell des Sprecher-Hörers und damit des Menschen [-] kann im Prinzip durch die Konstruktion einschlägiger Maschinen vollständig realisiert werden;" diese Maschinen "werden mit dem Menschen so kommunizieren, wie dieser mit seinesgleichen kommuniziert." (Kanngießer 1984: 72, 74). Vgl. (vorsichtiger): "ARTIFICIAL INTELLIGENCE (AI) is [-] concerned with designing intelligent computer systems, that is, systems that exhibit the characteristics we associate with intelligence in human behavior" (Barr/Feigenbaum (eds.) 1981: 3). Die philosophischen Grundlagen derartiger Vorstellungen gehen zurück auf Hobbes ([1651] 1968: 110f [= ch. 5]; vgl. Haugeland 1981: 1) und La Mettrie (1748). In belletristischer Darstellung sind solch intelligente Supercomputer den Menschen dadurch, daß sie über keine Subjektivität verfügen, gerade überlegen (etwa Lem 1984: 22f, 74f; doppelbödig Hoffmann 1967: 33 et passim).

2 vgl. auch Rückriem/Messmann 1983.

3 "Während also der Mensch seine Subjektivität darin ausdrückt, daß er irgend etwas tut oder nicht tut, und darin, weshalb er es tut und was er namentlich tut, weisen jene Operationen, durch die seine Handlungen realisiert werden, nichts mehr auf, was von der Persönlichkeit, vom Subjekt ausgeht." (Leont'ev 1971: 42) "In der Operation sind nur diejenigen Wechselbeziehungen der Handlungsstruktur beibehalten und fixiert, die die objektiven Beziehungen der gegenständlichen Bedingungen ihrer Ausführung reproduzieren." (Leontjew/Panow 1963: 18)

4 Daß Automatisierung freilich auch Entsubjektivierung von Menschen nach sich ziehen kann ("der Mensch ein passives, zielloses, von Maschinen abhängiges Tier" (Mumford 1974: 13); "Gespensterformen des Handelns" (Volpert 1985: 51f)), hängt von gesellschaftlichen Verhältnissen ab, was Technikkritiker oft vernachlässigen.

5 Leontjew/Panow (1963: 16) sehen "die einzige Möglichkeit zur Erlernung einer geistigen Handlung darin, diese Handlung vorher in Form der äußeren Handlung zu formen, mit äußeren Objekten, und sie dann in eine innere Handlung umzuwandeln." Über das lernende Kind heißt es (ebd.), richtige arithmetische Operationen etwa seien "das Produkt der Beherrschung der betreffenden Handlung." Computeroperationen hingegen haben keine Vorgeschichte in Gestalt praktischer Handlungen. Sie können daher auch nicht isoliert exteriori-

siert werden, sondern haben nur im Rahmen eines menschlichen Handlungs zusammenhangs Sinn.

6 Gleiches gilt für Sprachen: "Das Erlernen der Sprache z.B. ist das Ergebnis des Erwerbs der Denkoperationen, die sich in den Begriffen historisch gefestigt haben." (Leontjew/Panow 1963: 12) Es gilt somit auch für das Sprechen über Computer und mit ihnen.

7 Die von Geuter u.a. 1979 (ähnlich auch Thielen 1981: 608) vorgetragene, teilweise unlautere Leontjew-Kritik stützt sich auf eine streckenweise falsche Darstellung und sinnentstellend aus dem Zusammenhang gerissene Zitate. So ist etwa die Unterscheidung von Handlung und Operation nicht erst nach 1955 im Rahmen der Ingenieurpsychologie (die das Zusammenspiel von Mensch und Maschine untersucht) entstanden (ebd.: 75), sondern – offenbar im Anschluß an Claparède und Wygotski (1969: 193f) – im Zusammenhang mit entwicklungspsychologischen Untersuchungen vor dem 2. Weltkrieg als Bestandteil seiner allgemeinen Tätigkeitstheorie (vgl. etwa die bibliographischen Angaben in Leontjew 1973: 465 und 467, sowie bei Rückriem/Messmann 1984; vgl. auch Davydov/Radzikhovskii 1985: 60). Von dieser Warte aus akzeptiert Leontjew die enge ingenieurpsychologische Betrachtungsweise, die "von wesentlichen Besonderheiten der menschlichen Tätigkeit abstrahiert" (Leontjew/Lomow 1964: 625), für bestimmte Anwendungszwecke, betont aber zugleich deren Einseitigkeit, Mängel und Grenzen und fordert eine Umorientierung (ebd. 625f; Leontjew/Panow 1963: 9f; Leontjew 1971: 39-42). Seine einer Subjekt-Objekt-Dialektik verpflichtete Tätigkeitstheorie (vgl. auch Rissom 1985: 158-168 et passim) unterläuft gerade Versuche, Psychologie zu einer "Anpassungswissenschaft" (Geuter u.a. 1979: 78) verkommen zu lassen.

8 Folglich ist der Untertitel von Wiener (1984) irreführend: weder gibt es eine Trendwende von 'dialektisch' zu 'binär', noch handelt es sich um zwei verschiedene Ausprägungen von 'Denken'.

9 "ein Wissen von etwas, für das wir uns nicht auf vermittelnde Kriterien stützen, das sich vielmehr selbst Kriterium der Rechtfertigung ist" (Holenstein 1984: 8).

10 Die Verschiedenheit von rotem und grünem Farbflecken ist dem kleinen Kind keineswegs "unmittelbar gegeben" (Holenstein 1984: 8); vgl. etwa Church 1971: 12, Dittrich 1903: 593. – Während für Holenstein (ebd.: 8) Intention mit Intuition zusammenhängt, führt die kulturhistorische Auffassung die Fähigkeit zur Willenshandlung auf die Sprache zurück (z.B. Lurija 1982: 34, 133f, 156f).

11 Offenbar versteht Holenstein (1984: 13) den Körper eher als Medium denn als Bedingung der Intuition, wenn er vom Leiblichkeits-Begriff nur Komplikationen, aber keine neuen Einsichten erwartet. Ungeachtet dessen sieht er (1985: 162, 165ff) freilich in der Abhängigkeit des Sinns von der materiellen

Struktur einen Hauptunterschied zwischen der Funktionsweise natürlicher Sprachen und der von Computern.

12 Vgl. Gibello (1982: 89f), demzufolge die "permanente Interaktion" von "drei verschiedenen, ineinander übergreifenden Realitäten", nämlich psychische, physische und sprachliche Realität, "die Spezifität des menschlichen Denkens" ausmacht. Über die Vorteile von "Antisinnlichkeit" hingegen Lem (1984: 32, 93 et passim).

13 Im Gegensatz zur kulturhistorischen Schule versucht er nicht, die heideggernahe Behauptung, "daß Fakten überhaupt nur insofern existieren, als sie ihre Relevanz aus spezifischen Situationen beziehen" (Dreyfus 1985: 172; vgl. 224–233), bewußtseinsextern zu begründen. Um Grenzen der Künstlichen–Intelligenz–Forschung zu zeigen, genügt ihm auch "das Argument, daß ein intelligentes Wesen nur dann fähig ist, Fakten zu interpretieren, wenn es sich bereits in einer Situation befindet." (ebd.: 172) Anders als Computer befinden sich freilich auch Tiere in einer Situation, die sie aber nicht – wie die Menschen – selbst erzeugt haben.

14 Das wäre die technologische Wiederholung des theologischen Problems, ob die von Gott geschaffene Welt etwas Ungöttliches (das Böse) enthalten könne. (Zusatz für Pataphysiker: Aus "Go Lem" würde "Golem".) Wie wollte man auch widerlegen, daß Computer vielleicht doch mehr 'wissen', als wir ahnen, also etwa auch über Holensteins (1984) Intuition verfügen, wenn wir deren Existenz selbst bei unseresgleichen nicht intersubjektiv beweisen, sondern nur für im doppelten Sinne selbstevident (jedem einzelnen an sich selbst unmittelbar einsichtig) halten können?

15 Auch laut Schütz (1971a: 12) "kann ich einen kulturellen Gegenstand nicht verstehen, ohne ihn auf die ihn hervorbringende menschliche Tätigkeit zu beziehen. Zum Beispiel verstehe ich ein Werkzeug nicht, ohne den Zweck seines Entwurfs zu kennen". (Obendrein muß man freilich auch den Zweck seiner Anwendung kennen.)

16 Nur wo das nicht der Fall ist, sollte man von "Begriffsverwilderung" (Nake 1984: 116) reden. Manche Formulierungen laden zu Fehldeutungen geradezu ein, wie Wahlsters (1981: 1f) Beispielsammlung zeigt.

17 Dies umso weniger, als Metaphern die gesamte Bedeutungswelt natürlicher (im Gegensatz zu künstlichen) Sprachen durchziehen (vgl. Wang 1985: 121 et passim).

18 Ein Beispiel für viele: "Das Computerprogramm 'versteht' die gesprochene Sprache in dem Sinn, daß es eine *interne Repräsentation* der ausgesprochenen Sachverhalte aufbaut und mit Hilfe einer Wissensbasis über diese Sach-

verhalte sinnvolle Antworten generieren kann." (Siekmann 1981: V) Zum operationalen Verstehensbegriff in der KI vgl. Hoeppner/Morik (1983: 5).

19 Aus der Fülle der Literatur vgl. etwa Piaget 1969, Waldenfels 1974.

20 vgl. die Weiterführung des Husserlschen Appräsentations-Begriffs durch Schütz (1971b: 339ff).

21 Für Petrie (1979: 440) ist die Metapher "one of the central ways of leaping the epistemological chiasm between old knowledge and radically new knowledge". Hier ein Beispiel, das auch den Übergang vom Vergleich zur Metapher zeigt: "Zu ihrer Überraschung fanden die Wissenschaftler, daß dieser Teil des Weltalls einer Ansammlung riesiger Blasen des "Nichts" gleicht. Wie sich Seife und Wasser des Seifenschaums auf die Haut der Blasen beschränken, so ordnen sich angeblich die Galaxien im Kontaktbereich der 'Weltraumblasen' an. Noch heute sollen sich die Blasen ebenso wie das gesamte Weltall selbst ausdehnen." (fwt 1986)

22 "metaphora brevior est similitudo." (Quintilianus 1972/1975, Bd. 2: 220f = VIII, 6, 8)

23 Aristoteles (1980: 177 = III, 4, 4 = 1407a).

24 vgl. Quintilianus (1972/1975, Bd. 2: 218f = VIII, 6, 4).

25 Im Gegensatz zur starken kann man die schwache und vage Formulierung des linguistischen Relativitätsprinzips (Whorf 1963: 20 bzw. 12) ohne weitere Diskussion vor allem dann akzeptieren, wenn man sie auf die Bedeutungen einzelner Wörter bezieht.

26 Metaphernbildung kann durch Alltagsvorstellungen (folk theories) über die Grundbedeutung des Wortes mitmotiviert sein (Dirven 1985: 26 et passim). In unserem Fall heften sich solche Alltagsvorstellungen jedoch an die übertragene und nicht an die wörtliche Bedeutung: Menschen nach Art der Maschine aufzufassen, blieb neben wissenschaftlicher Theoriebildung (dazu Miller/Galanter/Pribram 1973: 50, 207f) weitgehend der literarischen Erkenntnis vorbehalten. So nennt Nathaniel in Hoffmanns Erzählung vom Sandmann seine Klara "Du lebloses, verdammtes Automat!" (Hoffmann 1967: 25), noch bevor seine Leidenschaft zu der menschenähnlichen Maschine Olimpia ganz allgemein ein "abscheuliches Mißtrauen gegen menschliche Figuren" in der Gesellschaft erzeugt (ebd. 37; vgl. auch Wawrzyn 1976: 98-109).

27 Die deutschen Ausdrücke werden gewöhnlich aus dem Amerikanischen übertragen. Winston/Horn (1981: 3f), um nur ein Beispiel zu geben, verwenden in ihrer kurzen Übersicht über "intelligent or seemingly intelligent programs" folgende Metaphern: expert problem solvers, did problems, diagnosed infec-

tions, understood electronic circuits, evaluated evidence, invented mathematics, common-sense reasoning, learning, learning of concepts, interact with people, understanding of natural languages, asking questions, computers that know what people know and how to tell them more, make user models by analyzing what the user does, use the models to trim or elaborate explanations.

28 Simulation ist in dem Maße erfolgreich, wie sie ihren analogischen Ursprung verbirgt, und also eine praktische Metapher (vgl. ironisch Hoffmann 1967: 37). Aber der eingebildet Kranke ist nicht wirklich krank; "Ali" Wallraff (1985) ist nicht wirklich Türke; und auch eine Computersimulation "ist dem nachgeahmten Verhalten nur in gewissen Grenzen isomorph" (Miller/Galanter/Pribram 1973: 51).

29 Aristoteles (1980: 176 = III, 4, 1 = 1406b); vgl. Quintilianus (1972/1975, Bd. 2: 220f = VIII, 6, 9).

30 Im Falle körperlicher Tätigkeiten gilt die gleiche historische Reihenfolge: das Rad erleichtert die Bewegung, die Maschine führt sie selbst aus.

31 Kulturhistorisch gesprochen ist die Operation noch nicht vollends interiorisiert. Im Gegensatz zu Menschen können Maschinen, auch 'intelligente', nicht interiorisieren, d.h. ursprünglich materielle Handlungen selbsttätig in geistige Operationen überführen.

32 Im vormaschinellen Zeitalter galt Vergleichbares unter Umständen als erlesenes Stilmittel: "Und manchmal aus solchen Metaphern [–] entsteht wunderbare Erhabenheit, wenn wir gefühllosen Dingen ein Handeln und Leben verleihen, wie etwa [–] die Cicero-Stelle: 'Denn was hat denn dies dein gezücktes Schwert, Tubero, in der Schlacht bei Pharsalus geleistet?'" (Quintilianus 1972/1975, Bd. 2: 220-223 = VIII, 6, 11f).

33 Cassirer (1953/54, Bd. 2: 101). "Raum, Zeit und Zahl stellen sich als die gedanklichen Medien dar, vermöge deren das bloße 'Aggregat' der Wahrnehmungen sich allmählich zum 'System' der 'Erfahrung' formt." (ebd.)

34 vgl. Turing (1950: 442 [dt. 117]): "Nichtsdestoweniger glaube ich, daß am Ende unseres Jahrhunderts der Sprachgebrauch und die allgemeine Ansicht sich so stark gewandelt haben werden, daß man widerspruchslos von denkenden Maschinen reden kann."

35 vgl. Volpert (1984: 90): "Die 'Schnittstelle' zwischen Mensch und Maschine [–] liegt im handelnden Menschen selbst."

36 Genau hierin liegt das entscheidende Problem des computergestützten Unterrichts; vgl. Schmitz 1985.

[37] Tatsächlich repräsentieren die 'Antworten' der Maschine ja von wirklichen Menschen verfaßte Antworten auf vorhergesehene Mitteilungen des Schülers. Während die Druckmedien die schon durch die Schrift mögliche Distanz zwischen Interaktionspartnern weiter vergrößern, schaffen Fernsehen und noch suggestiver Mensch-Maschine-'Dialoge' im Zeitalter der Massenmedien die Illusion persönlicher Nähe.

[38] Die Beispiele sind dem näher erläuterten Protokoll bei Anderson/Reiser (1985: 164-166) entnommen und dürfen als typisch für fortgeschrittene Didaktik-Software gelten.

[39] ebenso: "your function should return t".

[40] Die folgenden Textbeispiele stammen aus der Vorbesprechung von Edwards (1986: 120).

[41] "bei den Eweern in Süd-Togo gilt noch heute der Schmiedehammer als eine mächtige Gottheit, zu der gebetet wird und der Opfer dargebracht werden." (Cassirer 1985: 65f)

Literatur

Anderson, John R. / Reiser, Brian J. (1985): "The LISP Tutor." Byte 10, No. 4: 159-175.

Aristoteles (1980): Rhetorik [griech. ca. 330 v.u.Z.]. (Übers. Franz G. Sieveke.) München.

Barr, Avron / Feigenbaum, Edward A. (eds.) (1981): The Handbook of Artificial Intelligence. Vol. I. Stanford, Los Altos.

Blumenberg, Hans (1979): Schiffbruch mit Zuschauer. Paradigma einer Daseinsmetapher. Frankfurt/M.

Cassirer, Ernst (1953/54): Philosophie der symbolischen Formen. 3 Bde. [1923-1929]. 2. Aufl. Darmstadt.

--- (1985): "Form und Technik" [1930]. Ders.: Symbol, Technik, Sprache. Hamburg: 39-91.

Church, Joseph (1971): Sprache und die Entdeckung der Wirklichkeit. Über den Spracherwerb des Kleinkindes [amerik. 1961]. Frankfurt/M..

Davydov, V.V. / Radzikhovskii, L.A. (1985): "Vygotsky's theory and the activity-oriented approach in psychology." Wertsch, James V. (ed.): Culture, communication, and cognition: Vygotskian perspectives. Cambridge etc.: 35-65.

Dirven, René (1985): "Metaphor and Polysemy." Jongen, René (ed.): La polysémie: lexicographie et cognition [=Cahiers de l'Institut de linguistique de Louvain 11.3–4]: 9–27.

Dittrich, Ottmar (1903): Grundzüge der Sprachpsychologie. Bd. 1. Halle/S..

Dreyfus, Hubert L. (1985): Die Grenzen künstlicher Intelligenz. Was Computer nicht können [amerik. 1972, 1979]. Königstein/Ts..

Edwards, Jon R. (1986): "Q&A." [Product preview]. Byte 11, No. 1: 120–128.

fwt (1986): "Nach dem Urknall ein kosmisches Feuerwerk?" Frankfurter Rundschau, 22.2.1986: 9.

Geuter, Ulfried / Hoebig, Wolfgang / Thielen, Manfred (1979): "Ein Mann für alle Jahreszeiten. Alexejew Nikolajewitsch Leontjew, ein großer Theoretiker der Psychologie in der Sowjetunion." Psychologie heute 6, H. 5: 72–78.

Gibello, Bernard (1982): "Phantasma, Sprache, Natur: Drei Realitätsordnungen." Anzieu, Didier u.a.: Psychoanalyse und Sprache. Vom Körper zum Sprechen [frz. 1977]. Paderborn: 41–90.

Haugeland, John (1981): "Semantic Engines: An Introduction to Mind Design." Ders. (ed.): Mind Design. Philosophy, Psychology, Artificial Intelligence. Cambridge, Mass.: London: 1–34.

Hobbes, Thomas (1968): Leviathan [1651]. Ed. by C.B. Macpherson. Harmondsworth.

Hoeppner, Wolfgang / Morik, Katharina (1983): "Das Dialogsystem HAM–ANS: Worauf basiert es, wie funktioniert es und wem antwortet es?" Linguistische Berichte, H. 88: 3–36.

Hoffmann, E.T.A. (1967): "Der Sandmann" [1817]. Ders.: Werke (Insel), Bd. 2. Frankfurt/M.: 7–40.

Holenstein, Elmar (1984): Repräsentation und Intuition (Maschinelles Wissen und menschliches Bewusstsein). Vortrag am Max–Planck–Institut für Psycholinguistik in Nijmegen. 4.12.1984. Unveröff. Ms..

––– (1985): "Natural and Artificial Intelligence" [1983]. Ihde, Bon / Silverman, Hugh J. (eds.): Descriptions. Albany: State of University Press: 162–174.

Kanngießer, Siegfried (1984): "Deduktion der Sprecher–Hörer–Maschine." Osnabrücker Beiträge zur Sprachtheorie, H. 29: 37–77.

La Mettrie, Julien Offray de (1748): L'homme plus que machine. Leiden.

Lem, Stanisław (1984): Also sprach Golem [poln. 1981]. Frankfurt/M..

Leont'ev, A.N. (1971): "Aktuelle Entwicklungen der sowjetischen Psychologie" [russ. 1967]. Kussmann, Thomas: Bewußtsein und Handlung. Probleme und Ergebnisse der sowjetischen Psychologie. Bern etc.: 21 – 43.

Leontjew, Alexejew Nikolajew (1973): Probleme der Entwicklung des Psychischen [russ. 1959]. Frankfurt/M.

Leontjew, Alexej N. (1982): Tätigkeit, Bewußtsein, Persönlichkeit [russ. 1977]. Köln.

Leontjew, A.N. / Lomow, B.F. (1964): "Probleme der Ingenieurpsychologie" [russ. 1963]. Sowjetwissenschaft, Gesellschaftswissenschaftliche Beiträge 17: 620 – 628.

Leontjew, A.N. / Panow, D.J. (1963): "Psychologie des Menschen und technischer Fortschritt" [russ. 1962]. Probleme der Psychologie. Sonderheft Ingenieurpsychologie. Berlin (DDR): 1 – 19.

Lurija, Alexander Romanowitsch (1982): Sprache und Bewußtsein [russ. 1979]. Köln.

Miller, Georg A. / Galanter, Eugene / Pribram, Karl H. (1973): Strategien des Handelns. Pläne und Strukturen des Verhaltens [amerik. 1960]. Stuttgart.

Mumford, Lewis (1974): Mythos der Maschine. Kultur, Technik und Macht [amerik. 1964/1966]. Wien.

Nake, Frieder (1984): "Schnittstelle Mensch – Maschine." Kursbuch, H. 75: 109 – 118.

Petrie, Hugh G. (1979): "Metaphor and learning." Ortony, Andrew (ed.): Metaphor and thought. Cambridge, London: 438 – 461.

Piaget, Jean (1969): Nachahmung, Spiel und Traum [frz. 1945]. Stuttgart.

Quintilianus, Marcus Fabius (1972/75): Ausbildung des Redners. Zwölf Bücher. Institutionis Oratoriae. Libri XII [lat. 95]. Hg. und übers. Helmut Rahn. 2 Bde. Darmstadt.

Rissom, Ingrid (1985): Der Begriff des Zeichens in den Arbeiten Lev Semenovič Vygotskijs. Göppingen.

Rückriem, Georg / Messmann, Alfred (1983): "Zum Leiden an der Technik verurteilt? Zur arbeitspsychologischen Auffassung A.N. LEONTJEWS vom Verhältnis zwischen Mensch und Technik." Demokratische Erziehung, H. 2/83: 34 – 37.

– – – (1984): "Bibliographie A.N. Leont'ev." Forum Kritische Psychologie, H. 13 (= Argument – Sonderband 106): 147 – 158, und Forum Kritische Psychologie, H. 14 (= Argument – Sonderband 114): 146 – 154.

Schivelbusch, Wolfgang (1977): Geschichte der Eisenbahnreise. Zur Industrialisierung von Raum und Zeit im 19. Jahrhundert. München, Wien.

Schmitz, Ulrich (1985): "Die Maschine als Oberlehrer." Diskussion Deutsch 16, H. 84: 448–453.

Schütz, Alfred (1971a): "Wissenschaftliche Interpretation und Alltagsverständnis menschlichen Handelns" [amerik. 1953]. Ders.: Gesammelte Aufsätze. Bd. 1. Den Haag: 3–54.

--- (1971b): "Symbol, Wirklichkeit und Gesellschaft" [amerik. 1955]. Ders.: Gesammelte Aufsätze. Bd. 1. Den Haag: 331–411.

--- (1974): Der sinnhafte Aufbau der sozialen Welt [1932]. Frankfurt/M..

Siekmann, Jörg H. (1981): "Einleitung." Ders. (Hg.): GWAI–81. German Workshop on Artificial Intelligence. Berlin/W. etc.: III–VIII.

Thielen, Manfred (1981): [Art.] "Kulturhistorische Schule." Rexilius, Günter / Grubitzsch, Siegfried (Hg.): Handbuch psychologischer Grundbegriffe. Reinbek: 600–610.

Turing, A.M. (1950): "Computing Machinery and Intelligence." Mind 59: 433–460 [dt. in Kursbuch, H. 8. 1967: 106–138].

Volpert, Walter (1984): "Maschinen–Handlungen und Handlungs–Modelle – ein Plädoyer gegen die Normierung des Handelns." Gestalt Theory 6: 70–100.

--- (1985): Zauberlehrlinge. Die gefährliche Liebe zum Computer. Weinheim & Basel.

Wahlster, Wolfgang (1981): Natürlichsprachliche Argumentation in Dialogsystemen. KI–Verfahren zur Rekonstruktion und Erklärung approximativer Inferenzprozesse. Berlin/W. etc..

Waldenfels, Bernhard (1974): [Art.] "Wahrnehmung." Krings, Hermann / Baumgartner, Hans Michael / Wild, Christoph (Hg.): Handbuch philosophischer Grundbegriffe. Bd. 6. München: 1669–1678.

Wallraff, Günter (1985): Ganz unten. Köln.

Wang, Jün–tin (1985): "Modi significandi, Logik der Tropen und signum signorum." Ballmer, Thomas T / Posner, Roland (Hg.): Nach–Chomskysche Linguistik. Neuere Arbeiten von Berliner Linguisten. Berlin/W., New York: 115–123.

Wawrzyn, Lienhard (1976): Der Automaten–Mensch. E.T.A. Hoffmanns Erzählung vom 'Sandmann'. Berlin/W.

Whorf, Benjamin Lee (1963): Sprache, Denken, Wirklichkeit. Beiträge zur Metalinguistik und Sprachphilosophie [amerik. 1956]. Reinbek.

Wiener, Oswald (1984): "Turings Test. Vom dialektischen zum binären Denken." Kursbuch, H. 75: 12–37.

Winston, Patrick Henry / Horn, Berthold Klaus Paul (1981): LISP. Reading, Mass. etc..

Wygotski, Lew Semjenowitsch (1969): Denken und Sprechen [russ. 1934]. O.O. [Frankfurt/M.].

Young, Richard M. (1981): "The machine inside the machine: users' models of pocket calculators." International Journal of Man–Machine Studies 15: 51–85.

EIN BEISPIEL TECHNISIERTER KOMMUNIKATION

Transkription und Dialogdatei einer Literaturrecherche in einer Datenbank

Im folgenden dokumentieren wir eine Interaktionssituation, von der wir meinen, daß es sich um einen prägnaten Fall von technisierter Kommunikation handelt. Wir möchten damit den Leser/inne/n Gelegenheit geben, anhand dieses umfangreich und detailliert dokumentierten Materials selbst Überlegungen zu den Spezifika technisierter Kommunikation anzustellen. Im Anschluß an das Beispiel finden sich vier Kommentare bzw. Kurzanalysen. Sie stammen von Beiträgern zu diesem Band und illustrieren exemplarisch, wie sich die Technisierung auswirkt – sowohl auf die Struktur des Gesprächs insgesamt wie auch bis auf die Ebene einzelner Formulierungen.

Auf der rechten Seite ist jeweils als Transkription (TR) das Gespräch wiedergegeben, das während und zum Zweck einer Literaturrecherche in einer Datenbank geführt wurde. Auf der linken Seite finden sich die entsprechenden Teile der Dialogdatei (DD).

Zur Charakterisierung der Interaktion nun noch einige weitere Informationen:

Interagierende Personen:
H: Herr Hausmann, Bibliothekar.
R: Herr Reichelt, Sprachwissenschaftler
L: Herr Lohmann, Bibliothekar.
(erwähnt) Frau Reimer, Fachbibliothekarin.

Informationen zur Interaktion:
R will zum Thema 'Kommunikation und Emotion' eine Literaturrecherche in psychologischen Datenbanken durchführen. Für R ist es die erste Datenbankanfrage.

Die Recherche wird von H durchgeführt, der als Informationsvermittler (Broker) fungiert, allerdings mit dem Fachgebiet nicht vertraut ist.

Die Interaktion spielt sich im wesentlichen zwischen H und R ab, die gemeinsam am Terminal sitzen. Gelegentlich kommt L hinzu. Abschließend läßt sich R einen Ausdruck der Dialogdatei erstellen.

Es besteht ein Programm des Landes NRW zur Subventionierung solcher Datenbankanfragen. Die Recherche wird, nachdem sie einmal verschoben werden mußte (kein Zugang zum DIMDI – Rechner), nun eilig am letzten Tag vor Inkrafttreten einer Haushaltssperre durchgeführt.

Aufnahme:
R.Fiehler; 15.11.1985; Universitätsbibliothek Bielefeld; Sony TCM 600 B. Offene Aufnahme.

Transkription:
(1) T.Bartels, Dezember 1985; (2) C. Badstieber, Februar 1986. Transkription ist maskiert.

Transkriptionssystem:
Die Transkription folgt im wesentlichen den Konventionen von HIAT (Ehlich, Konrad/ Rehbein, Jochen (1976): "Halbinterpretative Arbeitstranskriptionen". Linguistische Berichte 45: 21 – 45.).

Sonstiges:
Zwischen TR 309 und 310 ist ein kurzes Stück der Interaktion wegen eines Kassettenwechsels nicht dokumentiert.

15.11.1986 14:09:44 Druck der Dialogdatei

```
NUI DUBBZDB1
DATEX-P: Passwort
XXXXXX

DATEX-P: Teilnehmerkennung DUBBZDB1 aktiv
45221040006


DATEX-P: Verbindung hergestellt mit 45 2210 40006
         (010) (n, Tlnkg DUBBZDB1 zahlt, Paket- Laenge: 128)

%C E222 HELLO FROM DIMDI: PLEASE ENTER USER-CODE:
/
@@@@@@@@@@@@@@@@@@@@@@@@@@@@@@@@@@@@@@@@@@@@@@@@@@@@@@@@@@@@@
#############################################################
USERCODE ACCEPTED ON 1985-11-15 AT 13:35. LOADING GRIPS
%  P500 GRIPS-R/356/85-07-17 LOADED
please give  NEWS?  for latest hints to
the users.
CUSTOMER-NUMBER IS XNBBI000
CUSTOMER-NAME IS UNIVERSITAETSBIBLIOTHEK BIELEFELD
PROPOSAL FOR QN; OVERWRITE OR ACKNOWLEDGE
QUERY-NUMBER      = NEW


NEW QUERY-NUMBER IS 72; PLEASE TAKE A NOTE
END-USER-ID       =
2374B60R

YOU ARE NOW ACCEPTED BY GRIPS VERSION 3.08
ENTER BASE COMMAND
?
bas p067
```

001	H	so . also das ist der Eingangsdialog . soweit waren wir das letzte
002	H	Mal auch gekommen und jetzt werd ich/wir waren vorhin schon bei
	R	ja
003	H	DIMDI und von daher ist anzunehmen daß der Rechner
		(lacht)
	R	daß wir reinkommen
004	H	diesmal auch läuft . ja jetzt sind wir also bei DIMDI angekommen
	R	hm
005	H	er fragt nach unserm User-Code ... den wird man also verdeckt
		(tippt)
006	H	eingeben damit der Benutzer ihn nicht abschreibt und
	R	hm selbst
		(lacht
007	H	und selbst hereingeht das ist klar nich . jetzt hat er
	R	hereingeht
		)
008	H	akzeptiert . jetzt kommen noch so interne Formalia customer ...
		(leise)
	R	hm
009	H	das sind Verrechnungsnummern die sind also nicht die müßt ich mir
	R	hm
010	H	zwar merken aber ... so ja jetzt können wir \`ne Datenbank auswählen
		(tippt)
011	H	also PSYCINFO ist . die/also es gibt ja diese zwei psychologischen
012	H	Datenbanken und davon ist PSYCINFO die wesentlich größere ..
	R	ja
013	H	PSYNDEX ist also eher so als Ergänzung noch zu nehmen und ist im
	R	ja ja
014	H	wesentlichen deutsch
	R	ja . nee das ist/also die erste/also diese PSYCINFO
015	H	ja ja ja genau/ja die
		(schnell)
	R	das ist die mit den psyco.logical abstracts ja dann
016	H	das ist also der Code p null siebenundsechzig
	R	versuchen wir die mal
017	H	((4 s))
		(tippt)
	R	und . also vorab auch noch \`ne Frage also was ich

```
BASE COMMAND ACCEPTED FOR P067;PSYCINFO;ED=01.01.67 TO 30.09.85
?
f communication

1.00  NUMBER OF HITS IS  23660
?
f emotion

2.00  NUMBER OF HITS IS  10109
?
```

018	H	ja ja (schnell)
	R	gerne hätte wär auch `ne An/`nen Ausdruck dieses Dialogs das
019	H	ja das kann man (leise) so . jetzt sind wir drin .
	R	geht auch nich gut
020	H	jetzt können wir anfangen . jetzt käm/käme es darauf an . jetzt die
021	H	Begriffe
	R	ja also . hm das Zentrale was ich haben möchte ist gerne
022	H	ja ja also fang/fangen wir einfach so
	R	communication und emotion
023	H	an indem wir diese Begriffe so reingeben ne ((4 s)) (tippt und
	R	hm
024	H	die kann man ja auch verknüpfen auf ver.schiedene) und denn
	R	hm
025	H	werden das dann wahrscheinlich . reichlich werden
	R	( ) also der
026	H	diese Zahl ist immer die Zahl der . Literaturstellen
	R	hat jetzt eh
027	H	die mit diesem Begriff verknüpft werden also der hat jetzt 23660
	R	aha
028	H	das ist natürlich ja wir werden jetzt
	R	das ist `nen bißchen viel ne
029	H	einfach nochmal emotion eingeben und das verknüpfen und dann (tippt)
	R	ja
030	H	muß man eben anfangen . ( ) zu verfahren wie können uns auch/
	R	ja ja
031	H	uns Titel anzeigen lassen also kostenlos anzeigen lassen . nur
	R	hm
032	H	die Titel ne und nicht/und daß sie dann `nen Eindruck haben ...eh (tippt)
	R	hm
033	H	ob das nun die relevanten sind oder nich ... wir können also
	R	hm
034	H	jetzt ganz banal/ich mein das ist jetzt noch nicht sehr subtil/also

```
f 1 and 2

3.00  NUMBER OF HITS IS  317
?
f s f=ti

3.00/000001 DIMDI: -PSYCINFO /COPYRIGHT APA
TI: Psychosocial functioning in prepubertal major depressive disorders: I.
    Interpersonal relationships during the depressive episode.
3.00/000002
TI: Psychosocial functioning in prepubertal major depressive disorders: II.
    Interpersonal relationships after sustained recovery from affective
    episode.
3.00/000003
TI: Communicating emotion: The role of prosodic features.
3.00/000004
TI: Right hemisphere's role in language, affective behavior and emotion.
MORE
```

035	H	einfach mal diese beiden Begriffe verknüpfen nicht
	R	ja .. ja ja das wär
036	H	ja also ... will hoffen daß sich das schon um
	R	das Sinnvollste hm
037	H	einiges reduziert dreihundert-
	R	maximal .. tausend würd ich schätzen
038	H	siebzehn . hm das ist ja schon weniger
	R	das wär vielleicht schon
039	H	ja wollen wir mal schauen was es für Titel
		(tippt
	R	so in der Größenordnung
040	H	sind .. muß man möglicherweise muß man es eben . also noch
		)
	R	hm
041	H	besser spezifizieren
	R	hm .. ich hätt da auch noch einige Ideen für
042	H	hm
	R	((23 s)) ja . also so was ist beispielsweise genau das
043	H	hm . ja es ist eben die Frage . also wir sollten
	R	was ich suche ne hm
044	H	sehen daß es nicht sehr viel mehr als zweihundert Titel werden ne
045	H	mehr können wir nicht bezahlen
	R	aha kostet das nach einzelnen
		(lacht)
046	H	ja ja das wird . also die/die Gesamtsumme der Kosten/ also
	R	Titeln
047	H	jetzt nicht für sie aber für uns . setzt sich zusammen einmal
	R	hm
048	H	aus der reinen Verbindungszeit also wenn wir jetzt reden ver-
		(lacht
049	H	schwenden wir sozusagen schon/schon Kosten die sind allerdings
		)
050	H	relativ gering hier bei diesen Datenbanken das ist aber sehr unter-
051	H	schiedlich also gerade bei den wirtschaftswissenschaftlichen
	R	ja
052	H	Datenbanken sind die sehr teuer dann berechnet jeder eh Daten-
	R	hmhm

053	H	bankanbieter eben pro Zitat . wobei also diese Form des Zitats/
054	H	also der reinen Titel da kann man in der Regel nichts mit anfangen
055	H	das ist wie mit bibliographischen Angaben die in der Regel kosten-
	R	hm
056	H	los sind also hier inbesondere kostenlos sind und eh . diese
	R	hm
057	H	Kosten pro Zitat sind also datenbankabhängig auch . also nicht
058	H	hostabhängig und tatsächlich abhängig vom Anbieter der Datenbank .
	R	hm
059	H	das ist ja oft so vor allem bei uns und eh/ja wie gesagt
		(leise)
	R	ah hm
060	H	unser Kontingent mit Geld ist also quasi schon dreistellig
		(stöhnt)
	R	erschöpft
061	H	geworden das ist doch schon sehr wenig eh . jetzt ist
	R	jaa
		(lacht)
062	H	folgende Frage wie verfahren wir wollen wir jetzt noch `nen
	R	ja hm
063	H	paar weitere Titel anschauen . oder wollen wir versuchen (es also
064	H	noch)/man kann es jetzt also noch spezifizieren einmal über den
065	H	Erscheinungs/eh/eh/zeitraum . also sie können sagen ab neunzehn-
066	H	hundertachtzig wir können es auf Sprachen beschränken also nach
	R	hm
067	H	formalen Gesichtspunkten . das müssen sie natürlich wissen
	R	ja nee .
068	H	( )alles weitere sehen
	R	jetzt noch mal `ne Frage/jetzt . noch mal `ne Frage das ist
		(betont)
069	H	hm
	R	jetzt nur nach/ `ne Abfrage ehm . daß emotion and communication
070	H	nein nein es kann . auch in den abstracts
		(schnell)
	R	in den Titeln vorkommen nich kann auch hm ja

```
. f ct=communication

4.00  NUMBER OF HITS IS  0
?
d ct=communication

 5.01        0 COMMUNICATION (PRIVILEGED)
 5.02        0 COMMUNICATION (PROFESSIONAL)
 5.03       68 COMMUNICATION DISORDERS
 5.04     1013 COMMUNICATION SKILLS
 5.05      285 COMMUNICATION SKILLS TRAINING
 5.06      155 COMMUNICATION SYSTEMS
 5.07      115 COMMUNICATION THEORY
 5.08     2103 COMMUNICATION/
 5.09      167 COMMUNICATIONS MEDIA
 5.10      212 COMMUNISM
 5.11      946 COMMUNITIES
 5.12      543 COMMUNITY ATTITUDES
 5.13      612 COMMUNITY COLLEGE STUDENTS
 5.14      181 COMMUNITY COLLEGES
MORE
. f ct=emotion
```

071	H	es kann überhaupt in den ganzen/es/es muß auch kein Schlagwort sein
	R	jaa
072	H	wir können es also auch nur mit Schlagworten machen . also es/die
073	H	werden ja verschlagwortet die Begriffe . wir können ja mal die
	R	hm
074	H	ganze Geschichte machen wenn wir jetzt eh . communication und
		(tippt
075	H	emotion als Schlagwort eingeben ((8 s)) und hoffen . daß
		) (tippt)
	R	hm
076	H	es auch einer ist ich mein den Thesaurus den hat natürlich jetzt
077	H	Frau Reimer das ist nicht so gut . ah ja . es ist nämlich gar
		(leise)
078	H	keiner ja ne . können mal guckn ... was es da für
		(tippt
	R	kein Schlagwort
079	H	eins gibt ((10 s)) nee . das gibts also nur in Verbindung hier
		)
080	H	mit/ mit weiteren Begriffen das ist wahrscheinlich einfach des-
	R	hm ja
081	H	wegen kein Schlagwort . weil es zu allgemein ist
	R	ja .. was ...
082	H	ja das ist einfach alphabetisch ne und das ist also
	R	communication
083	H	dieser play-Befehl d man guckt jetzt einfach in das
	R	aha
084	H	Alphabet des Rechners rein und hier ist also jetzt . ab
	R	und
085	H	communication aufgelistet und die hatte er also eben
	R	ja dann
086	H	gar nicht und es ist eben die Frage ob man hier mit
	R	ah hm
087	H	einem dieser Begriffe arbeiten kann wir können das
		(tippt
	R	nee
088	H	vielleicht nochmal für emotion machen hm ... und ich mein
		)

```
5.00  NUMBER OF HITS IS  0
?
d ct=emotion#

 6.01      2252 EMOTIONAL ADJUSTMENT
 6.02       418 EMOTIONAL CONTENT
 6.03        63 EMOTIONAL CONTROL
 6.04       652 EMOTIONAL DEVELOPMENT
 6.05         0 EMOTIONAL DISORDERS
 6.06        25 EMOTIONAL IMMATURITY
 6.07        18 EMOTIONAL INFERIORITY
 6.08         0 EMOTIONAL INSECURITY
 6.09        55 EMOTIONAL INSTABILITY
 6.10         0 EMOTIONAL MALADJUSTMENT
 6.11       215 EMOTIONAL MATURITY
 6.12      2205 EMOTIONAL RESPONSES
 6.13         0 EMOTIONAL RESTRAINT
 6.14       160 EMOTIONAL SECURITY
MORE
.f 3 and language

6.00  NUMBER OF HITS IS  35
?
f 3 and speech
```

Nr.	Sp.	Text
089	H	das ist jetzt etwas der Nachteil daß wir jetzt eben auch
090	H	ohne Frau Reimer arbeiten müssen . denn . die hätte uns
091	H	denn wahrscheinlich auch (geholfen) also ich habe es/das
092	H	ist auch keiner nich will mal schauen ... hm ((5 s))
		(tippt)
	R	hm
093	H	nich also emotion ist also ein sehr allgemeiner Begriff .
	R	hm hm
094	H	ist also jetzt hier auch kein Schlagwort ne
	R	ja ((5 s)) hm .
095	H	ja
	R	kommen/kämen mehrere von in Frage aber/ also ich ../also
096	H	ja
	R	wie/wieviel waren das dreihundertsiebzehn ne da müssen
097	H	ja ne nach Möglichkeit ne
		(tippt; Signalton ertönt)
	R	wir irgendwie noch runter ne
098	R	aber wir können ja vielleicht noch ... gucken was sich
		(H tippt)
099	H	ja
	R	da ergibt . wenn wir eh . noch language oder speech als
100	H	ja drei ist das ((8 s))
		(tippt)
	R	dritte hm . Eingabe dazunehmen
101	H	na . so . das ist jetzt gewaltig solln wir das jetzt
	R	ja
102	H	solln wir das jetzt noch alternativ für speech machen
	R	ja
103	H	statt language ((12 s)) speech
		(tippt)
	R	ja
	L	ich wollt
104	H	ja
	L	nur fragen . in welcher Datenbank waren diese zweihundert-
105	H	PSYNDEX glaub ich
	L	dreißig eh Titeleinheiten PSYNDY ja dann
106	H	ja
	L	überschlag ich mal die Kosten ja ich hab ihnen hier noch

```
7.00  NUMBER OF HITS IS  49
?
f feeling rule$

 8.01      2365 RULE
 8.02         3 RULEBOUND
 8.03         1 RULEBREAKING
 8.04       389 RULED
 8.05         5 RULEG
 8.06         1 RULEMAKER
 8.07         1 RULEOUT
 8.08        20 RULER
 8.09        14 RULERS
 8.10      3127 RULES
CONTINUE
8.01;8.10!c
```

107	H	ja ah sehr schön sehr
		(begeistert
	L	`nen Exemplar von der ( )
108	H	schön ja vielen Dank ja das kann ich ihnen nachher
		)
	L	ja
		(verlegen)
109	H	auch mal zeigen . das wird <u>verteilt</u>/das wird ( )
	R	ja
110	H	das sind neunundvierzig
	R	das sind auch <u>zu wenig</u> . also .
111	H	hm
	R	eigentlich das richtige . ist halt <u>genau</u> dieser Stichwort
112	H	hm
	R	Kommunikation ich mein wir können/also das würd mich
113	R	unabhängig davon mal interessieren nochmal gucken unter dem
114	H	rules (H tippt
	R	Stichwort feeling rules und emotion work .. <u>die</u> Titel die
115	H	) jaa . eh kommt das immer im Plural
	R	möcht ich auf jeden Fall
116	H	vor oder sollen wir das offen lassen┘das wir
	R	das lassen wir offen
117	H	.. jetzt zeigt er uns also erstmal die Alternativen
	R	ja
118	H	für rule an das Zeichen bedeutet . daß also alle Traktierungen
	R	hm
119	H	also weiteren Fortsetzungen möglich sind die müssen
	R	hmhm
120	H	wir jetzt erstmal aus<u>wählen</u> ... also rule kommt sicher-
121	H	lich dann in Frage ne rules im Plural
		(leise)
	R	rule und rules kommen in Frage
122	H	also hier acht Punkt null eins und acht Punkt zehn ...
		(tippt)
123	H	ja ... und jetzt/was jetzt rauskommt ist also die/das
124	H	Ergebnis jetzt der gesamten Anfrage nach felling rules┐
	R	hm

```
9.00  NUMBER OF HITS IS  0
?
f emotion work

10.00  NUMBER OF HITS IS  2
?
s f=ti

10.00/000001 DIMDI: -PSYCINFO /COPYRIGHT APA
TI: Work deprivation depression.
10.00/000002
TI: / Emotional work-therapy: The experience of activity of a teaching
    vocational instructor.
***END OF SHOW***
```

125	H	null das ist natürlich überraschend
	R	puh das kann/das
		(lacht)
126	H	ja das bedeutet aber dann . daß/eh
	R	kann nicht sein
		(ungläubig)
127	H	da muß ein Thesaurusbegriff existieren der ( ) also
128	H	ich versteh trotzdem nicht hm das/hab ich das richtig
		(schnell
129	H	geschrieben
		)
	R	feeling rules ja ist richtig ... also es
130	H	ja das ist natürlich
	R	ja ja .. ich meine die Arbeiten die
131	H	tja
	R	ich darüber kenn die sind natürlich .. in soziologischen
132	H	daß das hier
	R	Zeitschriften . also es kann sein daß die hier
133	H	keine sinnvolle Frage ist an diese Datenbank
	R	ja ja .. okay
134	H	((14 s)) sie
		(tippt)
	R	fragen sie nochmal emotion work
135	H	sie haben ja . sechzig Mark . ja dreihundert Titel die
136	H	kriegen wir auch für sechzig Mark dann muß ich Herrn Loh-
137	H	mann mal fragen/eh er hat die Abrechnung hier hätt
		(schnell
	R	hm
138	H	ich gerade machen sollen zwei . wollen wir uns die Titel
		und leise)
139	H	mal anschauen ((15 s)) das ist nicht sehr
		(tippt)
	R	hm
140	H	ergiebig ne ((4 s)) ja ja das
	R	... das ist ( )
141	H	kommt deswegen nicht/das ist vielleicht gar nicht mal
	R	hm

142	H	ich bin dafür eben kein Fachmann ist eben formal
		(leise)
	R	hmhm
143	H	jetzt . vom Zusammenhang halt her
	R	Zusammenhang ja nee nee die .. beiden
144	H	hm
	R	sind nich also in dieser theoretischen Richtung ein-
145	H	hm ... jaa was können
	R	schlägig also die ich damit meine
146	H	wir noch machen hmhm also ich könnte auch mal gerade
		(räuspern)
147	H	Herrn Lohmann fragen . ansonsten würden sie jetzt/ich
		(langsames Tippen
148	H	meine mit diesen Begriffen kommen wir ja offensichtlich
149	H	hier in dieser Datenbank nicht weiter . also würden sie
150	H	die eh dreihundertsiebzehn Titel einfach nehmen wollen
151	H	oder/an sich kann man das auch so machen daß eh/nur
		)
152	H	wir müssen das heute abend fertig machen . das ist das
153	H	Problem sonst können wir auch `nen Auszug der/der Titel
154	H	machen wobei dreihundertsiebzehn ist ein bißchen viel
	R	hm
155	H	wir können es auch anstreichen nur das ist ja heute gar
156	H	nicht mehr zu machen
	R	das/das nee . ja das wird zu lang ...
157	R	also ich weiß jetzt ja nicht was das kostet hier denn
158	H	wenn sie sich die ausdrucken lassen das kostet also sechzig
	R	wenn
159	H	Mark ... komplett nich das kann/kann natürlich sein daß sie
160	H	dann mit diesen allgemeinen Begriffen ... hm natürlich
161	H	viele Fehlgriffe haben nich ... denn ich mein die Spezi-
162	H	fizierung ist natürlich nicht sehr/sehr hoch andere
	R	hmhm

163	H	Begriffe haben wir nicht
	R	hm ja haben wir schon aber
		(einatmen)
164	H	ja
	R	das/das schränkt zu sehr ein ne das ist schon das weite
165	R	Feld und . also das wär schon sinnvoll die zumindest mal
166	H	warten sie ((40 s))
		(H geht und fragt jemand etwas)
	R	durchzugucken
167	H	ja das müßte also gehen das könnten wir machen . ich
		(spricht beim Zurückkommen)
168	H	meine man könnte/sie hätten dann natürlich ihre Summe
169	H	schon verbraucht also ich mein das ist vielleicht
		(lacht)
	R	verbraucht ja ja
170	H	so weit ganz interessant/hm ich mein sie wollten dann ja
171	H	auch noch in anderen Datenbanken suchen hm sich anzugucken
	R	ja
172	H	na gut dann sind die sechzig Mark weg aber dann sehen sie
	R	ja
173	H	was kommt dabei raus und macht es Sinn diese Begriffe eben
	R	hm
174	H	in dieser allgemeinen Form in anderen Datenbanken eben
175	H	auch nochmal abzufragen
	R	ja ja ... ich mein ich kann die
176	H	nein nein sie
	R	Summe noch erhöhen das ist nicht die Frage
177	H	kriegen es für diese sechzig Mark/also sechzig Mark wird
178	H	es kosten
	R	hm ... wäre es denn noch möglich auch
179	H	wir können
	R	jetzt noch in anderen Datenbanken nachzufragen
180	H	noch in/noch reingehen in diese andere Datenbank eh
	R	hm
181	H	in diese PSYNDEX in weitere nicht weil die sind teurer
	R	hm tja

```
?
save fiehler

SAVE PROCESSED FOR SAVE= FIEHLE
?
bas psyndex;s=all

QUERY-NO: 0072; END-USER-ID: 2374B60R;  POOL: P067
CUSTOMER: XNBBI000;    DATE: 15.11.85;  TIME: 13:51:21
CONNECT-TIME :    14:22  MIN:SEC
                   SHOW
RECORDS      :        6
- GROUP 1    :        6
- GROUP 2    :        0
- GROUP 3    :        0
HOST-CHARGES :     9,34  DM
ROYALTIES    :     9,58  DM (     3,59 $)
TOTAL NET    :    18,92  DM
V.A.T.       :     2,65  DM
TOTAL        :    21.57  DM
```

182	H	jaa also wie gesagt . sie wollen
	R	die kann ich nicht zahlen
183	H	ja noch in SOLIS das/das ist keine DIMDI-Datenbank das
184	H	können wir heute nicht machen nur es ist eben so . sie
	R	ja
185	H	müssen . /ja gut wir können einfach mal reingehen das ist
186	H	ja im Preis also eh drin das ist jetzt Nummer drei . .
	R	ja
187	H	moment . machen wir das mal . . save ... dann gehen
		(tippt)
188	H	wir mal in PSYNDEX sie stellen die gleiche Frage
	R	ja
189	H	nur eh der Nachteil ist jetzt wenn man in verschiedene
		(tippt)
190	H	Datenbanken reingeht und die gleiche Frage stellt dann
191	H	kann man nicht sicher sein daß es verschiedene Titel sind
	R	hm
192	H	und den kann
	R	eh kann man/den Durchschnitt kann man nicht
193	H	man/nee nee das kann man eben nicht . das kann man nur
194	H	innerhalb einer Datenbank da können wir mischen ne
	R	hm hm
195	H	da können wir mit verschiedenen Fragestellungen die
	R	hm
196	H	Ergebnisse mischen und die doppelten rausholen aber das
197	H	kann man grundsätzlich eben hier nicht . so Moment . wo
	R	ja
198	H	wollten wir rein PSYNDEX .. wo . ist denn der key ..
		(blättert)
199	H	(so hier) ((15 s)) ((17 s))
		(tippt) (wartet auf das Ergebnis)
200	H	also es/bei jeder Datenbank kriegt man so `ne .. Abrechnung
201	H	((5 s)) also jetzt haben wir/was jetzt kommt das haben
202	H	wir bereits alles gesehen also ich meine nur ( ) so
	R	ja

```
BASE COMMAND ACCEPTED FOR PY81;PSYNDEX;ED=01.01.78 TO 30.09.85;TL=ENGL
MORE


10.00         1 FIND  EMOTION WORK
*****FIND PROCESSED*****
?

t

1.00       1662 FT=COMMUNICATION
2.00        514 FT=EMOTION
3.00         33 FIND  1 AND 2
4.00          0 CT=COMMUNICATION
5.00          0 CT=EMOTION
6.00          5 FIND  3 AND LANGUAGE
7.00          4 FIND  3 AND SPEECH
9.00          0 FIND  FEELING RULE$
10.00         1 FIND  EMOTION WORK
****END OF TAB****
```

203	H	wir sind drin in PSYNDEX ((5 s)) und wir können uns .
204	H	mal anschauen was er gefunden hat er hat das also/
		(tippt)
205	H	wir haben also die gleichen Fragen schon/schon gestellt
206	H	das sind jetzt sehr viel weniger . und hier dreiunddreißig
207	H	. also jetzt unter communication und emotion gefunden
	R	hm
208	H	nicht . also das war die Frage nach der Kommunikation
	R	ja
209	H	das war die Frage nach der Emotion das war die Verbindung
	R	ja ja
210	H	das sind nur dreiunddreißig also sehr viel weniger er
	R	ja
211	H	hat auch so wenig wie die andere Datenbank kombiniert
	R	ja
212	H	eh die Begriffe als Schlagwort ( ) gefunden für
	R	ja
213	H	die Spezifizierung mit language hat er fünf gefunden mit
214	H	speech vier genausowenig findet er feeling rule also
	R	hmhm
215	H	irgendwie ist das eh und emotion work nur
	R	und nur ein
216	H	eins und da kann man jetzt auch von ausgehen es gibt also
217	H	nichts weiteres zu ( )
	R	ja ja na ja das/das ist auch
218	H	ja dann würd ich doch
	R	zu wenig nur grundsätzlich dazu
219	H	jetzt vorschlagen wir gehen wieder rüber in diese andere
220	H	und lassen uns diese dreihundert geben und eh sie
	R	ja
221	H	sich/sichten das Material und schrei/schreiben dann
	R	ja
222	H	auf und gehen zu einem späteren Termin eben noch in die
	R	ja

```
?
bas p067;s=all

QUERY-NO: 0072; END-USER-ID: 2374B60R;  POOL: PY81
CUSTOMER: XNBBI000;    DATE: 15.11.85;  TIME: 13:53:45
CONNECT-TIME :     2:24  MIN:SEC
HOST-CHARGES :     1,56  DM
ROYALTIES    :     0,00  DM
TOTAL NET    :     1,56  DM
V.A.T.       :     0,22  DM
TOTAL        :     1,78  DM
BASE COMMAND ACCEPTED FOR P067;PSYCINFO;ED=01.01.67 TO 30.09.85
10.00          2 FIND  EMOTION WORK
*****FIND PROCESSED*****
?
t

1.00       23660 FT=COMMUNICATION
2.00       10109 FT=EMOTION
3.00         317 FIND  1 AND 2
4.00           0 CT=COMMUNICATION
5.00           0 CT=EMOTION
6.00          35 FIND  3 AND LANGUAGE
7.00          49 FIND  3 AND SPEECH
9.00           0 FIND  FEELING RULE$
10.00          2 FIND  EMOTION WORK
****END OF TAB****
```

223	H	psychologische rein
	R	ist denn . eh voraussichtlich die
224	R	Möglichkeit daß im nächsten Jahr auch wieder diese Sonder-
225	H	das ist voraussichtlich/so muß es auch
	R	angebote laufen
226	H	sein voraussichtlich ist die Möglichkeit gegeben was .
227	H	sagen sie Herr Lohmann
		(R und L lachen)
	L	also voriges Jahr hätten wir
228	L	ihnen ein uneingeschränktes Ja geantwortet also daß wir
229	L	das alle glauben aber wenn jetzt der so stark auf die
	R	ja
230	L	Bremse tritt den Eindruck haben wir will sagen habe
		(H tippt
	R	hm
231	L	ich also ich weiß nicht wie es mit der Finanzent-
		)
232	L	wicklung im nächsten Jahr aussehen wird . also ich mein
233	L	die hatten große Rosinen im Sack eh sprich die .
		(H tippt
	R	hm
234	L	Landesregierung eh mit der Planung bis einschließlich
		)
	R	hm
235	L	neunundachtzig so ungefähr und ich bin also etwas/ich
236	L	war von vornherein skeptisch und bin es jetzt eigentlich
237	L	noch etwas mehr denn irgendwann ist natürlich auch angesichts
238	L	eines bevorstehenden Bundestagswahlkampfs das Geld alle
239	L	weil ich mein solche Überlegungen spielen bei den
		(schnell
	R	ja
240	H	ja also gut eh . normaler-
	L	Brüdern ja auch eine Rolle
		)
241	H	weise kann man eine gewisse politische Konsistenz auch
242	H	auf Jahre/ich mein über Jahre hinweg/ich mein es wird

Nr.	Sp.	Text
243	H	ja massiv gefördert dieses Programm also von daher ist
	R	ja
244	H	die Wahrscheinlichkeit sicherlich nicht gering nich wenn
	R	hm
245	H	die jetzt wirklich sozusagen ein viertel Jahr sozusagen
246	H	antörnt die Leute und dann im Regen stehen läßt dann kommen
247	H	dann natürlich dann eher noch negative Reaktionen ist doch
248	H	ganz klar nich und ich mein das gerade in ihrem Fall
	R	jaa (lacht)
249	H	nun haben wir den Termin einmal verschieben müssen und
	R	ja
250	H	dann stellt sich heraus daß wir gar nicht alles machen
251	H	können das ist natürlich ärgerlich ist vollständig klar
	R	ja
252	H	nich aber also ich würd zunächst schon mal davon aus-
	R	ja
253	H	gehen es kann sein daß es dann kontingentiert wird in
254	H	vielen Bereichen also
	R	ja hm
	L	es kann auch passieren daß die
255	L	sagen also wir subventionieren es euch . aber der Benutzer
256	L	hat dann . eh was weiß ich Kosten/eh vierzig Mark zu
257	H	gut aber
	L	zahlen auch solche Möglichkeiten sind ja durchaus
258	H	um jetzt hier weiter zu kommen dann würd ich sagen mach
259	H	ich jetzt/eh bestell ich ihnen diese Titel
	R	ja . oder ich
260	H	sie könnten jetzt einschränken
	R	mein was wir noch könnten
261	H	übers Jahr
	R	wir haben jetzt abgefragt communication emotion
262	H	hm
	R	und language beziehungsweise communication emotion und

```
?
f 1 2 and language

11.00  NUMBER OF HITS IS  139
?
f 2 and speech

12.00  NUMBER OF HITS IS  128
?
f 11 or 12

13.00  NUMBER OF HITS IS  239
?
f  11 and 12

14.00  NUMBER OF HITS IS  28
```

263	H	daß wir das mal einzeln machen ( )
		(leise)
	R	speech daß wir .. daß wir das mal einzeln an.gucken
264	H	das ist klar
	R	aber . ich weiß nicht was das bringt also
265	H	also wir
	R	ich denk schon daß wir dabei bleiben werden
266	H	machen jetzt communication und denn language
	R	nee emotion
267	H	ach so emotion
		(tippt)
	R	und language und emotion und speech
268	H	und speech ((5 s)) das sind ((8 s)) hundertneunund-
		(tippt
269	H	dreißig und ... eh speech ... hundertachtundzwanzig
		)
	R	hm
270	H	jetzt können wir noch schauen wieviel verschiedene das
271	H	sind ja
	R	ja . können sie mir die Schnittmenge davon nennen
272	H	ja machen wir auch ... zweihundertneununddreißig
		(tippt)
273	H	das sind sehr viel verschiedene
	R	also die Schn.ittmenge
274	H	ja also gut zwei-
	R	sind nur zehn davon oder . Moment
275	H	hundertneununddreißig verschiedene sind es . sie meinen/
276	H	ja also sie wollen wissen was in beiden vorkommt also
	R	ja
277	H	sie wollen ja
	R	nee nee . das kann man rechnen das ist kein
278	H	ja ((8 s)) achtundzwanzig
		(tippt)
	R	Problem achtundzwanzig ja
279	H	wenn sie noch ein paar Titel wollen müssen
	R	oh oh oh oh oh
280	H	sie es sagen ( )
	R	hm nee nee nee also das nützt

```
?
f 3 and 11

15.00  NUMBER OF HITS IS  35
?
f 3 and py>1979

16.00  NUMBER OF HITS IS  142
```

281	H	ja . ja ja
	R	ja nichts also entweder guck ich mir alle
282	H	ja gut ja
	R	Titel dann durch oder eh . können sie mir noch
283	R	sagen die Schnittmenge von ... hm communication und emotion
284	H	hm
	R	mit dieser und dieser also ob das also wieviel Gemein-
285	H	communication und emotion sind drei
	R	samkeiten da sind
286	H	nich ... und einmal language und speech ...
		(tippt) (tippt)
	R	ja
287	H	jeweils oder zusammen . also jetzt eh getrennt
	R	also jeweils
288	H	zwei zwei und drei obwohl die Frage hatten wir doch
	R	ja
289	H	schon gestellt das war doch/das ist ja nichts anderes
	R	hm
290	H	als vorher die hatten wir ja schon das ist
	R	ah ja ja ja
291	H	das ist . . dieses Ergebnis hier fünfunddreißig nich
		(tippt)
292	H	das ist also communication emotion und language und
	R	hm
293	H	neunundvierzig war communication emotion und speech
	R	ja ja
294	H	und wenn wir den Zeitraum einschränken ist nicht sinn-
295	H	voll
	R	fragen sie mal an was passiert wenn ich sage ab
		(einatmen)
296	H	hm für communication und emotion
		(tippt
	R	neunzehnhundertachtzig
297	H	jetzt ne ((14 s)) oh das ist `ne gewaltige Einschränkung
		)
298	H	ab neunzehnhundertachtzig . also man muß es so eingeben

```
?
f 3 and 13

17.00  NUMBER OF HITS IS  67
?
f 3 or 13
```

299	H	mit größer also jetzt hundertzweiundvierzig statt drei-
	R	hm
300	H	hundertsiebzehn das würd sich doch lohnen . mehr als
	R	hm
301	H	die Hälfte aller entfällt dann
	R	( ) hm
302	H	((12 s)) ja also
	R	tja was tun┘sprach Zeus
303	H	ich meine/ich kann jetzt nicht beurteilen wie/wie
	R	hm
304	H	weit eben jetzt mit dem Geld sozusagen also sonst/sonst
305	H	würd ich wirklich fast vorschlagen lassen sie sich diese
306	H	dreihundert Titel ausdrucken┐ und prüfen sie auf Relevanz
	R	hm
307	H	eh und dann kann man das zumindestens als Grundlage nehmen
308	H	für/für die Auswahl der Begriffe die Bewertung der Begriffe
309	H	für weitere Recherchen (Ende der Kassettenseite)
310	H	also <u>elf</u> ist emotion and eh language <u>zwölf</u> ist emotion
311	H	and speech┐. das waren einmal hundertneununddreißig ..
312	H	speech waren hundertachtundzwanzig beides zusammen waren
313	H	zweihun/also das/das ist die Länge jetzt zusammen das (blättert
	R	hm
314	H	ist das einzig relevante dreizehn sind zweihundert-)
	R	hm
315	H	neununddreißig wenn wir <u>die</u> jetzt mal mischen <u>spaßes-</u>
	R	hm
316	H	<u>halber</u>┘... eh mit/mit drei┐dann wissen wir wieviel (tippt)
317	H	davon nicht drin sind in diesem emotion ne .. das (tippt
	R	hm
318	H	war etwas ... <u>falsch</u> was ich gemacht habe ... na das)

```
18.00  NUMBER OF HITS IS  489
?
f 13 and py>1979

19.00  NUMBER OF HITS IS  116
```

319	H	sind ... dreihundertsiebzehn einhundert weitere Titel
	R	hm
320	H	also von den zweihundertneununddreißig sind hundert-
321	H	zweiundsiebzig nicht dabei
	R	das sind viel also .
322	R	vielleicht können wir jetzt `nen Mischmodell machen eh ..
323	H	hmhm
	R	communication und emotion ab neunzehnhundertachtzig
324	R	und mal sehen was passiert wenn man/eh diese emotion und
325	R	language und emotion und speech auch noch ab neunzehn-
326	H	ja wir haben hier Nummer fünfzehn eh das
	R	hundertachtzig
327	H	waren hundertzweiundvierzig nich das war communication
	R	hm
328	H	und emotion ab neunzehnhundertachtzig sind hundertzwei-
329	H	undvierzig . so jetzt nehm wir mal . die Nummer fünfz./
330	H	eh die Nummer dreizehn heraus ... das waren die . hm
		(tippt)
331	H	emotion und speech emotion und language gemischt so
	R	ja
332	H	jetzt dreizehn die aktualisieren wir jetzt dreizehn
		(tippt)
333	H	und ( ) .. hundertsechzehn das
	R	na das . geht doch
334	H	ist doch was dann hätten wir zusammen jetzt zweihundert/
335	H	knapp zweihundertsechzig Titel
	R	tja . da haben wir halt
336	R	die historische Geschichte nicht drin aber .. ja aber
		(H tippt
337	R	eben `ne größere Vielfalt einfach ich glaub das wär das
338	H	) ja wollen wir dann für diese
	R	Vernünftigste im Moment
339	H	eh/sollen die/können die zusammengeschrieben werden oder

```
?
f 19 or 15

20.00  NUMBER OF HITS IS  139
?
f 19 and 16

21.00  NUMBER OF HITS IS  25
?

f 19 or 16
```

340	H	soll das getrennt sein
	R	hm welche Unterschiede
341	H	ja einmal wir können gucken ob noch doppelte
	R	macht das
342	H	drin sind ja
	R	ach so ja . also die können wir rauswerfen oder
343	H	ja also das ist einfach von
		(tippt
	R	das sollten wir machen ja
344	H	neunzehn ( ) .. dann tauchen die aber auch ge-
		)
345	H	mischt auf im Ausdruck
	R	hm das/das wäre nicht so schlimm
346	H	oh . hundertneununddreißig sind sie immer noch
	R	ne ja .
347	H	sollen wir es mal kurz
		(stöhnt
	R	ist das richtig
		(ungläubig)
348	H	verifizieren ... also elf war . emotion und speech
		) (tippt)
349	H	emotion und language ... dreizehn ist emotion und speech
350	H	emotion und language . gemischt . das ist richtig ...
		(tippt)
351	H	und jetzt hier haben wir file dreizehn ( ) das sind
352	H	hundertsechzehn das ist also emotion und speech emotion
353	H	und language ab neunzehnhundertachtzig und fünfzehn war
354	H	... drei ... nee sechzehn ist das . wie komm ich
		(tippt)
355	H	denn auf/`ne sechzehn war das . hundertzweiundvierzig
356	H	waren Titel ja . ja . sechzehn ist richtig ... das
		(tippt)
357	H	heißt wir müssen jetzt file dreizehn und sechzehn ..
358	H	eigentlich dürften es nämlich nicht viel weniger sein

```
22.00  NUMBER OF HITS IS  233
?
p s=22 ;ed=online;ti=no;l=no,;r=all;hist=rel;f=all;sort=au;py

OFFLINE PRINT PROCESSED FOR S = 22
             CITATIONS = 233
POOL EUID      ON/SAV ED
```

359	H	als
	R	((9 s)) puh ... ah . das war end/das
		(lacht)
360	H	das war/das war der Schnitt zweihundertdreiund-
	R	war ja ja
361	H	dreißig das wären also zweihundertdreiunddreißig
	R	ja
362	H	Titel jetzt und das macht auch Sinn . da wären unge-
	R	ja
363	H	fähr dreißig Titel weniger das kann schon sein ja
	R	hm
364	H	machen wir davon `nen ( )
	R	ja . das sind/eh nochmal
365	R	zur Rekapi.tulation eh . das sind jeweils ab neunzehn-
366	H	jaa communication und emotion
	R	hundertachtzig unication und emotion . emotion
367	H	ja genau
	R	und language und emotion und speech gut
368	H	((40 s)) wie sollen die sortiert werden nach
		(tippt)
369	H	Autoren oder nach dem Jahr
	R	eh . alphabetisch nach Autoren
370	H	hm . hm ((7 s)) mal gucken ob es alles richtig
		(tippt)
371	H	ist . tststs ja ... und es dauert jetzt zwei Tage
	R	krieg
372	H	ja ja also die kriegen
	R	ich die Aus.züge zugeschickt ja
373	H	das geht so . die kommen also hier bei uns an
	R	oder ah hm
374	H	und eh
	L	Herr Hausmann entschuldigen sie da ist jetzt
375	H	wir sind jetzt soweit fertig
	L	hier das wollen sie wissen
376	L	da ist nämlich jetzt `nen Interessent bei Herrn von Mühlen-
377	H	ja
	L	stein für die SOLIS- oder FORTIS-Recherche und eh .

```
-----------------------------------------
FO   2374B60R 0072   ONLINE  01.01.67-30.09.85
QUERY-NO: 0072; END-USER-ID: 2374B60R;  POOL: P067
CUSTOMER: XNBB1000;    DATE: 15.11.85;  TIME: 14:06:47
CONNECT-TIME :    13:02  MIN:SEC
HOST-CHARGES :     8,47  DM
ROYALTIES    :     8,70  DM (     3,26 $)
TOTAL NET    :    17,17  DM
V.A.T.       :     2,40  DM
TOTAL        :    19,57  DM
?
.STOP

QUERY-NO: 0072; END-USER-ID: 2374B60R;  POOL: P067
CUSTOMER: XNBB1000;    DATE: 15.11.85;  TIME: 14:07:40
CONNECT-TIME :     0:53  MIN:SEC
HOST-CHARGES :     0,57  DM
ROYALTIES    :     0,59  DM (     0,22 $)
TOTAL NET    :     1,16  DM
V.A.T.       :     0,16  DM
TOTAL        :     1,32  DM
%  E419 LOGOFF AT 1407 ON 85-11-15, FOR TSN 1757
%  E421 CPU TIME USED: 13.3045 SECONDSDATEX-P: Ausloesung -
                                 Anforderung durch Gegenstelle
DATEX-P: 44 5210 49130
```

378	L	ich weiß nicht wie weit man das umdisponieren kann und
379	L	das auch mit den Geldern noch hinkommt sonst . könnten
380	H	ja ja . ja gut ich müßte jetzt mal sehen
	L	eh gleich . eh
381	H	daß wir das noch machen für den Herrn Höfer wir sind
	L	jaa
382	H	ja soweit fertig ne dann können wir/können wir jetzt
383	H	hier rausgehen ne
	R	ja . mit der Bitte noch . also diesen
384	H	ja ja das machen wir dann auch gleich ... (tippt)
	R	Auszug ja
385	H	ja ja also
	R	((4 s)) und das/das sind jetzt die Kosten un-
386	H	ja . ja das ist nur ein
	R	mittelbar für diese Anfrage jetzt
387	H	Teil also wir hatten ja schon `ne Zwischenrechnung
	R	achso
388	H	nich und also das ist/damit ist die Verbindungszeit im
389	H	wesentlichen berechnet und dann kommen eben noch die
	R	ah
390	H	eh Zitate hinzu
	L	also die Werte da jetzt kann ich nicht
391	L	sagen in einer halben Stunde können sie sie sich vielleicht
392	H	hm ja ja sicher . ich mein ich kann jetzt nicht
	L	nochmal
393	H	übersehen was wir jetzt noch an Geld haben ich kann
	L	ja ja
394	H	das also machen das ist nicht das Problem also ich
	L	hm
395	H	mein wir haben jetzt/da können sie ja abschätzen also
	L	ehm
396	H	neunzehn . wir hatten eben nochmal so/was hatten wir
397	H	dreißig Mark also ... jetzt können wir grad mal

398	H	schaun ... hm ((5 s)) also viel war das nicht
		(tippt)
	L	ja also
399	H	wir haben zweihundertdreiunddreißig Zitate
	L	so ungefähr ja
400	H	jaja
	L	das ist sicher dann das/das teuerste das ist ja etwa
401	H	( )
	L	so wie bei dem eh ich hab das mal/
402	L	hab das mal überschlagen das sind/das waren da also bei
403	H	also nur die
	L	PS/PSYCINFO circa hundertvierzig .. Mark eh
404	H	Zitate ja . ja also hier
	L	nur/nur die Zitate also da
405	H	haben sie jetzt/also hier/wir kommen also hier auch
406	H	auf ungefähr zweihundert Mark
	R	zweihundert Mark
		(leise)
	L	ja und
407	H	das ist aber eng
	R	(lacht)
	L	bei dem anderen da rechnen wir jetzt
408	L	über zweihundert sind es sicher nicht . und dann rechnen
409	L	wir da hundertvierzig . und eh ( ) das war die
410	L	andere Recherche dreihundertvierzig das wären etwa hundert-
411	H	ja wie präzise . also ich
	L	vierzig Mark eh (hinkriegen) so eh
412	H	meine/ich meine gut wir können
	L	ich kann ja/ich kann ja
413	L	auch noch eh/eh auch noch (mittel) ich glaub das
414	H	ja gut . dann sagen sie Bescheid ..
	L	können wir verantworten
415	H	ja dann drucken wir das erstmal aus ( )
416	H	ja dann machen wir jetzt noch den Ausdruck
	R	ja das wär sehr
417	H	((20 s))
	R	schön

Kommentar zur Transkription und Dialogdatei der Datenbankanfrage

Thomas Bartels

1. Erkenntnisinteresse

Die vorliegende Transkription eines Gesprächs zwischen einem Bibliotheksangestellten (H) – in der Funktion des Datenmaklers – und einem Wissenschaftler (R) – als Informationssuchendem – zeigt typische Merkmale für den Umgang mit den sog. "Neuen Medien", die auf kommerzieller Basis betrieben werden.

Einige Merkmale, wie insbesondere die Unkenntnis im Umgang mit der technischen Apparatur, hinsichtlich der Datenbankanbieter (hosts) und dem Inhalt und Aufbau von Datenbanksystemen, mögen eine zeitlich vorübergehende Erscheinung bleiben, wenn diese Informationssysteme im Zuge einer fortschreitenden Vernetzung weite Lebensbereiche erobern und diese Art von "Informationsarbeit" unumgänglich machen werden. Andere, wie die ökonomische Bedingtheit und die technischen Restriktionen, denen eine solche Datenbankanfrage unterworfen ist, werden dagegen konstitutiven Charakter annehmen, da zum einen nicht absehbar ist, daß in dem herrschenden Marktsystem Datenbanken als öffentliche Dienstleistungsunternehmen eingerichtet und ihre Informationen als soziales (= kostenloses) Gut behandelt werden, und da sie zum anderen einer auf einer 0 – 1 bzw. Ja – Nein – Logik basierenden Technik inhärent sind.

Es erscheint mir aufschlußreich, diese stark von ökonomischen Kriterien geprägte Datenbankanfrage einer Ziel – Mittel – Analyse zu unterwerfen und zu fragen, wie die vom technischen System gesetzten Restriktionen sprachlich bewältigt und in Handlungen umgesetzt werden.

Für den informationssuchenden Wissenschaftler kann als Strategie idealtypisch das Maximalprinzip unterstellt werden. D.h., er versucht mit einem gegebenen Mitteleinsatz (60.– DM) eine maximale Zielerreichung zu erlangen. Sein Ziel ist hier das Auffinden einer möglichst großen Zahl nicht gängiger, aber doch relevanter Literatur. Für den Bibliotheksangestellten gilt das Minimalprinzip; er ist bemüht, ein – soweit anhand formaler Kriterien beurteilbar – befriedigendes Rechercheergebnis unter Minimierung des Mitteleinsatzes zu erreichen. Die Budgetgrenzen erzwingen hier eine Reduktion der Literaturstellen auf etwa 200 Titel (vgl. TR 44), da die Datenbankanbieter die Kosten pro Zitat berechnen (vgl. TR 53). Zusätzlich gibt es zeitliche Begrenzungen, d.h. die Datenbankanfragen müssen bis zum Abend abgeschlossen sein, da eine Sperrung der Subventionen der öffentlichen Hand droht (TR 152 und 224 ff.).

Beide Zielsetzungen müssen zu einem Kompromiß geführt werden, wobei dessen Charakter genauer zu untersuchen ist.

2. Ausgangssituation der Datenbankanfrage

Die Datenbankanfrage erfolgt bei dem Host DIMDI (Deutsches Institut für medizinische Dokumentation und Information), einem auf privatwirtschaftlicher Basis arbeitenden Datenbankanbieter, der einen Großteil seiner Daten aus den USA, vorwiegend von der National Library of Medicine und dem Institut for Scientific Information bezieht.[1] Aus diesem Grund müssen "Royalties" entrichtet werden (vgl. z.B. DD 135). Die Kosten - mehrfach in Zwischenrechnungen ausgewiesen - erweisen sich als entscheidende limitierende Größe. Die Recherche kann dabei für den Wissenschaftler nur realisiert werden, weil sie aus öffentlichen Mitteln subventioniert wird (vgl. TR 224 ff.).

Dem Auftraggeber ist nicht bekannt, um wen es sich bei DIMDI handelt und welche Datenbanken mit welchem Inhalt dort verwaltet werden. Diesbezüglich und bei der Herstellung des Kontakts mit dem Host über das Datex-P-Netz sowie bei der eigentlichen Anfrage - der Anwendung der Benutzersprache - ist der Wissenschaftler auf die Kenntnisse des Datenmaklers angewiesen. Der Kontakt zwischen diesen beiden Beteiligten kommt unter dem Thema "Literatursuche für eine linguistische Arbeit" nur zustande, weil inhaltliches Arbeiten durch abstrakte Steuerungstätigkeiten ersetzt wird. Eine inhaltliche Überschneidung der Fachgebiete besteht zwischen dem Bibliotheksmitarbeiter und dem Linguisten nicht, weshalb ersterer auch keinen Beitrag zur Problemdefinition liefern und die vom Datenbanksystem angebotenen Titel nicht hinsichtlich ihrer inhaltlichen Relevanz beurteilen kann (vgl. z.B. TR 64-67).

3. Der Verlauf der Datenbankanfrage oder der Wandel vom Maximal- zum Minimalprinzip

Zu Beginn der Recherche geht es offensichtlich nur um die maximale Zielerreichung der Interessen des informationssuchenden Wissenschaftlers. Die Auswahl der "wesentlich größeren" (TR 12) Datenbank "PSYCINFO", bei der hauptsächlich nicht-deutsche (= amerikanische) Titel gespeichert sind, findet die mehrfache spontane Zustimmung von R: "ja" (TR 12), "ja ja" (TR 13), "ja . nee das ist/also die erste/also diese PSYCINFO" (TR 14). Auch die Auswahl der zentralen Suchbegriffe "communication" und "emotion" bleibt R überlassen (vgl. TR 21-22).

Die hohe Zahl von 23.660 bzw. 10.109 Literaturverweisen erfüllt dann jedoch weder das Anliegen von R, da diese Abfragen nicht zu einer Reduktion der Datenfülle auf einen relevanten Kern führen, noch sind sie für H eine diskutable Größe (vgl. TR 28). Als Lösung schlägt H eine formale "ganz banale" (TR 34), "nicht sehr subtile" (TR 34) Verknüpfung der beiden Begriffe vor, mit der er die Hoffnung verbindet, "daß sich das schon um einiges reduziert " (TR 36-37) und die R für "das Sinnvollste" (TR 36) hält. Inwieweit die formale mengentheoretische Und-Verknüpfung tatsächlich "das Sinnvollste" ist, muß offen bleiben, erscheint aber fraglich, da bereits zu diesem frühen Zeitpunkt mit der Reduktion auf 317 Titel 23.343 und 9.792 Publikationen, bei denen der Begriff "communication" oder "emotion" im Titel oder im Abstract vorkommt, aus der Betrachtung endgültig ausgeschieden sind. Hinzu kommt, daß R seine Beurteilung abgibt, ohne sicher zu sein, ob der Begriff nur im Titel oder auch im Abstract vorkommt (vgl. TR 68 – 70).

An dieser Stelle wird auch deutlich, welchen Einfluß der Verfasser eines Abstracts auf die Auswahl einer Publikation hat, und daß die Autoren des Primärtextes die Wahl des Buchtitels mit Bedacht vornehmen müssen, wollen sie – selektiert über ein Datenbanksystem – ihre Leserschaft erreichen.

Obwohl R mit der Größenordnung der nun auf 317 reduzierten Zahl der Titel einverstanden ist (vgl. TR 38 – 39), muß H, ungeachtet der Tatsache, ob sich die gesuchte Literatur unter den ausgewiesenen Titeln befindet (vgl. TR 42 – 43), darauf drängen, die Zahl der Zitate weiter auf etwa 200 zu verringern, da mehr nicht bezahlt werden können (vgl. TR 43 – 45). Die nachfolgenden Ausführungen über die Zusammensetzung der Kosten und die Budgetgrenzen der Bibliothek kann R nur als externe, von ihm nicht zu beeinflussende Rahmenbedingungen zur Kenntnis nehmen, wie sein sechsmaliges "hm" (vgl. TR 52 ff.) dokumentiert. Die Initiative liegt in der Nachfolge nahezu ausschließlich bei H, d.h. die oben als "Minimalprinzip" bezeichnete Zielsetzung beginnt sich durchzusetzen. So dominieren bei den Äußerungen von R kurze Erwiderungen in der Form von "hm", "ja", "nee", "ja ... was", "aha", "ja dann" usw., die als ein "zur Kenntnis nehmen" interpretiert werden können. Die von H nun vorgeschlagene Vorgehensweise einer Beschränkung "nach formalen Gesichtspunkten" (TR 67) und die nachdrückliche Delegation der Entscheidung an R "das müssen sie natürlich wissen" (TR 67) steht in einem doppelten Widerspruch. Entweder ist die Beschränkung auf einen bestimmten Erscheinungszeitraum (vgl. TR 65) und/oder auf Sprachen (vgl. TR 66) ein inhaltliches Kriterium und fiele so in die Kompetenz von R, oder es handelt sich um formale Möglichkeiten des Systems, die dann von H hinsichtlich der Erfolgsaussichten beurteilt werden müßten. Der tatsächlich eingeschlagene Weg des Aufrufens der Schlagwortlisten hat dann auch rein formalen Charakter. Er bleibt erfolglos, da die Schlagworte nicht hinsichtlich ihrer Relevanz beurteilt werden können (vgl. TR 86 – 87 und 95) und H an die Grenzen seiner Zuständigkeit stößt. Das Fehlen von Frau Reimer, die wahrscheinlich geholfen hätte, wird beklagt (vgl. TR 88 – 91). Die Hinzunahme weiterer Begriffe wie "language" und "speech" führt in der Und – Verknüpfung zu einer so "gewaltigen" Einschränkung (vgl. TR 101), daß sie verworfen werden muß.

Auch zu den Stichwörtern "feeling rules" und "emotion work" lassen sich entweder keine oder nur zwei Belegstellen ausfindig machen. Bei der Erklärung des "überraschend" (TR 125) auftretenden Phänomens der Ergebnislosigkeit dieser Abfrage ist man auf Vermutungen angewiesen, da man nicht weiß, über welchen konkreten Inhalt die Datenbank sich erstreckt. Angenommen wird, daß dies "keine sinnvolle Frage ist an diese Datenbank" (TR 133). Von Sinnhaftigkeit kann hier m.E. nicht gesprochen werden, da die Suche in diese Richtung durch die Auswahl der Titel vorentschieden worden ist. Einer Problemlösung kommt man auf diesem Weg nicht näher, sie scheitert an den Grenzen des Systems. Spätestens hier wird deutlich, daß die Datenbank "PSYCINFO" nur einen begrenzten Beitrag zur Zielerreichung für den Wissenschaftler leisten kann. Es offenbart sich hier das Dilemma einer nicht vorhandenen Deckungsgleichheit von Informationsangebot und Informationsbedarf. Während die Datenbanken nach Fachgebieten geordnet sind, ist die Benutzeranfrage problemorientiert. Folglich müssen die Informationen aus verschiedenen Datenbanken beschafft werden – ein Weg, der ja auch in dieser Situation mit dem Aufrufen von PSYNDEX beschritten und als Option für weitere Recherchen empfohlen wird (vgl. TR 182 ff.). Der Erfolg einer Datenbankrecherche hängt offensichtlich nicht so sehr von dem Beherrschen einer sog. "Dialogsprache" ab, sondern von der Kenntnis über den fachlichen Inhalt der Datenbanken. Das know–where wird genauso wichtig wie das know–how.

Der bis zu diesem Zeitpunkt erfolglose Versuch einer Reduktion der Titelzahl und das leise Eingeständnis von H, "ich bin dafür eben kein Fachmann" (TR 142), stellt ein befriedigendes Rechercheergebnis in Frage und läßt das Kostenargument an Bedeutung verlieren (vgl. TR 135 f. und TR 150 f.)

Es bleibt aber virulent, zumal H nicht allein über das Budget entscheiden kann (vgl. TR 136 f., 146 f. und 166 f.) und er als neues Argument einführt, daß R mit "diesen allgemeinen Begriffen" (TR 160) "viele Fehlgriffe" (TR 161) haben werde.

Die Recherche PSYNDEX ist noch weniger erfolgreich, weil erstens an diese Datenbank, in der hauptsächlich deutsche Literatur gespeichert ist (TR 13 f.), die gleichen englischen Suchbegriffe in der gleichen Verknüpfung gestellt werden und folglich die ausgewiesene Titelzahl noch geringer ist und zweitens die Ergebnisse beider Datenbankanfragen aus technischen Gründen nicht miteinander verknüpft werden können (vgl. TR 192 f.).

Weitere Recherchen in anderen Datenbanken können aus Kostengründen nicht vorgenommen werden. Die ausführliche Begründung der Kostensituation (TR 224 ff.), die Inaussichtstellung künftiger Recherchen zu ähnlich günstigen Konditionen und das Argument der hohen Fehlerquote läßt R neue Verknüpfungsmöglichkeiten vorschlagen, ohne deren Erfolgsaussichten prognostizieren zu können (vgl. TR 264). Er versucht damit erneut, mit inhaltlichen Kriterien zum Ziel zu kommen, und nicht – wie H vorschlägt –, den formalen Weg einer Einschränkung des Erscheinungszeitraumes zu gehen (vgl. TR 260 f.). Das bloße Anzeigen bestimmter Quantitäten von Literaturstellen bietet jedoch auch im folgenden kein Entscheidungskriterium für R. Seine Äußerungen "oh oh oh oh oh" (TR 279) und "nee nee nee also das nützt ja nichts" (TR 280 f.) haben resignativen Charakter. Typisch für den verfahrenen Stand der Recherche ist die Wiederholung einer bereits getätigten Abfrage (vgl. TR 290). Es folgt schließlich die Zustimmung R's, den Erscheinungszeitraum einzuschränken (vgl. TR 295 f.), wodurch die Zahl der Titel um mehr als die Hälfte reduziert wird. Die nachfolgende Bemerkung H's, "das würd sich doch lohnen . mehr als die Hälfte aller entfällt dann" (TR 300 f.), läßt sich nur unter der Zielsetzung der Kostenminimierung verstehen. Das lange Zögern und die Unentschlossenheit R's, dokumentiert durch die Äußerung: "tja was tun sprach Zeus" (TR 302), zeigt H jedoch, daß es sich um ein für den Wissenschaftler unbefriedigendes Ergebnis handelt und läßt ihn erneut vorschlagen, die ursprüngliche Zahl der Titel auszudrucken, wobei er nochmals auf die Kostensituation hinweist (TR 304 ff.).

Das Bemühen um einen befriedigenden Kompromiß läßt H schließlich "spaßeshalber" (TR 315 f.) weitere, komplexere Kombinationen ausprobieren, die allerdings zu einer Reduktion führen, die R als zu groß empfindet (TR 321). Das von R nun vorgeschlagene "Mischmodell" (TR 322) mit einer Zeitbeschränkung für beide

Begriffe führt zu "knapp zweihundertsechzig Titeln" (TR 335), die R für das "Vernünftigste im Moment" (TR 338) hält. Eine durchaus zutreffende Erkenntnis, kann R doch eine "größere Vielfalt" (TR 337) für gegeben halten, und hat H, nach Eliminierung der Doppelten, mit 233 Titeln die Zielgröße von 200 Literaturstellen fast erreicht. Erleichtert läßt sich feststellen: "das war der Schnitt" (TR 360).

Die nachfolgende Gesprächssequenz mit einem dritten Bibliotheksangestellten L zeigt, daß auch die weiteren Recherchen nahezu ausschließlich unter Kostenaspekten gesehen werden, ja, daß diese nun unter noch engerem monetären Grenzen durchgeführt werden müssen.

4. Resümee

Das diskutierte Beispiel zeigt, wie unersetzlich Datenmakler bei der Befragung von Datenbanken und beim Umgang mit dem Gerät sind, welche Zielsetzung sie unter monetären und technischen Restriktionen verfolgen müssen und welche Richtung die Recherche und das Gespräch dann nimmt.

Qualitative Aspekte werden quantifiziert, die Optimierung der Recherche zielt darauf, die angebotene Titelzahl auf ein akzeptables Niveau zu reduzieren, d.h. die Kosten zu minimieren. Sie erfolgt mittels mengentheoretischer Verknüpfung von Suchbegriffen, deren formale Korrektheit entscheidender ist als die inhaltliche Relevanz. Dies ist nicht überraschend, denn jeder Benutzer muß gemäß den formalen Regeln des Systems, im Rahmen der Benutzer-"sprache" agieren. Verläßt er sie, so wird die Anfrage unterbrochen. Das System ist kompromißlos, die Normenkonformität ist zwingend. Von Kommunikation, in deren Prozeß Normen immer auch zur Disposition gestellt werden können, kann deshalb hier nicht gesprochen werden.

Thematisch dreht sich das Gespräch fast ausschließlich um die technische Apparatur, wie sie zu bedienen ist und welche Strategien gewählt werden könnten, um in dem finanziellen Rahmen zu bleiben. Es wird deutlich, daß in einer technikzentrierten Bibliothek Interaktionsprozesse auf horizontalen Ebenen nur noch sinnvoll werden in ihrer Funktionalität zur Datenbank-Zentrale.

Anmerkung

1 vgl. Wirtschaftswoche, Jg. 37, 23.9.83, S. 19: Datenbanken/Gefährliche Abhängigkeit.

Kommentare zur Transkription "Technisierte Kommunikation"

Ulrich Schmitz

1.

In Gesellschaften, die über Schrift verfügen, können technisierte und nicht technisierte Kommunikation nicht eindeutig voneinander getrennt werden. Schrift ist ein technisches Verfahren zur Simulation von Sprache, dessen Bedingungen auch mündliches Sprechen beeinflussen. Dies gilt umso mehr, je weiter mit der Geschichte auch technische Komplexionen voranschreiten, gegenwärtig insbesondere unter den Einfluß von Massenkommunikation. Im Umgang mit Bildschirmtext, Datenbanken und Expertensystemen verbinden sich massenmediale Formen von Informationssammlung und -angebot mit persönlichen Formen der Informationsnutzung. Dabei bestimmen die Bedingungen technisierter diejenigen nicht-technisierter Kommunikation weitgehend, wenn auch nicht vollständig. Im Beispiel schlägt sich die Vermischung beider äußerlich darin nieder, daß gleichzeitig ein Dialog zwischen Menschen und ein 'Dialog' mit der Maschine geführt wird, innerlich in der systematischen Doppeldeutigkeit der verba sentiendi und dicendi und aller tätigkeitsbezogener Wörter.

2.

Wo sich Wörter aus dem Bereich des Wahrnehmens, Wissens, Sprechens und Handelns in diesem Beispiel auf die Datenbankbenutzer beziehen, sind körperliche oder geistige Handlungen gemeint, wo sie sich auf die Funktionsweise der Datenbank beziehen, sind maschinelle Operationen gemeint. Daten wie die vorliegenden sind notwendig zur Entwicklung und Überprüfung allgemeiner Hypothesen über den Einfluß technischer Apparaturen auf die Bedingungen und Inhalte menschlicher Kommunikation.

3.

Ich konzentriere mich auf den genannten Aspekt und vernachlässige andere.

(a) Solange die Menschen untereinander und ohne direkten Bezug auf die Datenbank kommunizieren, werden die genannten Wörter nur in ihrer Grundbedeutung verwendet; man nimmt sich gegenseitig also als 'nicht-technisierte' Menschen wahr (besonders deutlich in der Unterbrechung durch L in TR 374).

(b) Technische Operationen des Datenbanksystems werden mit den gleichen Vokabeln belegt, die früher menschlichen Handlungen vorbehalten waren; sie werden also methaphorisch gebraucht. (Beispiele: "er fragt" (TR 5), "Jetzt hat er akzeptiert" (TR 7 f.), "jetzt zeigt er uns(-) an" (TR 117 f.), "was jetzt rauskommt" (TR 123), "genausowenig findet er feeling rule"(TR 214).)

(c) Die datenbankbezogenen Handlungen der Menschen werden wie maschinelle Operationen dargestellt. Im Umgang mit der Datenbank reduziert sich der fachfremde Benutzer (H) in diesem Beispiel also auf ein Anhängsel der Maschine. Tatsächlich erfüllt H insoweit keine andere Funktion als die einer (maschinell implementierten) natürlich-sprachlichen Oberfläche in fortgeschritteneren Datenbanken (bzw. Expertensystemen). Das fällt aber nicht ohne weiteres auf, weil für menschliche Handlungen und für maschinelle Operationen dieselben Wörter verwendet werden. Diese verborgene Doppeldeutigkeit wird durch die Mehrdeutigkeit des Personalpronomens noch unterstrichen, von dem man nicht weiß, ob es H allein, H und die Maschine, H und R oder alle drei bezeichnet. (Beispiele: "wir werden (-) emotion eingeben und das verknüpfen" (TR 28 f.), "muß man es (-) spezifizieren" (TR 40 f.), "die müssen wir (-) auswählen" (TR 119 f.), "da können wir mischen" (TR 194), "da können wir mit verschiedenen Fragestellungen die Ergebnisse mischen und die doppelten rausholen" (TR 195 f.), "daß wir gar nicht alles machen können" (TR 250 f.).)

(d) Wo das Personalpronomen die Maschine eindeutig nicht einschließt, wird der intentionale Aspekt einer menschlichen Handlung oder deren Resultat stärker betont. (Beipiele: "wir können (-) uns Titel anzeigen lassen" (TR 30 f.), "wo wollten wir rein" (TR 197 f.), "wir sind drin" (TR 203).) Im folgenden Beispiel werden menschliches und anthropomorphisiertes maschinelles Subjekt gleichrangig nebeneinander gestellt, was dann zur Verunsicherung über das wahre Subjekt ("er" vs. "wir") und schließlich zum elliptischen Verschweigen jeglichen Subjekts führt: "wir können uns mal anschauen was er gefunden hat / er hat das also/ wir haben also die gleichen fragen schon/ schon gestellt" (TR 203-205) "also jetzt (-) gefunden" (TR 207).

(e) Die Metamorphose des Datenbankbenutzers (H) vom Menschen zum natürlich-sprachlichen Anhängsel der Maschine und zurück zum Menschen findet immer dann ihr menschliches Ende, wenn H sich am Ziel einer Aufgabe sieht. Menschliche Handlungen und maschinelle Operationen können wieder leichter unterschieden werden. So war die "Anfrage" offensichtlich menschlich, das "Ergebnis (-) der gesamten Anfrage" (TR 124) hingegen maschinell erzeugt. "lassen sie sich diese dreihundert Titel ausdrucken" (TR 305 f.) unterscheidet klar zwischen dem maschinellen Ausdruck und dem menschlichen Befehl dazu. Die Bemerkung "bei jeder Datenbank kriegt man so 'ne .. Abrechnung" (TR 200) läßt durchblicken, daß die Abrechnung maschinell erzeugt, aber menschlich bezahlt werden muß.

(f) Alle einschlägigen Textbeispiele stammen von H, dem Informationsvermittler, der das Zugangsterminal zur Datenbank bedient. Weil R (der Auftraggeber) nur über H vermittelt Zugang zur Maschine hat, unterwirft er sich deren Bedingungen hauptsächlich dadurch, daß er wenig spricht, kaum aber in seinem hier diskutierten Vokabular (z.B. "schätzen" (TR 37) hat nichts mit maschinellen Operationen zu tun). Wenn er "wir" sagt, schließt er die Maschine nicht mit ein, und er benennt auch nicht die Operationen der Maschine, sondern deren Ergebnisse ("aber wir können ja vielleicht noch ... gucken was sich da ergibt" (TR 98 f.)).

(g) Der folgende Dialog zwischen R und H zeigt noch einmal zusammenfassend, wie R den H als Menschen auffaßt, der eine Maschine bedient, während H eine Symbiose mit seiner Maschine eingeht: "R: können sie mir die Schnittmenge davon nennen H: ja machen wir auch" (TR 271 f.). Stünde keine Maschine zwischen beiden, so würde R den H mit den gleichen Worten bitten. H würde aber entweder sofort die Antwort geben oder jedenfalls mit "wir" nur sich selbst (oder sich selbst als Vertreter einer Institution) meinen, während er sich hier auf die Leistungen der Maschine bezieht.

4.

Spezifisch für diese Art technisierter Kommunikation ist die Metamorphose von menschlichem Subjekt zu ausführendem Organ der Maschine in der Selbstwahrnehmung des Sprechers (H). Man wird das für technisierte Kommunikation insgesamt nur insofern verallgemeinern können, als sich eben darin seine mangelnde Souveränität gegenüber Aufgabe und Maschine ausdrückt. Die institutionellen Bedingungen sprechen dem Auftraggeber (R) von vornherein jegliche Souveränität gegenüber der Maschine ab, während seine Sachkompetenz angesichts der Konzentration des Informationsvermittlers (H) auf die Anforderungen der Maschine nicht zum Zuge kommt: er schweigt meistenteils.

5.

Die meisten der aufgeführten Probleme verschwänden bei einem angemessen gestalteten, maschinell implementierten natürlich-sprachlichen Zugang zur Datenbank, durch den die Anfragemöglichkeiten und -grenzen sowie die Erfolgsaussichten interaktiv erläutert und die Rolle des menschlichen Informationsvermittlers (H) überflüssig gemacht würden. Sachkompetenz und Auskunftsinteresse des Benutzers (R) sowie Informationsqualität und -struktur der Datenbank wären dann unmittelbar miteinander konfrontiert. Die dabei vorgegebene Standardisierung des 'Dialogs' zwischen Mensch und Maschine entspräche den tatsächlich ja sehr profanen Fähigkeiten der Maschine. So aber wird die mangelnde Souveränität beider Menschen im Umgang mit der Maschine durch zahlreiche Mittel dergestalt kaschiert, daß das teilweise Peinliche und Groteske der Situation vermutlich nur vom nichtteilnehmenden Beobachter empfunden werden kann. Eines der beiden effektivsten Mittel ist dabei die institutionell vorgegebene Rollen- und Kompetenzverteilung zwischen H und R, der sich beide aus gutem Grunde auch ausnahmslos unterwerfen. Das andere große Mittel ist die thematische Beschwörung finanzieller Verbindlichkeiten, die sich durch eben diese Art 'technisierter Kommunikation' ergeben werden oder könnten. Fast ein Viertel des gesamten Wortlauts beschäftigt sich explizit mit den Kosten (TR 31, 45-61, 105-106, 135-138, 157-159, 168-169, 175-178, 181-182, 185-186, 200, 223-248, 252-257, 303-304, 385-414). Wenn man im Alltag "Schönes Wetter heute" sagt, sagt man hier "also wenn wir jetzt reden, verschwenden wir sozusagen schon Kosten" (TR 48-49). Während das Wetter dort freilich nur als Thema gesprächskonstitutiv ist, wirkt die Kostenfrage hier schon als materielle Bedingung (extraverbal) auf

Zustandekommen und Verlauf des Gesprächs ein. Das zeigt sich auch daran, daß mindestens ein weiteres Viertel des Gesprächs inhaltlich wesentlich vom Preis bestimmt wird (nämlich die Einschränkung der Auskunftsmenge = Titelanzahl ab TR 163). Gerade wegen ihrer tatsächlichen Bedeutung eignet sich die Kostenfrage besonders gut zur Abwehr von Peinlichkeiten.

Die Merkwürdigkeiten dieses Gesprächs gehen also auf drei Ursachen zurück: die mangelhaft entwickelte Mensch-Maschine-Schnittstelle der Software, den nicht-souveränen Umgang der beteiligten Menschen mit der Apparatur sowie schließlich die Tatsache, daß die erwünschten Auskünfte in Abhängigkeit von ihrer Menge bezahlt werden müssen.

Das Dialogmuster 'Datenbankanfrage'

Rüdiger Weingarten

1. Zur Relevanz solcher Daten

Im Unterschied zu der seit einigen Jahren großen Verbreitung von Informations- und Kommunikationstechnologien steckt die Untersuchung der Auswirkungen dieser Entwicklung auf soziales Handeln und soziale Strukturen noch sehr in den Anfängen. Mit jeweils unterschiedlichen Zielsetzungen werden in der Ergonomie (z.B. der Software-Ergonomie, eine umfassende Informations- und Kommunikationstechnik-Ergonomie existiert noch nicht) und der Forschung zur sozialverträglichen Technikgestaltung (s. z.B. v. Alemann/Schatz 1986) erste Untersuchungen durchgeführt. Die Ergonomie baut auf der betriebswirtschaftlichen Perspektive des maximalen Arbeitsergebnisses bei minimaler gesundheitlicher Belastung auf, sie ist auch stärker an der Technikgestaltung beteiligt. Die Forschung zur Sozialverträglichkeit untersucht eher die Auswirkungen bereits existierender technischer Systeme, zumeist vor dem Hintergrund einer allgemeineren sozialpolitischen Zielsetzung.

Eine Form dieses Mißverhältnisses zwischen Verbreitung der Technik und Folgeforschung ist z.B. im Bereich der Bürokommunikation sichtbar. Dieses Gebiet steht zur Zeit mit im Zentrum des Automatisierungsinteresses. Es gibt aber bislang kaum tragfähige Modelle, die einen betriebswirtschaftlich, sozialpolitisch oder gesundheitlich sinnvollen Einsatz von Informations- und Kommunikationstechnologien leiten könnten.

> "Angesichts der Tatsache, daß die Hersteller Technik für das Büro entwikkelt haben und verkaufen wollen, verblüfft das fast völlige Fehlen einer präzisen Bestimmung dessen, was dieses ist und was es nicht ist." (Otto/Sonntag 1985: 185)

Die Sprachwissenschaft hat die Technisierung von Sprache und Kommunikation bisher nur unter sehr eingeschränkter Perspektive zur Kenntnis genommen. Erforscht werden die klassischen Medien wie Telefon (vgl. Schmale in diesem Band), Fernsehen und Radio (vgl. Burger 1984) und alle Arten schriftlicher Kommunikation (vgl. Glück 1987). Computer sind im Blickfeld der Computerlinguistik, die ausschließlich an der Systementwicklung interessiert ist (z.B. Grishman 1986), sowie der Benutzerforschung (z.B. Krause 1982).

Untersuchungen von Kommunikationsstrukturen im Kontext von Informations- und Kommunikationstechniken gibt es praktisch nicht. Ebensowenig gibt es Arbeiten darüber, wie sich Sprache und Sprachbewußtsein insgesamt in diesem Zusammenhang ändern, obwohl bereits heute absehbar ist, daß diese Veränderungen denen, die durch die Verbreitung von Schriftlichkeit entstanden, zumindest vergleichbar sein werden.

Transkriptionen wie die hier vorliegende bieten die Möglichkeit, exemplarisch zu untersuchen, wie sich der gesellschaftliche Bestand an Kommunikationsformen ändert. Dabei werden Datenbankanfragen ein in Zukunft immer wichtigerer gesellschaftlicher Kommunikationstyp sein, der es von daher verdient, untersucht zu werden.

2. Der Dialog zwischen Broker und Klient

Zunächst ist die Besonderheit der vorliegenden Kommunikationssituation zu klären und zu erläutern, wieso man hier von *technisierter Kommunikation* sprechen kann.

In einem ersten Schritt kann man sagen, daß es sich um einen *Dialog* zwischen H und R handelt, der später durch das Hinzukommen von L erweitert wird. Ein weiteres Merkmal ist das der *Institutionalisiertheit*: R als Universitätsangehöriger will sich von H als Angehörigem der Teilinstitution 'Bibliothek/Informationszentrum' eine Datenbankanfrage durchführen lassen. Damit in Zusammenhang stehen die Merkmale der *Professionalisiertheit* und *Aufgabenbezogenheit* der Kommunikation. Typisch für professionelle Kommunikation liegt hier eine *asymmetrische* Rollenverteilung zwischen H (= Experte) und R (= Klient) vor. Dies zeigt sich formal darin, daß H die Gesprächsführung innehat, also Sequenzen initiiert, während R eher reaktiv kommuniziert. R ist zwar Experte in seinem Fachgebiet, aber wann und wie sein Wissen in die Kommunikation eingebracht wird, das strukturiert H.

Der Dialog zwischen H und R vollzieht sich grob gesprochen nach folgendem Muster:

```
H:   handlungsbegleitende Verbalisierung seiner Eingabe;  EV
     Verbalisierung der Systemreaktion/Ausgabe            AV

     R: Rezeptionssignale                                 R

H:   Entscheidungsangebot/-aufforderung                   EA

R:   Entscheidung                                         E

H:   Durchführung mit
     handlungsbegleitender Verbalisierung seiner Eingabe; EV
     Verbalisierung der Systemreaktion/Ausgabe            AV

     R: Rezeptionssignale                                 R

H/R: Bewertung der Ausgabe                                B
     Falls noch nicht zufriedenstellend zurück zu EA.
```

Zweifellos ist dem in der Transkription wiedergegebenen Gespräch ein Vorgespräch zwischen H und R vorausgegangen, in dem R wahrscheinlich seine Interessen umrissen hat und H grob die Möglichkeiten des Systems angedeutet hat.

Der erste Durchlauf durch das Muster geht von TR 1 – 20. In TR 1 – 10 vollzieht H abwechselnd Eingabeverbalisierungen und Ausgabeverbalisierungen. R deutet sie als an sich gerichtet – das zeigen die Rezeptionssignale – und man könnte sie zunächst als Übersetzungen des 'Dialogs' zwischen H und dem Computer in mehr oder weniger alltagssprachliche Begriffe bezeichnen.

In TR 10 – 14 macht H eine Eingabeverbalisierung an R durch Angebot von zwei Alternativen mit einer Entscheidungshilfe. Nach einer Rückfrage (also einer Nebensequenz) entscheidet R dann, worauf H in 16 mit der Durchführung beginnt, begleitet von einer Eingabeverbalisierung. Nach einem Einschub in einer weiteren Nebensequenz, initiiert von R (17 – 19), verbalisiert H die Systemreaktion. Es bedarf keiner expliziten Erwähnung, daß dies erst ein Teilergebnis bzw. ein Vorlauf ist, und in 20 leitet H den nächsten Musterdurchlauf mit der Aufforderung an R ein, die relevanten Begriffe zu nennen.

In TR 28 beginnt dann der nächste Durchlauf, dann wieder in TR 39. Zum Teil wird hier die Entscheidungsfindung von H abgekürzt, indem er selbst über den nächsten Schritt entscheidet.

In TR 45 – 61 erfolgt eine längere Nebensequenz zu der Bewertung durch Einführung eines neuen Bewertungskriteriums, nämlich der Kosten der Anfrage.

Ab 61 beginnt dann wieder ein neuer Musterdurchlauf, der bis TR 86 geht.

An dieser Struktur ändert sich für den Rest des Gespräches nichts mehr, es gibt lediglich noch verschiedene Nebensequenzen, so etwa durch das Hinzukommen von L.

Damit sei die Struktur des Dialogs zwischen H und R zunächst grob beschrieben. Es stellt sich nun die Frage, wie die Datenbankanfrage selbst in dieses Muster eingebunden ist.

3. Der 'Dialog' mit der Datenbank

1. Zunächst kann festgestellt werden, daß die dominante Aufmerksamkeitsausrichtung der Kommunikationspartner auf dem technischen System liegt. Dies zeigt sich daran, daß fast in jeder Äußerung Systemkomponenten oder Prozesse *thematisiert* werden. Weiterhin liegt bei H durch die manuelle Bedienung des Gerätes eine *praktische* Orientierung vor und aus dem deiktischen Bezug (s. z.B. TR 1: "das ist der Eingangsdialog") auf das System kann erschlossen werden, daß es auch eine wichtige *gestische* und *visuelle* Orientierung auf die Datenbank gibt. So kann man wohl davon ausgehen, daß der Blickkontakt zwischen H und R hier erheblich geringer ist als in einer sonstigen face – to – face – Situation.

2. Der 'Dialog' zwischen H und der Datenbank strukturiert den Dialog zwischen H und R in seinem *formalen Ablauf*. Im Zentrum eines jeden Musterdurchlaufes steht eine Eingabe und die daraufhin erfolgende Ausgabe. Die Gliederungssignale des Dialoges zwischen R und H stehen jeweils an den Stellen, an denen relevante Systemprozesse abgeschlossen sind: "so" in TR 1, "ja" in TR 4 usw. Ebenso bezeichnen temporaldeiktische Ausdrücke Zeitabschnitte oder –punkte, die durch Systemprozesse strukturiert sind. Beispiel: Der Zeitpunkt von "jetzt" TR 4 wird

durch das Bildschirmsignal "% C HELLO FROM DIMDI..."(DD 9) gebildet (vgl. hierzu Weingarten 1987a).

Diese Strukturierung geschieht natürlich nicht unmittelbar durch die Datenbank, sondern ausschließlich vermittelt durch die kommunikative Aktivität der beteiligten Personen, besonders H. Hieran, wie an den nächsten Punkten wird deutlich, daß die Bedienung der Datenbank erst durch die Typisierungen und kommunikativen Handlungen der Beteiligten zu einem 'Dialog' wird und dies keineswegs selbstverständlich der Fall ist.

3. Die Orientierung auf die Datenbank wird inhaltlich zumindest partiell durch die *Dialogmetapher* geleitet: H und R tun so, als handele es sich bei der Bedienung der Datenbank um so etwas wie einen Dialog (als ein weiteres Modell wird die Raummetapher verwendet, auf die ich hier nicht weiter eingehen kann). Vor diesem Hintergrund ist H als *Übersetzer* zwischen R und der Datenbank zu bezeichnen: Er übersetzt für R die formale Datenbank-'anfrage' und die 'Antworten' des Systems. Das zugrundegelegte Modell ist also das der Kommunikation zwischen zwei Personen ohne gemeinsame Sprache mittels eines Übersetzers.

Zunächst findet sich die Dialogmetapher in den metasprachlichen Ausdrükken des Systems selbst: Die Arbeit an der Datenbank wird in einer "Dialogdatei"(DD 1) gespeichert. Einzelne Aktivitäten werden als "QUERY" (DD 20) oder "COMMAND" (DD 25) bezeichnet. Zusätzlich wird der Benutzer begrüßt, d.h. eine sprachliche Handlung wird simuliert: "HELLO FROM DIMDI" (DD 9). Im Unterschied zu einem normalen Dialog ergibt sich hieraus aber keine konditionelle Relevanz für einen Gegengruß.

Neben diesen Eigentypisierungen des Systems als Dialogpartner finden sich auch bei H Typisierungen sowohl seiner eigenen Aktivitäten als auch der Reaktionen des Systems als dialogisch:

001 H also das ist der *Eingangsdialog*

---

005 H er *fragt* nach unserm User-Code

---

082 H das ist also

083 H dieser play-*Befehl*

---

124 H Ergebnis jetzt der gesamten *Anfrage* nach feeling rules

---

174 H in dieser allgemeinen Form in anderen Datenbanken eben

175 H auch nochmal *abzufragen*

Ebenso verwendet R bei der Thematisierung von Computerprozessen oder auf den Computer bezogenen Aktivitäten von H Dialog-Ausdrücke:

018 R gerne hätte wär auch `ne An/`nen Ausdruck dieses *Dialogs*

---

068 R jetzt noch mal `ne Frage/jetzt . noch mal `ne Frage das ist

069 R jetzt nur nach/ `ne *Abfrage* ehm . daß emotion and communication

---

134 R *fragen* sie nochmal emotion work

---

178 R wäre es denn noch möglich auch

179 R jetzt noch in anderen Datenbanken *nachzufragen*

---

261 R wir haben jetzt *abgefragt* communication emotion

---

295 R *fragen* sie mal an was passiert wenn ich sage ab

---

385 H ja ja also
R ((4 s)) und das/das sind jetzt die Kosten un-

386 H
R mittelbar für diese *Anfrage* jetzt

---

4. Es handelt sich bei dem durch H vermittelten 'Dialog' R's mit der Datenbank aber letztlich doch nicht um eine Übersetzung im herkömmlichen Sinne, vielmehr 'verlangt das System' einen spezifischen *inhaltlichen* Zuschnitt des Interesses von R. Der Prozeß der Bedeutungskonstitution besteht darin, daß R sein Interesse der fest implementierten Begriffsstruktur der Datenbank anpaßt. Es gibt also keine wechselseitige Aushandlung von Bedeutungen, sondern eine Anpassung der Begriffe R's an die Bedeutungsstruktur des Systems.

5. Diese Anpassung wird überlagert von den *finanziellen* Vorgaben des Datenbanksystems und der Institution, in der die Anfrage stattfindet: R muß sich in der Gestaltung seiner Anfrage an einen finanziellen Rahmen halten, der somit die Bedeutungsstruktur der Anfrage und damit ihr Ergebnis determiniert.

4. Resümee

Die gesamte Kommunikationssituation ist durch die Merkmale Institutionalisiertheit, Professionalisiertheit, Aufgabenbezogenheit und eine asymmetrische Rollenverteilung gekennzeichnet. Der Dialog zwischen Broker und Klient vollzieht sich nach einem Muster, das sich zunächst nicht wesentlich von anderen Typen professioneller Kommunikation unterscheidet. Eine Besonderheit ergibt sich erst durch die Art der Einbindung der Bedienung der Datenbank in die Kommunikation: Sie wird von der Beteiligten als ein Dialog typisiert, der den zwischenmenschlichen Dialog dann formal und inhaltlich strukturiert. Faktisch erfolgt diese Strukturierung primär durch das kommunikative Handeln des Brokers, durch seine Vermittlung der Datenbankprozesse an den Klienten. Ausschließlich vor dem Hintergrund dieser Typisierung ist von der Gesamtsituation als 'technisierter Kommunikation' zu sprechen. Es ließen sich nun mehrere Fragestellungen anschließen. Zunächst könnte geklärt werden, ob und inwieweit sich durch diese Art der Sprachverwendung unsere gesamte dialogbezogene Begrifflichkeit ändert (vgl. Weingarten 1987c). Sodann ist kritisch zu fragen, ob dies nicht ein systematisch falsches Verständnis von sozialem und technischem bzw. instrumentellem Handeln bedeutet (vgl. Dreyfus 1985 und Habermas 1981). Weiterhin wäre nach Determinanten dieses Verständnisses zu fragen: Ist die Hypothese richtig, daß die Verwendung der anthropomorphisierenden Dialogmetapher mit geringerem Verständnis der technischen Prozesse zunimmt (vgl. Weingarten in diesem Band)?

Diese Frage ist an dem vorliegenden Material relativ schwer zu untersuchen. H gehört wahrscheinlich zu dem Benutzertyp 'trainierter Anwender' und ist erfahren an der Peripherie des Systems. Er ist kein Softwarespezialist, der die zugrundeliegenden Systemprozesse kennt. R ist völliger Computerlaie und wird wohl in seiner Verwendung der Dialogmetapher von H geleitet bzw. von bereits in die allgemeine Sprachverwendung eingegangen Begriffen wie "Datenbank*anfrage*". R als derjenige mit dem zweifellos geringeren Systemverständnis ist aber nicht in der Notwendigkeit, selbst nach Erklärungen für ablaufende Prozesse suchen zu müssen. Dies ist die Funktion von H. Somit sind eventuelle Unterschiede im Sprachgebrauch von H und R im Hinblick auf die Dialogmetapher nur schwer interpretierbar.

Die Analyse sollte gezeigt haben, daß der Umgang mit technischen Systemen und somit auch technisierter Kommunikation zentral an die Deutungsleistungen der Beteiligten geknüpft ist (zumindest dort, wo institutionelle Vorgaben noch einen Spielraum lassen). Es gibt im Rahmen von Kommunikation keinen technologischen Determinismus, keine unvermittelte Gestaltung des Handelns. Genau hierin liegt die Chance der handelnden Personen.

Literatur

v. Alemann, Ulrich / Schatz, Heribert (1986): Mensch und Technik. Grundlagen und Perspektiven einer sozialverträglichen Technikgestaltung. Opladen: Westdeutscher Verlag.

Burger, Harald (1984): Sprache der Massenmedien. Berlin und New York: de Gruyter.

Dreyfus, Hubert L. (1985): Die Grenzen künstlicher Intelligenz. Was Computer nicht können. Königstein/Ts.

Glück, Helmut (1987): Schrift und Schriftlichkeit. Stuttgart: Metzler.

Grishman, R. (1986): Computational Linguistics: An Introduction. Cambridge U.P.

Krause, Jürgen (1982): Mensch – Maschine – Interaktion in natürlicher Sprache. Tübingen: Niemeyer.

Otto, Peter / Sonntag, Philipp (1985): Wege in die Informationsgesellschaft. München: dtv.

Schmale, Günter (1987): "Telefonische Kommunikation – Technisch übertragene oder technisierte Kommunikation?" In diesem Band.

Weingarten, Rüdiger (1987a): "Probleme der Deixis am Computer". Erscheint in: F. Hebel (Hrsg.): Deutschunterricht im Spannungsfeld von beruflicher und allgemeiner Bildung. Kronberg: Skriptor.

– – – (1987b). "Typisierungen der Kommunikation mit der Maschine". In diesem Band.

– – – (1987c). Gegen den Verlust der Verständigung. Grenzen der Technisierung von Kommunikation. Frankfurt/M.: Fischer (erscheint).

Technisierung der Kommunikation – am Beispiel einer Datenbankanfrage

Reinhard Fiehler

Ziel der Interaktion ist erklärtermaßen die Durchführung einer Literaturrecherche in einer Datenbank. Insofern ist sie vom Interaktionstyp her zu bestimmen als - *kooperatives Lösen einer Aufgabe.* Daran beteiligt sind R als literatursuchender Wissenschaftler und H in der Funktion eines Informationsvermittlers, wobei die Kompetenzen komplementär verteilt sind: bezüglich der wissenschaftlichen Fragestellung ist H Laie und R Experte, im Hinblick auf das System (die Datenbank und ihre Bedienung) ist es umgekehrt. Das für die Lösung dieser Aufgabe relevante Dialogmuster ist von Weingarten (in diesem Band) bei seiner Untersuchung der Datenbankanfrage herausgearbeitet worden.

Nun lassen sich aber keineswegs alle in der Transkription dokumentierten kommunikativen Tätigkeiten im Rahmen einer kooperativen Aufgabenlösung erklären.

Die Aufgabenlösung wird *systematisch überlagert* von einer *Lehr–Lern–Situation,* in der es um die Vermittlung von allgemeinen Vorstellungen über Möglichkeiten und Grenzen des Systems geht. Im Hinblick auf *diesen* Interaktionstyp ist die Kompetenzverteilung asymmetrisch: H ist der Wissende und R der Lernende. R soll und muß nicht zur Bedienung des Systems qualifiziert werden (insofern handelt es sich nicht um eine Instruktion), aber er muß in den Grundzügen die Möglichkeiten und Grenzen des Systems kennenlernen.

H hat also nicht nur eine unmittelbare Aufgabe – die Durchführung der Literaturrecherche –, sondern er muß zugleich R über die Möglichkeiten des Systems aufklären. Er kann sich also nicht nur auf die Transformation von Vorstellungen und Wünschen des Nutzers in systemische Möglichkeiten beschränken, sondern er muß dem Benutzer diese Möglichkeiten zumindest in den Grundzügen verdeutlichen. Daß H in diesem Sinne lehrend und wissensvermittelnd tätig wird, ist nun keineswegs kontingent, sondern Bedingung der Möglichkeit für die Aufgabenlösung.

Diese Doppelstruktur der Interaktion spiegelt sich wider in Klassen typischer kommunikativer Aktivitäten von H. Dabei ist generell festzustellen, daß H viel mehr spricht, als zur Lösung der Aufgabe erforderlich zu sein scheint (und dies eben nicht nur aus Gründen des sozialen Verkehrs).

Typische und häufige *kommunikative Aktivitäten* von H sind:

(1) Beschreibung/Kommentierung der Rahmenprozesse der Anfrage
Dabei werden die ablaufenden technischen Prozesse kommunikativ im Rahmen alltagsweltlicher Vorstellungen gedeutet (vgl. TR 1–10). Diese Beschreibungen und Kommentierungen berühren nicht die Aufgabenstellung im engeren Sinne, sie vermitteln aber Kenntnisse über wesentliche Vorbedingungen der Aufgabenlösung.
Z.B.: "H: ja jetzt sind wir also bei DIMDI angekommen er fragt nach

unserem User-Code den wird man also verdeckt eingeben" (TR 4-6). U.a. die unpersönliche Formulierung "man" weist über die gegenwärtige Anfrage hinaus auf allgemeine Gegebenheiten bei solchen Systemen.

(2) Transformation alltagsweltlich formulierter Wünsche/Vorstellungen in systemkonforme Anweisungen/Operationen Z.B.: "R: ja dann versuchen wir die [Datenbank; R.F.] mal H: das ist also der Code p null siebenundsechzig" (TR 15-16) Im Rahmen der Lösung der Aufgabe muß dies nicht unbedingt formuliert werden, R soll auch nicht den konkreten Code lernen, aber er soll allgemeine Kenntnisse darüber erwerben, wie der Zugang zu Datenbanken erfolgt und wie die auf dem Bildschirm erscheinenden "unverständlichen" Zeichenfolgen zu deuten sind. Solche Äußerungen erfüllen diese Funktion selbst dann, wenn H sie nicht primär mit kommunikativer Absicht äußert.

(3) Beschreibung/Kommentierung der eigenen Aktivitäten im Rahmen der Anfrage In der Regel handelt es sich hier um alltagsweltliche Reformulierungen der aktuellen Eingabe. Z.B.: "H: ja wir werden jetzt einfach nochmal emotion eingeben" (TR 28-29). Und: "f emotion" (DD 39). Dabei sind die Eingaben, wie sie auf dem Bildschirm erscheinen, für den ungeschulten Benutzer unterschiedlich "sprechend" (z.B. DD 30 vs. DD 39).

(4) Erläuterung der Systemantworten (im Rahmen der Anfrage) für den Nutzer Ziel der Äußerungen, die dieser Klasse zuzurechnen sind, ist, die auf dem Bildschirm erscheinenden Zeichenfolgen dem Benutzer verständlich zu machen.
Z.B.: "H: diese Zahl ist immer die Zahl der . Literaturstellen die mit diesem Begriff verknüpft werden also der hat jetzt 23660" (TR 26-27). Dieses Beispiel verdeutlicht in besonders schöner Weise die doppelte Funktionalität solcher Äußerungen im Rahmen der Aufgabenlösung und der Lernsituation. Das "aha" (TR 27) von R kann dabei als Indikator für einen Lernkontext bzw. für Lernprozesse angesehen werden.

(5) Aufweis/Demonstration der Möglichkeiten des Systems
In vielen Äußerungen stellt H die Möglichkeiten des Systems vor. R lernt dadurch, was er von dem System erwarten und verlangen kann. Häufig ist dabei eine Abfolge, daß eine Möglichkeit zunächst benannt und dann im Anschluß auch gleich ausgeführt wird (z.B. TR 78-79 und TR 87-88).
Z.B.: "H: wir können uns auch/uns Titel anzeigen lassen also kostenlos anzeigen lassen" (TR 30-31). Die Funktionalität solcher Äußerungen im Rahmen der Lernsituation ist evident. (Die kostenlose Titelanzeige ist dabei ein systeminterner Versuch, den Problemen zu begegnen, die durch die systematische Trennung von Datenkonstitution und Datennutzung entstehen (vgl. Januschek in diesem Band). Im übrigen belegen die Resultate der Literaturrecherche – ein außerordentlich hoher Anteil irrelevanter Literatur wie sich nachträglich zeigte –, daß Januscheks Analyse ein zentrales Problem von Datenbanken trifft.)

(6) Informationen über Datenbanken
H gibt im Laufe der Interaktion vielfältige Informationen über den Aufbau und die Organisation von Datenbanken. Dabei spielt ihre Kostenpflichtigkeit eine beherrschende Rolle (z.B. TR 46–59).
Z.B.: "H: nur eh der Nachteil ist jetzt wenn man in verschiedene Datenbanken reingeht und die gleiche Frage stellt dann kann man nicht sicher sein daß es verschiedene Titel sind" (TR 189–191).

Es gibt sicher mehr Klassen typischer Äußerungen, aber die genannten mögen ausreichen, um zu verdeutlichen, daß zentrale Äußerungstypen in dieser Interaktion mehrfach funktional sind. In jeweils unterschiedlichem Maße tragen sie sowohl zur Aufgabenlösung als auch zum Lernen über das System bei. Dabei stehen Aufgabenlösung und Lernen nicht im Verhältnis von Hauptdiskurs und Nebensequenzen zueinander (obwohl auch dies zu beobachten ist), sondern sind in der Regel viel enger und systematischer ineinander verwoben. Dies zeigt sich besonders deutlich bei der Äußerungsklasse (5).

Wie ist nun diese eigentümliche und charakteristische Doppelstruktur von Aufgabenlösung und Lehr–Lern–Diskurs zu erklären? Sie ist Folge der Tatsache, daß die Kommunikation auf ein technisches System bezogen ist. Diese Doppelstruktur ist ein Spezifikum von Kommunikation, in deren Zentrum technische Apparate stehen. Das technische System ist ein *Datum*, es ist *in und durch die Interaktion* nicht zu verändern. Und wenn das System nicht zu verändern ist, dann müssen sich die Nutzer dem System adaptieren bzw. sie müssen dem System adaptiert werden. Das System setzt in absoluter Weise den Rahmen, und seine Nutzung ist nur möglich um den Preis der Anpassung. Die Datenbank ist nach der Anfrage unverändert. Es besteht keinerlei Möglichkeit zur Aushandlung oder zur wechselseitigen Anpassung.

So dient die Kommunikation zwischen H und R eben nicht nur der Aufgabenlösung, sondern – auf verschiedenen Ebenen – auch der Adaption des Nutzers an das technische System. Er wird im Rahmen des Lehr–Lern–Diskurses in die Bahnen des Systems gelenkt und mit seinen Möglichkeiten und Grenzen vertraut gemacht. Im konkreten Einzelfall ist dies die Voraussetzung für die Arbeit. Durch die tausendfache Wiederholung solcher Situationen ist die Doppelstruktur aber letzlich auch die Voraussetzung für die Verbreitung und Akzeptanz solcher Systeme. Diese notwendige Doppelstruktur ist ferner die Erklärung für die außergewöhnliche Kooperativität, die häufig zwischen den Nutzern neuer Systeme zu beobachten ist.

Der Benutzer wird durch Belehrung über die systemischen Möglichkeiten auf allen Ebenen gesteuert, und er erbringt auch von sich aus – soweit es ihm möglich ist – Anpassungsleistungen. Z.B. verwendet er von sich aus englischsprachige Suchbegriffe: "R: communication und emotion" (TR 22).

An der Adaption führt kein Weg vorbei, und es ist im Grundsatz gleichgültig, ob sie durch eine konkrete Person oder auf der Grundlage eines Benutzerhandbuches erfolgt. Eine Adaption im Rahmen von Interaktion ist dabei sicherlich angenehmer, und sie muß – wie beschrieben – auch nicht bis zu Stufe der

Systembedienungsfähigkeit vorangetrieben werden. Durch seine Unveränderbarkeit präformiert und strukturiert das technische System auch die Kommunikation, die zum Zwecke seiner Nutzung erfolgt. Es setzt die Rahmenbedingungen der Kommunikation, und diese grundlegende Strukturierung, wie sie sich z.B. in der Doppelstruktur von Aufgabenlösung und Lehr-Lern-Diskurs oder im Dialogmuster "Datenbankanfrage" zeigt, ist nicht hintergehbar, wenn das System genutzt werden soll. So muß gelernt werden, damit die Aufgabe - entsprechend den Vorgaben und Bedingungen des Systems - gelöst werden kann. In diesem Sinn ist diese Interaktion von einem technischen System (oder allgemeiner: von Technik) affiziert. Das technische System setzt die Bedingungen, und seine Nutzung ist nur möglich um den Preis der - auch kommunikativen - Anpassung an das System. Man kann dabei von einer *Technisierung der Kommunikation* sprechen, insoweit sich ihre Struktur aus den Bedingungen des technischen Systems ableitet. Durch die unumgängliche Adaption ist Technisierung der Kommunikation mehr als nur der Gesichtspunkt der generellen Funktionalität von Kommunikation.

Das System läßt, auch wenn es "interaktiv" ist, nicht mit sich handeln. An keiner Stelle ist in seiner Bedienung (oder wie man so sagt: der "Kommunikation" mit ihm) Aushandlung möglich, wie sie auf allen Ebenen und hinsichtlich aller Belange für die zwischenmenschliche Kommunikation konstitutiv ist. So ist natürlich auch die Interaktion zwischen H und R von Aushandlungen geprägt (am offensichtlichsten wohl in der Frage der Anzahl der Zitate). Was aber den "Umgang" mit dem System (seine Bedienung) angeht, gibt es in der konkreten Situation für beide keine Aushandlung, sondern nur bedingungslose Adaption.

Zu den Autoren

BARTELS, Thomas, geb. 1960, Studium der Wirtschaftswissenschaften und Germanistik an der Universität Bielefeld. Arbeitsschwerpunkte: Sozialverträglichkeit neuer Technologien, Technikfolgenabschätzung, Computer und Sozialisation.

FIEHLER, Reinhard, Dr. phil. habil., geb. 1949, seit 1979 Wiss. Assistent an der Fakultät für Linguistik und Literaturwissenschaft der Universität Bielefeld. Forschungsschwerpunkte und Publikationen: Diskursanalytische Untersuchungen zur Kommunikation bei Arbeitsprozessen und in der betrieblichen Ausbildung; Kommunikation und Emotionalität; Wissenschaftstheoretische und -soziologische Aspekte der Sprachwissenschaft.

GRABOWSKI-GELLERT, Joachim, geb. 1958, Dipl. Psych., M.A., studierte Psychologie, Linguistik und Literaturwissenschaft an der Universität Mannheim. Seit 1984 innerhalb der Forschergruppe "Sprechen und Sprachverstehen im sozialen Kontext" (Heidelberg/Mannheim) als Forschungsassistent tätig. Arbeitsgebiete: Sprachpsychologie, Nonverbale Kommunikation, Empirische Medienpsychologie.

HARRAS, Gisela, Dr. phil. habil., ist Leiterin der Abteilung Lexik am Institut für deutsche Sprache, Mannheim.

JANUSCHEK, Franz, geb. 1949, Studium der Allgemeinen Sprachwissenschaft, Informatik und Philosophie in Hamburg, Promotion 1976, Wiss. Assistent / Hochschulassistent im Bereich Germanistische Linguistik in Oldenburg, weitere Lehrtätigkeit / Lehrstuhlvertretung in Osnabrück. Mitherausgeber der "Osnabrücker Beiträge zur Sprachtheorie". Wichtige Publikationen: "Sprache als Objekt" (1976), "Sprache und Erfahrung" (1980, als Hg.), "Politische Sprachwissenschaft" (1985, als Hg.), "Arbeit an Sprache" (1986). Habilitation 1985 in Oldenburg.

KRAUSE, Jürgen, seit 1981 Professor für Linguistische Informationswissenschaft an der Universität Regensburg. Promotion in Deutscher und Allgemeiner Sprachwissenschaft, Habilitation in Linguistischer Informationswissenschaft.
Von 1980-1985 1. Vorsitzender der Gesellschaft für Linguistische Datenverarbeitung; Mitglied des editorial board von "Computer and the Humanities" (Chum); mit Peter Hellwig Herausgeber der Buchreihe "Linguistische Datenverarbeitung".
Forschungsschwerpunkte: Natürlichsprachliche Frage-Antwort-Systeme, Evaluierungsstudien, Inhaltserschließung von Massendaten, Textverarbeitung und Bürokommunikation.
Wichtigste Buchpublikationen: Mensch-Maschine-Interaktion in natürlicher Sprache (Tübingen: Niemeyer); mit B. Endres-Niggemeyer (Hrsg.): Sprachverarbeitung in Information und Dokumentation (Berlin etc.: Springer 1985); Hrsg. von Inhaltserschließung von Massendaten (Hildesheim/New York: Olms 1986).

KRUMMHEUER, Götz, Dr. phil., wissenschaftlicher Angestellter am Institut für Didaktik der Mathematik der Universität Bielefeld. Arbeitsgebiet: Interaktionstheoretische Analysen zu mathematischen Lehr-Lern-Prozessen im Hinblick auf die Entwicklung einer Interaktionstheorie des Mathematiklernes und -lehrens. Spezielle Schwerpunkte: Algebraunterricht, Probleme ausländischer Studenten, Computereinsatz.

KÜBLER, Hans-Dieter, Dr. rer. soc., Professor für Kommunikations- und Medienwissenschaft an der FH Hamburg, Fachbereich Bibliothekswesen. Privatdozent für Deutsche Sprache und Literatur und ihre Didaktik an der Westfälischen Wilhelms-Universität Münster. Schwerpunkt: Medienwissenschaft und Medienpädagogik. Jüngste Veröffentlichungen: Neue Medien und Jugendhilfe (zus. mit B. Armbruster, D. Baacke, M. Stoffers), Darmstadt 1984; Computer und Lernen (hrsg. zus. mit B. Ambruster), Leverkusen 1987.

SCHMALE, Günter, geb. 1954, Studium der Fächer Englisch, Deutsch, Französisch an der Universität Bielefeld. Diss. über telefonische Kommunikation in Vorbereitung. Zuletzt "chercheur associé" des CNRS in Frankreich, gegenwärtig Deutsch- und Englischlehrer an einem Gymnasium in der Vendée.
Hauptarbeitsgebiet bisher war die angewandte Konversationsanalyse in verschiedenen Bereichen: Fremdsprachendidaktik, exolinguale Kommunikation, Telefongespräche.

SCHMITZ, Ulrich, Dr. phil., Akademischer Rat für Germanistische Linguistik (Schwerpunkt Psycholinguistik und Grammatiktheorie) an der Universität-Gesamthochschule-Duisburg. Arbeitsgebiete: Gegenwartssprache, Massenmedien, Denken und Sprechen.

SUCHAROWSKI, Wolfgang, Dr., seit 1980 Professor am Seminar für deutsche Sprache und deutsche Literatur und ihre Didaktik der Pädagogischen Hochschule Kiel.
Forschungsschwerpunkte: Kommunikationsforschung und Computerlinguistik, Arbeiten zur empirischen Gesprächsanalyse in den Bereichen Arzt-Patient-Kommunikation, Kommunikation in den Medien und schulischer Diskurs. Entwicklung an einer Computersprache zur Beschreibung sprachlicher Strukturen in Zusammenarbeit mit Wolfgang Huber von der Katholischen Universität Eichstätt. Studien zur Modellierbarkeit natürlicher Kommunikation zum Zweck der Simulation.

WEINGARTEN, Rüdiger, Dr. phil., geb. 1955, Hochschulassistent an der Fakultät für Linguistik und Literaturwissenschaft der Universität Bielefeld.
Forschungsschwerpunkte und Publikationen: Diskursanalytische Untersuchungen zu Unterrichtskommunikation, therapeutischer Kommunikation und insbesondere zum Einfluß neuer Informationstechniken auf Sprache und Kommunikation.

ZOEPPRITZ, Magdalena (IBM Deutschland GMBH, Wissenschaftliches Zentrum Heidelberg, Tiergartenstr. 15, D-6900 Heidelberg), geb. 1940. Studium der Anglistik, Slavistik und Linguistik in Hamburg, Southern Illinois und Stanford, arbeitet seit 1970 auf dem Gebiet der Computerlinguistik, hauptsächlich Syntax des Deutschen und Englischen: Mitarbeit am User Specialty Languages System und an einem Expertensystem auf linguistischer und logischer Grundlage. Seit 1978 Studien zu linguistischen Problemen der Benutzung von Maschinen (linguistische Ergonomie). Mehrere Veröffentlichungen zu beiden Themenkreisen.

GPSR Compliance

The European Union's (EU) General Product Safety Regulation (GPSR) is a set of rules that requires consumer products to be safe and our obligations to ensure this.

If you have any concerns about our products, you can contact us on ProductSafety@springernature.com

In case Publisher is established outside the EU, the EU authorized representative is:

Springer Nature Customer Service Center GmbH
Europaplatz 3
69115 Heidelberg, Germany

Batch number: 10809472

Printed by Printforce, the Netherlands